Die Autoren

Anna Franklin lebt in England, ist seit über dreißig Jahren praktizierende Heidin und seit fünfzehn Jahren eine Hohepriesterin, die viele Mittsommernachts-Riten organisiert und leitet. Heute ist sie als Therapeutin, Lehrerin, Fotografin, Malerin und Autorin tätig. Zudem ist sie Verfasserin des Buches zum »Tarot der neuen Hexen« mit Illustrationen von Paul Mason, mit dem zusammen sie auch das vorliegende Buch geschrieben hat.

Paul Mason ist ein heidnischer Künstler, Fotograf und Illustrator. Bekannt wurde er durch seine Fotomontagen und seine Buchcovergestaltung. Er hat mehrere von Anna Franklins Büchern illustriert. Dieses Buch ist sein literarisches Debüt. Paul lebt in den englischen Midlands.

Weitere Werke der Autorin in unserem Programm:

Mittsommer
Lammas
Das Tarot der neuen Hexen

Anna Franklin & Paul Mason

Lammas

Das Fest der Ernte

Aus dem Amerikanischen
von Nina Arrowsmith

Ullstein

Besuchen Sie uns im Internet:
www.ullstein-taschenbuch.de

Ullstein Esoterik
Herausgegeben von Michael Görden

Aus dem Amerikanischen übersetzt von Nina Arrowsmith
Titel der Originalausgabe
LAMMAS:
CELEBRATING FRUITS OF THE FIRST HARVEST
Erschienen bei Llewellyn Publications, St. Paul, MN 55164 USA,
www.llewellyn.com

Umwelthinweis:
Dieses Buch wurde auf chlor- und säurefreiem Papier gedruckt.

Deutsche Erstausgabe im Ullstein Taschenbuch
1. Auflage September 2006

Umschlaggestaltung: FranklDesign, München
Titelabbildung: Katlyn Brweene / Mermade Magikal Arts
Gesetzt aus der Times bei
Pinkuin Satz und Datentechnik, Berlin
Druck und Bindearbeiten: GGP Media GmbH, Pößneck
Printed in Germany
ISBN-13: 978-3-548-74300-4
ISBN-10: 3-548-74300-5

Für Eric, Flake und Rick, die Lughnasa-Kriegerkönige.

Inhaltsverzeichnis

Teil 1: Geschichte, Bräuche und Überlieferungen zu Lammas und Lughnasa

Teil I

Geschichte, Bräuche und Überlieferungen zu Lughnasa und Lammas

Kapitel 1
Das vergessene Fest

Auch wenn Lughnasa eine alte und faszinierende Geschichte hat, hat es heutzutage kaum noch Bedeutung. Im Gegensatz zu anderen Festen wie beispielsweise Halloween haben die wenigsten Menschen, die keiner heidnischen Vereinigung angehören, jemals davon gehört – noch nicht einmal in Irland, wo der Name des Festes im modernen Gälisch als Bezeichnung für den Monat August, Lùnasa überlebt hat.

»Lughnasa« kommt aus dem irischen Gälisch und bedeutet »die násad (Spiele oder Versammlung) des Lugh«, der ein wichtiger keltischer Götterheld ist. Lughnasa war eines der vierteljährlichen Feste des keltischen Jahres. Die drei anderen sind Samhain am ersten November, Imbolc am ersten Februar und Walpurgis am ersten Mai. Teil des Festes waren Stammesversammlungen und Veranstaltungen, die sich über zwei bis vier Wochen hinzogen. Es wurde nur in Britannien, Irland, Frankreich (dem alten Gallien) und vermutlich auch Nordspanien abgehalten.

Für die Heiden stellt Lughnasa eines der acht Feste des Jahresrades der Hexen[1] dar – viele aber wissen wenig mehr darüber, als dass es den Beginn der Ernte darstellt. Anders als beim Maifeiertag, Jul oder dem Mittsommerfest haben in den volkstümlichen und geschichtlichen Überlieferungen nur sehr wenige Lughnasabräuche überlebt. Aber dennoch kann man auch heutzutage, wo das ganze Jahr über Korn importiert wird, noch den Zauber des Lughnasafestes spüren, und wenn wir nur tief genug graben, finden sich auch seine Spuren.

Obwohl Lughnasa recht unbekannt ist, ist sein Einfluss auch heute noch in den modernen Vorstellungen von Arbeit und Vergnügen zu spüren. Betriebs- und Schulferien sind häufig so gelegt, dass sie mit dem Beginn der Ernte zusammenfallen, eine alte Regelung, die allen die Mithilfe bei der Ernte ermöglichen sollte. Auch heute, im postindustriellen Zeitalter, ist der frühe August die traditionelle Zeit für Schulferien und Volksfeste. Es gibt sogar einige Lughnasabräuche, die heute noch praktiziert werden, doch sie sind zumeist örtlich und kulturell gebunden. So weit verbreitete und bekannte Bräuche wie die zu Ostern oder dem Julfest gibt es nicht, doch es gibt einige klare Leitmotive, die die verschiedenen Lughnasarituale und -bräuche miteinander verbinden.

Lammas

Lughnasa wird auch Lammas genannt. »Lammas« stammt von dem angelsächsischen *hlaef-mass* ab, das »Laibmesse« bedeutet. Das *Anglo-Saxon Chronicle* von 921 n. Chr. und das *Red Book of Derby* bezeichnen es als »das Fest der ersten Früchte«. Während des Mittelalters erfreute sich das Fest großer Beliebtheit, doch nach der Reformation starb es aus, auch wenn es in einigen Gegenden überlebte bzw. wiederbelebt wurde. Es markiert die erste Ernte, zu der das erste Korn eingeholt, in der Mühle gemahlen und zu Brot verarbeitet wird. Der erste Laib wurde im Zuge des christlich-eucharistischen Rituals geopfert.

In der St.-Peters-Kathedrale in York wurde für die feudalen Lehnsherren eine Lämmermesse abgehalten. Einige Historiker gehen davon aus, dass der Name Lammas entstand, da man an diesem Tag traditionell frisch gebackenes Brot und Lamm aß, doch diese Möglichkeit erscheint recht unwahrscheinlich: Da Lammas nur in Britannien gefeiert wurde (kein anderes germanisches oder nordisches Volk hielt ein Lammasfest ab oder feierte in irgendeiner Form am ersten August), handelt es sich wohl eher um eine Umbenennung des keltischen Lughnasafestes. Allerdings wurden an anderen Orten zu naheliegenden Daten durchaus wichtige Feste gefeiert, und diese werfen ein neues Licht auf die Bedeutung von Lughnasa. Im nächsten Kapitel werden einige von ihnen vorgestellt.

Lammas war ein Pachttag, an dem auch häufig Eigentumsrechte verhandelt wurden. Manchmal wurden von Lammas zu Lichtmess Weidelandgebiete der Öffentlichkeit zur Verfügung gestellt. Schafe und anderes Vieh wurden versteigert und Spiele abgehalten.

Lughnasa – Das alte und das neue Fest

Einer der Gründe, warum Lughnasa so unbekannt geblieben ist, ist mit Sicherheit die Verwirrung, die sich aus seinen unzähligen Namen und den verschiedenen Daten, an denen es gefeiert wurde, ergab. Im Jahr 1582 kürzte Papst Gregor XIII. der astronomischen Korrektheit halber den julianischen Kalender um zehn Tage. In Britannien wurde der gregorianische Kalender aber erst 1752, in Irland 1782, angenommen, und die Zeitverschiebung hatte sich mittlerweile auf elf Tage ausgedehnt. Das Fest wurde nun statt am ersten am zwölften August gefeiert, und so kam es zu den Bezeichnungen »Altes Lughnasa« und »Neues Lughnasa«. Allgemein haben sich die meisten Feierlichkeiten dem neuen Kalender angepasst. Das Kalendergesetz von 1951 nahm Märkte, Jahrmärkte und Gerichtssitzungen aus: Diese wurden weiter an ihrem »natürlichen« Datum, dem 12. August, abgehalten. Um die Verwirrung komplett zu machen, wurden viele Lammas- und Lughnasafeste am vorherigen oder am darauf folgenden Sonntag abgehalten, und einige von ihnen wurden in christliche Heiligenfeste umgewandelt, die ebenfalls an Sonntagen stattfanden.

Traditionelle Lammas- und Lughnasabräuche

Es gibt nur wenige historische Zeugnisse über den Ablauf der keltischen Lughnasaversammlungen. Wir wissen heute sicher, dass sie um den ersten August herum stattfanden und Stammesversammlungen beinhalteten. Aus dem Datum lässt sich schließen, dass Lughnasa den Beginn der Ernte kennzeichnete, aber hierzu existieren keinerlei Zeugnisse. Erst die Angelsachsen bezeichneten es als Fest der ersten Früchte. Möglicherweise war Lughnasa der Zeitpunkt des sommerlichen Zusammentreibens der Viehherden und wurde erst später zum Erntefest.

Der größte Teil der Hinweise auf die ursprünglichen Lughnasabräuche findet sich in volkstümlichen Überbleibseln, die zum Beispiel nahe legen, dass die Feierlichkeiten auf Hügeln oder in der Nähe heiliger Quellen abgehalten wurden. Es fanden Spiele, Wettbewerbe, Stieropfer und Festessen statt, und auch Hochzeiten wurden integriert.

Die heutigen volkstümlichen Überbleibsel des Festes werden je nach Gegend unter vielen verschiedenen Namen gefeiert, zum Beispiel Heidelbeersonntag, Girlandensonntag und Crom-Dubh-Sonntag, und die Daten variieren zwischen Mitte Juli und Mitte August. Wir sollten mit der Darstellung des alten Festes beginnen, indem wir einen genaueren Blick auf diese Feste werfen.

Hügelversammlungen und Pilgerreisen

Versammlungen auf Hügeln sind ein traditioneller Teil der Feierlichkeiten. In Irland und auf der Isle of Man haben viele von ihnen bis zum heutigen Tag überlebt. Einige wurden mit dem christlichen Lokalheiligen, andere mit dem heiligen Patrick assoziiert. Zumeist ergeben diese Christianisierungen alter Bräuche eine skurrile Mischung aus Heiligkeit und Profanität:

Häufig fanden barfüßige, von Gebeten begleitete Pilgerreisen ihren Abschluss in Trinkgelagen, Tanz und Kampfspielen. Die Pilgerreisen wurden als Strafe für vergangene Sünden und zum Erlangen von Vergebung abgehalten. Im neunzehnten Jahrhundert sorgten diese Pilgermärsche für großes Entsetzen unter den Protestanten, für die das, was sie sahen, reine Götzenanbetung und Blasphemie war.

Andere Hügelversammlungen wurden nicht vom Christentum assimiliert. Diese hatten für die Landbevölkerung keine religiöse Bedeutung, sondern dienten eher als Rechtfertigung, um zum Beginn der Ernte ein ausuferndes Fest feiern zu können.

Croagh Patrick

Der etwa 765 Meter hohe Croagh Patrick im Landkreis Meath ist der berühmteste Pilgerhügel Irlands. Er wird zwar seit langem mit dem heiligen Patrick assoziiert, wurde aber ursprünglich als Wohnort Crom Dubhs verehrt und war eine der wichtigsten Stätten für Lughnasafeste und -rituale. Der Berg und die umliegende Region waren schon lange vor den Kelten rituelle Stätten: Bereits im Neolithikum zog der spektakuläre Wuchs des Berges Pilger an, und von da an hielt die religiöse Bedeutung der Gegend für über 6000 Jahre an.

Der früheste Beweis menschlicher Aktivitäten ist ein behauener Stein, der in dieser Form von den nomadischen Jägern im Mesolithikum, also zwischen 6000 und 4000 v. Chr., verwendet wurde. Etwas imposantere archäologische Funde gehen auf das Neolithikum (4000–2000 v. Chr.) zurück, zum Beispiel ein teilweise eingefallenes Grab an der Westflanke und beeindruckende Felsmalereien an den östlichen Ausläufern. Diese wurden später zum Teil der Stätte St. Patricks und der dazugehörigen Pilgerstrecke. Ein Sachverständigengutachten stellte einen solaren Zusammenhang zwischen der Stätte und der heiligen Bergspitze fest: den »Rollende-Sonne-Effekt«. Die Sonne scheint auf dem Gipfel zu ruhen und bei Sonnenuntergang an der Seite des

Berges herabzurollen. Dies geschieht zweimal im Jahr: Anfang April und dann wieder im August zur Lughnasazeit. Es finden sich auch einige Zeugnisse aus der Bronzezeit (2000–600 v. Chr.), zum Beispiel stehende Steine, Steinreihen und Hügelgräber. Einige dieser alten Artefakte wurden Teil der christlichen Pilgerstrecke. Ausgrabungen in den 1990er Jahren enthüllten die Überreste einer Festung, die den Gipfel in der Zeit um 750 v. Chr. umgaben. Croagh Patrick war in alten heidnischen Zeiten also ein wichtiges religiöses Zentrum.

Eine örtliche Sage erzählt davon, wie der heilige Patrick in einer Höhle unter dem Gipfel, die den Namen Log na nDeamhan trägt, eine Horde von Dämonenvögeln in die Enge trieb. Danach musste er sich einem noch Furcht einflößenderen Gegner stellen, der Mutter des Teufels Corra (gälisch: Caoirthineach). Hier zeigt sich das traditionelle Lughnasathema eines epischen Krieges zwischen den Mächten des Lichts und des Dunkels.

Ursprünglich fanden die Pilgerreisen nach Croagh Patrick üblicherweise an Lent, dem St.-Patricks-Tag am 17. März, statt, aber im Jahr 1113 n. Chr. soll ein Blitzschlag dreißig Pilger getötet haben, und so wurde die Pilgerzeit in den Sommer verlegt. Die beliebtesten Pilgerzeiten waren nun der letzte Freitag und Sonntag im Juli. Diese Geschichte kann als Beispiel dafür gesehen werden, wie sich die heidnischen Götter an den Christen rächten, die sie missbrauchten. Bis ins Jahr 1838 spielte eine alte Reliquie mit dem Namen Clog Dubh eine wichtige Rolle bei den Pilgerreisen. Clog Dubh soll die schwarze Glocke gewesen sein, mit der der heilige Patrick die Dämonenvögel vom Berg vertrieb. Sie befand sich in einer Kapelle auf der Bergspitze. Die Pilger küssten das eingravierte Kreuz und ließen die Glocke dreimal um ihren Körper kreisen. Die Clog Dubh ist heute im Dubliner Nationalmuseum ausgestellt. Ein weiterer Brauch mit deutlich heidnischem Ursprung bestand darin, als Opfergabe einen Nagel oder ein Stück Stoff zwischen die Steine der Kapelle zu klemmen.

Für die Heiden war Croagh Patrick eine Feierstätte für den Überfluss des Lebens gewesen. Unter der christlichen Regentschaft wurde es zum Schauplatz der Buße der Sünder. Als Zeichen ihrer Sühne erklommen viele Pilger den Berg barfuß, einige sogar auf Knien.

Auch wenn die Bußen der frühen Christen hart waren, erhielten diese sich viel von der alten heidnischen Lust am Feiern, an Alkohol, Tanz und Musik, und all dies fand auch statt, wenn der Berg erst einmal erklommen war. Viele der Zeugnisse über die Pilgerreisen aus dem achtzehnten und neunzehnten Jahrhundert stammten von Protestanten, die schockiert waren über die Mischung aus Pietät und Gottlosigkeit, die den Pilgerreisen der irischen katholischen Bauern anhaftete.

Heutzutage erklimmen noch immer etwa eine Million Pilger jährlich den Croagh Patrick, etwa 40 000 davon am letzten Sonntag des Juli.

Lhuanys-Tag (Isle of Man)

Lhuany war die Isle-of-Man-Version des Gottes Lugh. Am ersten Sonntag nach dem alten Lammasfest stiegen die Manxen (die Bewohner der Isle of Man) auf den Gipfel des Snaefell, des höchsten Berges auf der Isle of Man. Ihre Festlichkeiten müssen sehr unbändig gewesen sein, da ein Beobachter sie als »außerordentlich unanständig und unpassend« bezeichnet, eine vage, aber doch viel sagende Beschreibung. Einer örtlichen Geschichte nach starb der Brauch aus, nachdem ein Geistlicher begonnen hatte, auf dem Gipfel Geld einzutreiben.

Wie auch auf anderen britischen Inseln besuchte man an diesem Tag Heilquellen. Es hieß, dass die Heilkräfte der Quellen auf der Isle of Man hieß es an diesem Datum am größten wären. Die St.-Maugold-Quelle in der Nähe von Ramsey soll beispielsweise Unfruchtbarkeit heilen, wenn der oder die Betroffene eine Nadel in das Wasser wirft oder seine Ferse hineintaucht. Noch zu Anfang des zwanzigsten Jahrhunderts wurde dieser Brauch häufig praktiziert.

Lammas Towers (Schottland)

In Lothian versammelten sich bis in die 1790er Jahre hinein junge Viehtreiber in Gruppen von bis zu 1000 Teilnehmern und bauten Türme aus Torfsoden, die bis zu zweieinhalb Meter hoch waren und die sie mit Fahnen und Bändern schmückten. Von ihren Torfwällen aus kämpften sie mit Keulen gegen die gegnerischen Gruppen oder marschierten, wenn es keine Gegner gab, gegen Mittag ins nächste Dorf und hielten Wettrennen ab.[2]

Heilige Quellen

Zwischen Lughnasa und Wasser besteht eine starke Assoziation. Am Festtag des Ortsheiligen wurden häufig Versammlungen an Quellen abgehalten, aber viele dieser Zusammenkünfte wurden vom Heiligentag auf Ende Juli bzw. Anfang August verschoben – vermutlich ein Beweis dafür, dass viele alte heidnische Bräuche sich früher oder später wieder Geltung verschafften.

Britannien und Irland verfügen über viele heilige Quellen: Über 1000 in England, 1000 in Wales, 600 in Schottland und mindestens 3000 in Irland. Viele von ihnen sind als »Wunschquellen« berühmt geworden. Man wirft Münzen hinein oder bindet Stoffstreifen an umliegende Dornbüsche. Beides soll Heilung oder Glück bringen. Die Bräuche erinnern an die Opfergaben, die früher den römischen und keltischen Gottheiten dargebracht wurden.

Besonders während der keltischen Feste Walpurgis, Mittsommer und Lughnasa wurden die Quellen stark frequentiert. Als beste Zeit für einen Besuch bei den Quellen galt die Zeit um Sonnenaufgang. Genauso wichtig wie die Opfergaben waren die Art und die Richtung, aus der man sich der Quelle näherte. Für einige gab es sorgfältig ausgearbeitete Rituale, die man einhalten musste, wenn man eine Heilung wünschte, beispielsweise die Quelle dreimal der Sonne folgend zu umkreisen.

Traditionelle Opfergaben sind von Ort zu Ort und von Epoche zu Epoche unterschiedlich. In römischen Zeiten waren Münzopfer sehr beliebt, ein Brauch, der auch heute noch häufig ausgeübt wird. Andere Quellen waren als Stoffquellen (schottisch: Lappenquellen) bekannt. Hier wurde ein Stück Stoff an einen Ast gebunden, der über die Quelle ragte. Die Krankheit sollte mit dem Verrotten des Stoffes verschwinden. Auch heute noch findet dieser Brauch seine Anhänger, auch wenn die Opfergaben mit der Zeit immer bizarrer wurden: Von Musikkassetten über Plastik bis zu synthetischen Stoffen hat man schon vieles an den Ästen gefunden, was nicht gerade leicht verrottet und wenig Verständnis des alten Brauches suggeriert.

Auch eine recht schmerzfreie Form des Blutopfers wurde an einigen Quellen praktiziert. Die Menschen, die um Heilung baten, stachen sich in den Finger und warfen dann die Nadel in die Quelle. Manchmal erforderten spezielle Heilungswünsche auch spezielle Opfergaben: Die St.-Columba-Quelle in Irland sollte beispielsweise Lähmungen heilen, und als Opfergabe wurden Krücken hinterlassen, wohl in der Hoffnung, dass sie nicht mehr benötigt werden.

Opfergaben an Quellen und Wasserstraßen zu hinterlassen ist ein sehr alter Brauch. Es existieren archäologische Befunde in Form von Helmen, Schwertern und Schilden, anhand derer sich diese Praktik sogar bis in die frühe Bronzezeit zurückdatieren läßt.

Quellenschmücken (England)

In vielen englischen Dörfern, besonders in Derbyshire, werden die Quellen mit sorgfältig gearbeiteten Blumenopfern geschmückt. Der Brauch existiert in der einen oder anderen Form seit Tausenden von Jahren, die Tradition wurde aber häufig unterbrochen. An vielen Orten starb sie aus und lebte im viktorianischen Zeitalter oder noch später wieder auf.

Das Quellenschmücken findet an den verschiedenen Quellen zu verschiedenen Zeitpunkten statt, zumeist aber um Walpurgis, Mittsommer und zu Mariä Himmelfahrt am 15. August, vier Tage nach dem alten Lammasabend. Mariä Himmelfahrt ist das wichtigste Fest der Mutter Gottes im katholischen Kalender und erinnert an den Aufstieg des Körpers der heiligen Jungfrau in den Himmel im Jahr 45 n. Chr. Wenn man sich das Datum und die vielen heidnischen heiligen Quellen, die nach Maria umbenannt wurden, vor Augen führt, wird deutlich, dass auch dieses Fest und seine Bräuche ein weiteres Beispiel für die Christianisierung früherer Traditionen und Rituale ist.

Zusammen mit Lammas markierte es die Zeit der Erntefestlichkeiten. Im Norden Schottlands, wo die Ernte später stattfand, war nicht Lammas, sondern Mariä Himmelfahrt das Fest der ersten Ernte. Maria nahm die Eigenschaften der Erntegöttinnen früherer Kulturen an und wird häufig in Gewändern dargestellt, die mit Kornähren geschmückt sind.

Früher wurden die Quellen wohl mit einfachen Blumengirlanden geschmückt. Heutzutage gilt das Anfertigen von Blumenschmuck als Volkskunst, die häufig auch in zum Glück sehr freundschaftlichen Wettbewerben mit den Nachbardörfern ausgeführt wird. Man errichtet hölzerne Grundstöcke, die mit Lehm bedeckt werden, in den die Blüten, Blätter, Moos, Beeren und Zapfen eingefügt werden. So entstehen wunderschöne Bilder meist biblischen Inhalts.

Jahrmärkte und Totenwachen

Are you going to Scarborough Fair,
Parsley, sage, rosemary and thyme,
Remember me to one who lived there,
She once was a true love of mine.[3]

Ende Juli und der ganze August waren die traditionelle Zeit für Jahrmärkte. Das Wetter war meistens mild und der Boden fest genug zum Reisen. Viele traditionelle Lammas- bzw. Lughnasajahrmärkte werden auch heute noch abgehalten. In vergangenen Zeiten war der Besuch des Lammasjahrmarktes das wichtigste soziale Ereignis der Jahres, vor allem für die jungen Leute, die sich dort nach zukünftigen Ehepartnern umsahen.

Puck-Fair (Irland)

Dies ist der wohl bekannteste traditionelle Jahrmarkt. Er findet vom zehnten bis 12. August in Killorglin, Kerry, statt. Die einzelnen Tage werden Versammlungstag, Markttag und Tag der Zerstreuung genannt. Es gibt mehrere Legenden über die Entstehung des Jahrmarktes, aber es existiert kein Zeugnis darüber, wann er zum ersten Mal stattfand. Eine Satzung von König James I. verlieh ihm im Jahr 1603 offiziellen Status. Der berühmteste Teilnehmer des Festes ist ein Ziegenbock, der bei den Festivitäten eine wichtige Rolle spielt. Mehrere alte Dokumente stellen eine Verbindung zwischen einem vorchristlichen Gott und dem Ziegenbock her, der den Namen »König Puck« trägt (vom gälischen Wort *puc*, das »Ziegenbock« bedeutet). Der

Ursprung des Brauchs stammt wohl aus der Antike, aber mehrere lokale Mythen bieten andere Erklärungen. Einer von ihnen handelt von einem Ziegenbock, der die Einwohner gewarnt haben soll, als Cromwells Armee im Anmarsch war. Auch wenn die Ursprünge nicht ganz klar sind, ist der Jahrmarkt bis zum heutigen Tag das wichtigste kulturelle, soziale und wirtschaftliche Ereignis Killorglins, das Tausende von Besuchern aus der ganzen Welt anzieht.

Am ersten Tag des Jahrmarktes, dem Versammlungstag, wird eine wilde Bergziege durch die farbenfroh geschmückten Straßen des Dorfes geführt. An der Parade nehmen auch die Jahrmarktskönigin und viele Umzugswagen der örtlichen Kulturvereine und Handelsbetriebe teil. Die Parade endet auf dem Marktplatz, wo die Krönung stattfindet. Ein dreistufiger Stand wird aufgebaut. Die Ziege steht auf der untersten Stufe. Die Königin liest den Versammelten eine Verkündung vor und krönt die Ziege. Dann wird der neue König Puck begrüßt. Nach dieser Amtseinsetzungszeremonie wird die Ziege auf die höchste Stufe des Standes gebracht, und die nächsten drei Tage lang wird der »König« mit Kohl gefüttert und blickt aus der royalen Höhe von über 15 Metern auf seine ergebenen Untertanen herab. Es heißt, Killorglin sei der einzige Ort auf der Welt, an dem eine Ziege sich wie ein König und die Menschen sich wie Ziegen benähmen.

Am Versammlungstag findet auch ein Pferdemarkt statt, der früher in ganz Europa berühmt war. Früher sendeten ganze Armeen Käufer zum Puck Fair, um Reittiere für ihre Kavallerie zu erstehen.

Der elfte August heißt Markttag und ist der traditionelle Tag für den Kauf und Verkauf von Vieh und Schafen. Heute ist es auch der Tag des *Comórtas Na nAmhrán Nuachumtha Gaeilge*, eines irischen Sängerwettbewerbes.

Der letzte Tag des Jahrmarktes ist der Tag der Zerstreuung. Am Abend wird König Puck entthront und von seinem Stand heruntergeführt. Er wird nochmals durch die Stadt geführt, diesmal auf den Schultern von vier Männern, die Spenden von den örtlichen Kaufleuten einsammeln. In der Vergangenheit wurde der Puck bei einer Auktion versteigert, heutzutage wird er aber in den wilden Bergen Kerries wieder freigelassen. Die ganze Nacht über erklingt traditionelle Musik und es wird getanzt, bis der Jahrmarkt zu Ende ist.

Früher gab es noch weitere irische Jahrmärkte, bei denen Tierkönige inthroniert wurden. In Cappawhite, Tipperary, wurde zum Beispiel ein weißes Pferd durch die Stadt geführt und für die Dauer des Festes auf einer Festungsmauer untergebracht.

Die Lammas- und Lughnasajahrmärkte in Britannien und Irland werden auch mit anderen Symbolen assoziiert, zum Beispiel einem weißen Handschuh oder den Ruten und Schlagstöcken der örtlichen Amtsrichter und Gerichtsvollzieher. Zum St.-James-Jahrmarkt in Limerick, der zwei Wochen lang dauert, wurde ein weißer Handschuh an das Gefängnistor gehängt. Während dieser Zeit durfte niemand wegen Schulden eingesperrt werden.

Muff Fair (Irland)

Dieser Pferdemarkt findet am 12. bzw. am 13. August statt, wenn der 12. auf einen Sonntag fällt. Er wird in der Nähe des Muff-Felsens in Cavan abgehalten und ist eindeutig keltischen Ursprungs. Eine Meile westlich befindet sich der Loughinlay-Hügel, zu dem am Sonntag vor dem Markt festliche Ausflüge gemacht werden – eine Versammlung, wie sie für traditionelle Lughnasafeste üblich ist. Auch wenn der Pferdehandel auf dem Markt einen ernsten Charakter hat, wird der Großteil der Besucher von der Gelegenheit zum Trinken und Tanzen angezogen. Früher waren Gruppenkämpfe (siehe unten) ein wichtiger Teil des Muff Fair, und auch wenn diese Kämpfe eigentlich freundschaftlichen Charakter hatten, liefen die Dinge manchmal aus dem Ruder. Die örtlichen Bauern hatten sich in sektenartige religiöse Gruppen aufgeteilt, und im Jahr 1830 kam es zu einem brutalen Zwischenfall, bei dem Schüsse abgefeuert wurden und zwei der Teilnehmer ihr Leben ließen.

Ram Fair (Widderjahrmarkt, Irland)

Auch dies war ein Lammasjahrmarkt und Anlass für ein großes Fest. Der bemerkenswerteste Aspekt dieses Ereignisses war die Inthronisierung eines weißen Widders auf der Wehrmauer des Green Castle. Er wachte über den größten Schafmarkt in South Down und trug den Namen »König der Berge«. Der Jahrmarkt bestand aus den üblichen Vergnügungen eines ländlichen Rummels – Buden und Attraktionen, Ringen, Boxen, Tanz und Musik. Gruppenkämpfe waren einst ein wichtiger Teil des Festes, wurden aber später in Form des Shillelagh-Tanzes ritualisiert, der zu der Musik von Uillean-Flöten getanzt wird.

Royal National Eisteddfod (Wales)

Dieses Festival findet jedes Jahr in Wales statt, abwechselnd im Süden und im Norden des Landes. Es werden Lieder, Gedichte, Reden und Tänze abgehalten und alle Aspekte der walisischen Kultur vorgeführt. Außerdem werden sämtliche Darbietungen auf walisisch aufgeführt. Von den zahlreichen Wettbewerben hat der Bardenwettstreit die größte Bedeutung. Die Barden müssen ein Gedicht zu einem vorgegebenen Thema schreiben, das den zahlreichen und komplizierten Regeln der traditionellen Poesiekunst folgt. Höhepunkt des Ereignisses ist die Krönung des Bardenkönigs, bei der der Gewinner auf einen besondern »Thron« gesetzt wird. Wenn keines der Gedichte gut genug ist, gibt es keinen Gewinner.

Wake Fairs (Totenwachen-Jahrmärkte, England)

Viele traditionelle englische Sommerjahrmärkte werden auch »Totenwachen« genannt. Dies mag etwas seltsam erscheinen, denn »Totenwache« bezeichnet eigentlich den Brauch, bei der Leiche eines Verstorbenen zu sitzen, bis dieser beerdigt wird. Traditionell spielten dabei aber Spiele, Fest- und Trinkgelage eine wichtige Rolle. Auch zu Ehren des Lokalheiligen wurden an seinem Feiertag dem Brauch nach Totenwachen abgehalten, denen am nächsten Tag ein Jahrmarkt folgte. Doch dann starb dieser Brauch aus, und übrig blieb ein rein weltliches Fest.

Vermutlich war der Gott, der bei diesen Anlässen ursprünglich geehrt wurde, der Korngott, der beim Schneiden des Korns stirbt.

Sport und Spiele

Es heißt, Lugh habe die jährlichen Spiele zu Ehren seiner Ziehmutter Tailtiu eingeführt, und so sind Spiele und Wettkämpfe ein gängiger Teil der Lughnasafestivitäten.

Highland-Games (Schottland)

Die vielen verschiedenen schottischen Spiele stammen vermutlich direkt von den Lughnasaspielen ab. Mehrere Herrscher haben sie verboten, entweder, weil sie sie für unsittlich oder für eine überflüssige Zeitverschwendung hielten, oder weil sie sie durch militärische Übungen ersetzen wollten. Letztlich zeigten sich aber all diese Versuche den schottischen Traditionen nicht gewachsen, und so sind die Spiele in Schottland bis heute noch immer ein weitverbreiteter Brauch. Mit der Massenmigration der Schotten haben sie sich auf der ganzen Welt verbreitet, besonders in den USA, in Kanada und in Australien. In England sind sie weniger häufig, wenn überhaupt, findet man sie nur in den Grenzgebieten und im Lake District.

Einige der Spiele finden immer noch in der Zeit um Lughnasa statt, aber insgesamt haben sie sich über den ganzen Sommer und frühen Herbst verteilt, sodass die Wettkämpfer an mehreren Veranstaltungen im Jahr teilnehmen können.

Grasmere Sports (England)

Diese Spiele finden an dem Dienstag statt, der am nächsten am 20. August liegt. Es finden Hügelrennen, Leichtathletikwettkämpfe und Hunderennen statt. Den Höhepunkt für die meisten Besucher stellt das Cumberland- und Westmorland-Ringen dar. Diese sehr alte Sportart ist eine ritualisierte Form der Nahkämpfe, die in unruhigeren Zeiten ausgetragen wurden. Die Teilnehmer tragen Unterhemden und lange, seidige Unterhosen unter ihren bestickten Hosen, die ein wenig an Superman-Kostüme erinnern. Alle Teilnehmer sind Amateure, und es verliert, wer umfällt.

Herri Kilorak (Spanien)

Diese ländlichen Spiele der französischen und spanischen Basken ähneln den Lakeland- und Highlandspielen. Sie finden Mitte August in Bilbao statt und beinhalten Kornrennen, Holzhacken, Steinheben, Strohballenwerfen und Tug-O-War-Kämpfe (vgl. Kapitel 6). Beim Steinheben wuchten sich die Teilnehmer Gewichte zwischen 110 und 350 kg auf die Schultern. Beim Kornrennen rennen sie mit bis zu 100 kg schweren Getreidesäcken auf den Schultern um die Wette.

Die Basken bezeichnen sich selbst als das tapferste und stärkste Volk der Welt und waren seit Menschengedenken große Seefahrer. Ihren Überlieferungen nach haben sie Amerika lange vor Kolumbus entdeckt. Die Basken sind ein einzigartiges Volk, dessen Sprache und Bräuche sich von allen anderen in Europa unterscheiden. Zu ihren wichtigsten Göttern zählte Mari, eine Göttin, die in tiefen Höhlen lebte. Sie konnte viele verschiedenen Formen annehmen, zumeist aber wählte sie die einer wunderschönen Frau, die wie ein Feuerball von Berggipfel zu Berggipfel sprang. Auf vielen Berggipfeln im Baskenland finden sich ihr geweihte Schreine. Die Ähnlichkeit zwischen ihrem und dem Namen der heiligen Jungfrau Maria erklärt vermutlich die Beliebtheit der *La Bianca fiestas*, der Feste zu Ehren der »Weißen Jungfrau« am vierten August, und der *Semana Grande fiestas*, bei denen am 15. August die Himmelfahrt Marias gefeiert wird.

Grand Wardmote (England)

Zu Ardens Grand Wardmote in Meriden, Warwickshire, in der ersten Augustwoche findet ein viertägiger Wettkampf im Bogenschießen statt, bei dem mit Langbögen aus Eibenholz geschossen wird. Es heißt, dies sei der sagenumwobene Wettkampf, den Robin Hood gewann. Heutzutage wird er von einer Gesellschaft durchgeführt, die 1785 gegründet wurde.

Pferderennen (Irland)

Auch heute noch assoziieren die Iren diese Jahreszeit mit Pferden. Mit Sicherheit ist es kein Zufall, dass so berühmte und alte Ereignisse wie die Dubliner Pferdeschau, die Connemara-Ponyschau und das Galway-Rennen alle zwischen Ende Juli und Anfang August stattfinden. Der Zusammenhang zwischen Pferden und Wasser lebt in der irischen Tradition weiter, bei Ebbe Pferderennen am Meeresufer zu veranstalten. Besonders einzigartig sind die Laytown-Strand-Rennen, die das einzige offizielle Pferderennen Europas darstellen, das an einem Strand stattfindet. Es wird zwischen Ende Juli und Anfang August abgehalten, je nachdem, wie die Gezeiten stehen.

Pferdeschwimmen (Irland)

Pferdeschwimmen war eine besonders stark mit Lughnasa assoziierte Angelegenheit und soll den Zeugnissen nach früher in ganz Irland stattgefunden haben. Man ließ an Lughnasa oder am darauf folgenden Sonntag Pferde durch Seen und Flüsse

schwimmen. In einigen Teilen des Landes, beispielsweise in Westmeath, ließ man auch das Nutzvieh schwimmen. Es hieß, die Tiere würden anders nicht überleben und dass das Schwimmen ihrer Gesundheit diene.

Ridings (England und Schottland)

Als »Riding« wurde der Brauch bezeichnet, Territorialrechte festzulegen, indem man auf einem Pferd über das betreffende Land reitet. Besonders in Nordengland und Südschottland, wo die Grenzen ständigen Anlass zu Streiteren gaben, war diese Tradition sehr verbreitet. Man nutzte ihn außerdem, um Weideland und Holzungsrechte auf gemeinschaftlichem Boden zu verteilen, der auch »Lammasland« genannt wurde. Bis zu den Flurbereinigungsgesetzen aus dem achtzehnten und neunzehnten Jahrhundert, bei denen der gemeinschaftliche Boden zu Privateigentum erklärt wurde, durften die Bauern dieses Land vom Frühjahr bis Ende Juli nutzen. Zu Lammas musste die Heuernte beendet sein, denn dann wurde das Land von Lammas bis zu Lichtmess wieder zu allgemeinem Weideland.

Seit dem neunzehnten Jahrhundert bestehen die Ridings aus phantasievollen Wiederbelebungen der alten Traditionen mit zeremoniellem, erholsamem Charakter ohne jegliche gesetzliche Bedeutung. Sie werden zwischen Mitte Juni und Anfang August abgehalten und zumeist von Jahrmärkten und Festgelagen begleitet.

Lammas-Wettkämpfe

Gruppenkämpfe

Gruppenkämpfe waren ein traditioneller Bestandteil der Lughnasaversammlungen. Gruppen junger Männer aus rivalisierenden Dörfern versammelten sich und trugen Wettkämpfe aus. Nicht selten waren sie sehr brutal und endeten mit Verletzungen und manchmal sogar dem Tod. Eigentlich ging es aber eher um die Einhaltung des Brauches als um den Sieg um jeden Preis. Die Kämpfe dauerten zehn bis 15 Minuten und wurden mit Stöcken oder *shillelaghs*, Schwarzdornkeulen, ausgetragen. Nachher schüttelten sich die Teilnehmer freundschaftlich die Hände oder küssten einander herzlich auf die Wangen.

In vergangenen Zeiten hielt man den Ausgang dieser Kämpfe für entscheidend für den Erfolg der Ernte.

Der Kampf der Blumen (Vereinigtes Königreich)

Dieses Ereignis findet Mitte August auf Jersey, einer der Kanalinseln, statt. Die Teilnehmer, mehrere Gruppen von Inselbewohnern, »kämpfen« darum, das originellste Bild aus Blumen herzustellen. Seit dem neunzehnten Jahrhundert werden diese danach in einer Parade auf flachen Wagen über die Insel gefahren. Der Brauch selbst ist aber noch viel älter. Die Bilder können bis zu 13 m lang sein und über 100 000 frische Blumen enthalten. Hunderte von Freiwilligen verbringen die ganze Nacht damit, die Blumenköpfe von den Stängeln zu schneiden und sie in den Rahmen einzuarbeiten. Es findet auch eine Mondlichtparade statt, bei der, begleitet von Orchestern und Tänzern, Blumenflöße losgelassen werden. Zum Kampf der Blumen kommen bis zu 40 000 Besucher. Gleichzeitig finden meist auch Landwirtschaftsausstellungen statt.

Weitere Lughnasa- und Lammasbräuche

Quarter Day Legalties (Quartalstags-Feiern, England und Schottland)

Lammas ist einer der Quartalstage, an denen die Zivil- und Strafgerichte tagten, Verträge unterzeichnet, Heiratsvereinbarungen getroffen und Mietszahlungen fällig wurden.

Die drei weiteren alten Quartalstage waren der Martinstag, Lichtmess und Pfingsten. Später kamen neue Quartalstage auf: Mariä Verkündigung, Mittsommer, Michaelistag und Weihnachten. Hexen finden bei genauerem Hinsehen in diesen acht Daten ihre eigenen acht Feste wieder.

Binsentragen (England)

Der Brauch des Binsentragens findet Ende Juli in ganz England statt. Ganze Prozessionen von Menschen, die Binsen tragen oder dekorierte Wagen begleiten, auf denen Binsen transportiert werden, schwärmen zu nächsten Kirche. Die Binsen werden gesegnet und auf dem Kirchenboden verteilt.

Telltown-Hochzeiten, Handfasting und Ehefrauen-Versteigerungen

Telltown-, Teltown oder Tailtean-Hochzeiten waren zeitlich beschränkte Verbindungen, die zu Lughnasa geschlossen wurden. Einer mündlichen Überlieferung aus Larganeeny nach, die im neunzehnten Jahrhundert aufgeschrieben wurde, fand zu dieser Jahreszeit bei den alten Heiden eine Art Massenhochzeit statt. Eine Anzahl junger Männer begab sich in eine Höhle in der Stadtmauer und eine gleiche Anzahl heiratsfähiger junger Frauen fand sich auf der Südseite der Mauer ein, die so hoch war, dass die Frauen die Männer nicht sehen konnten. Eine der Frauen steckte ihre Hand durch ein Loch in der Mauer und einer der Männer hielt sie von innen fest. Seine Wahl traf er nur nach dem Aussehen der Hand. Die beiden mussten dann ein Jahr und einen Tag miteinander verbringen. Nach Ablauf dieser Frist erschienen sie gemeinsam auf dem Hügel von Telton und konnten, wenn sie nicht miteinander auskamen, wieder getrennt werden. War dies der Fall, mussten Sie ein weiteres Mal nach Larganeeny gehen, um einen neuen Partner zu finden.

Einer der größten Lammas-Jahrmärkte fand in Kirkney auf den Orkneyinseln an der schottischen Küste statt. Er dauerte elf Tage, für die die Feiernden sich dem Brauch nach einen Sexual-

partner suchten. Derartige Paare wurden als »Lammasbrüder und -schwestern« bezeichnet. Für Paare, die eine etwas längere Verbindung eingehen wollten, war dies die traditionelle Zeit des Handfastings. Die Paare reichten sich durch einen durchlöcherten Stein, wie den Odinsstein in Stenness, die Hände und gelobten sich für ein Jahr und einen Tag die Treue. Viele dieser Verbindungen wurden schließlich lebenslange Angelegenheiten.

Ein weiterer ehelicher Brauch bestand in der weitverbreiteten Tradition, dass ein Mann sich von seiner Frau scheiden lassen konnte, indem er ihr einen Strick um den Nacken band und sie am Markttag auf dem Markt verkaufte. In einigen Fällen war das Ganze eine gütliche Einigung zwischen Ehemann, Ehefrau und ihrem Liebhaber, die sich nachher noch auf ein Gläschen zusammensetzten. In anderen Fällen aber wurde die Frau an einen vollkommen Fremden verkauft.

Dieser Brauch wurde in ländlichen Gegenden noch bis zur Mitte des neunzehnten Jahrhunderts praktiziert. 1855 verkaufte in Chipping Norton in den Cotswolds ein Mann seine Ehefrau für 25 Pfund, ein recht großzügiger Betrag, denn eine Krone (etwa 20 Cent) war dem Brauch nach genug. Zu dieser Zeit aber galt der Brauch allgemein nicht mehr als anständig, und so wurden der Käufer und seine Braut drei Nächte lang mit so genannter »rough music« bestraft, einer traditionellen ländlichen Strafe für sexuelle Ordnungswidrigkeiten. Die Opfer wurden von einer Kakophonie unerträglicher Geräusche und derber Reime verfolgt. In der dritten Nacht wurde eine Strohpuppe, die dem Mann ähnelte, vor seinem Haus abgefackelt. Er gab nach und zahlte dem ursprünglichen Ehemann Geld, damit er seine Frau zurücknähme.

Queensferry Burryman und Ferry Fair (Schottland)

Der »Burrymann« erscheint um Lammas herum in Queensferry. Seine Erscheinung ist äußerst unwirklich, wie ein Außerirdischer aus einem Science-fiction-Film. Sein ganzer Körper ist mit

Samenhülsen bedeckt. Er trägt eine Girlande auf dem Kopf und trägt zwei mit Blumen geschmückte Stöcke bei sich. Am zweiten Freitag im August läuft er herum und sammelt Almosen. Da Queensferry größer geworden ist, hat sich auch die Route des Burrymannes verlängert: Sie dauert nun neun Stunden. Wenn er den anstrengenden Tag, an dem er nur Wasser durch einen Strohhalm zu sich nehmen durfte, überstanden hat, muss er noch den Ferry-Jahrmarkt eröffnen.

Der Ursprung dieses Brauches ist unbekannt. Der Burrymann ist vielleicht eine Repräsentation des Erntegeistes oder ein Sündenbock, der durch das Dorf zieht und die Sünden der Bevölkerung auf sich nimmt, um das Übel von der Ernte abzuwenden. Danach wurde er früher vermutlich ins Meer geworfen oder anderweitig »entsorgt«. Andere Zeugnisse assoziieren ihn mit der Fischerei. In diesem Fall war es seine Aufgabe, den Gott des Meeres zu besänftigen.

Heidelbeer-Sonntag (Irland)

In vielen Gegenden Irland kennt man Lughnasa als den Heidelbeer-Sonntag. Der Tradition nach durfte man an diesem Tag zum ersten Mal im Jahr Heidelbeeren pflücken. Größe und Menge der gepflückten Beeren galt als Hinweis auf das Erntewetter. Ein typisches Beispiel für diesen Brauch findet sich in Donegal zu Croc na Béaltaine. Am ersten Sonntag im August machten sich die jungen Leute nach dem Mittagessen auf, um Heidelbeeren zu sammeln und kehrten erst nach Einbruch der Nacht nach Hause zurück. Nicht selten war das Ganze nur eine Ausrede für die jungen Pärchen, ein paar Stunden allein verbringen zu können. Wenn die Früchte gesammelt waren, machten die jungen Männer daraus Armbänder für ihre Freundinnen. Es entstanden regelrechte Wettstreite darum, wer das schönste herstellte. Danach wurde bei Gesang und Tanz gefeiert. Bevor sie nach Hause gingen, nahmen die Mädchen die Armbänder ab und ließen sie auf den Hügeln liegen. Die Männer vergnügten sich im Anschlss mit Wettkämpfen wie Pferderennen, Hurling und Gewichtwerfen.

In Ganimore in Donegal gab es einige weitere interessante Bräuche. Man kletterte auf die Hügel und trug dabei eine Blume bei sich, die auf dem Gipfel zum Zeichen, dass der Sommer vorüber war, begraben wurde. Die Männer hielten Tanzwettbewerbe ab, deren Gewinner sich ein Mädchen aussuchen durfte, das er dann heiraten konnte. Oft endete dieser Brauch mit Schlägereien, und schließlich setzten die Pfarrer der Tradition ein Ende.

In ganz Irland war der Heidelbeersonntag ein Fest der Kinder und Jugend. In einigen Gegenden war es den Alten sogar verboten, an diesem Tag auf die Hügel zu wandern.

Cally Sunday (Irland)

In einigen Gegenden Irlands nannte man den Lughnasa am nächsten liegenden Sonntag den Cally-Sonntag. An diesem Tag grub der Mann des Hauses traditionell die ersten neuen Kartoffeln aus,[4] während die Frau des Hauses eine neue weiße Schürze anzog, die Küche zu Ehren der neuen Kartoffeln mit grünen Binsen auslegte und die Kartoffeln später zubereitete. In einigen Ortschaften wurden sie mit Kohl und Speck gegessen, in anderen mit Fisch. Das beliebteste Kartoffelgericht war aber Colcannon, auch *ceallaigh*, Cally, *bráightin* oder Poundy genannt. Es besteht aus gekochten Kartoffeln, die gestampft und mit Butter und Milch vermengt werden, und Knoblauch, Zwiebeln und Kohl.

Die Familie dankte gemeinsam für das Ende des »hungrigen Monats« Juli, da nun die Ernte begann. Man glaubte, dass man für die nächsten zwölf Monate keinen Hunger leiden müsse, wenn man an diesem Tag gut aß.

Bauern, die es nicht schafften, ihrer Familie am Cally-Sonntag ein Gericht aus neuen Kartoffeln vorzusetzen, wurden *Felenmuir Gaoithe* genannt, »Windbauern«. Die Kartoffelernte zum falschen Zeitpunkt durchzuführen galt als Zeichen für eine schlechte Führung des Hofs.

Ursprünglich wurde dieses Fest der ersten Früchte vermutlich mit Korn durchgeführt. Später, als nur noch Großlandbesitzer Korn anbauen konnten, machte man dann Kartoffeln daraus, die jeder, der über ein Fleckchen Land verfügte, anbaute.

Segnung der ersten Früchte (Frankreich)

In Frankreich wurde der 25. Juli entweder als Jakobs- oder als Christopherustag gefeiert. An diesem Tag wurden die ersten Früchte der Ernte gesegnet, zumeist in Form symbolisch gemeinter Körbe, die mit Äpfeln gefüllt waren und in die Kirche gebracht wurden, wo sie vom Pfarrer verteilt und von der Gemeinde gegessen wurde.

Marie au Blé (Frankreich)

Dieser Brauch wurde bis zum Jahr 1823 in Valenciennes gefeiert. Das Fest begann am dritten Montag im Juli und dauert acht Tage. Ein in weiß gekleidetes Mädchen führte eine Tanzprozession durch die Straßen der Stadt. Ein Jugendlicher trug eine mit weißen Servietten ausgelegte Zinnplatte, auf der die ersten Kornähren des Jahres lagen.

Mariä Himmelfahrt oder La Feille Moire (Schottland)

Hoch im Norden, wo die Ernte später stattfindet als üblich, ersetzte Mariä Himmelfahrt am 15. August das Lughnasafest. Der Lammas-Bannock, ein traditioneller schottischer Brotlaib, der aus dem ersten Korn des Jahres gebacken wurde, wurde der heiligen Jungfrau Maria geweiht. Diverse Bräuche waren Teil dieser Feierlichkeiten, und viele von ihnen überlebten bis ins neunzehnte Jahrhundert, vermutlich wegen der Abgeschiedenheit der britischen Inseln und besonders des schottischen Hochlands. In der *Carmina Gadelica* wurden Mitte des neunzehnten Jahrhunderts viele dieser Bräuche veröffentlicht, und auch wenn in den traditionellen Liedern und Gebeten christliche Heilige angebetet werden, sind die heidnischen Ursprünge der Rituale mehr als deutlich.[5]

Das gälische Wort für den Beginn der Ernte lautet *Beannachadh Buana*. Der Tag war voll von Ritualen und Zelebrierungen. Die Familien gingen in ihrer Sonntagskleidung auf die Felder und dankten dem Erntegott. Der Vater legte seinen Hut auf den Boden und blickte in die Sonne. Dann nahm er seine Sichel und schnitt eine Garbe Korn, die er dreimal über seinen Kopf schwenkte, wobei er den *Iolach Buana*, den »Erntegruß«, sprach (vgl. Anhang 5). Der Rest der Familie fiel mit ein und pries den Erntegott, der ihnen Korn, Brot, Vieh, Wolle, Gesundheit, Stärke und Wohlstand schenkte.

Nach dem Ende der Ernte kam die Zeit für das *cur nan corran*, das »Sichelwerfen«, und das *deuchain chorran*, die »Hakenprobe«. Man warf hierzu die Sicheln in die Luft. Wichtig war, wie sie zum Boden fielen, wie sie auftrafen und wie sie zum Liegen kamen. Aus diesen Omen konnte man ablesen, wer heiraten und wer allein bleiben würde und wer krank werden oder sterben würde, bevor die nächste Ernte ins Haus stand.

In den letzten Jahrhunderten spannen sich viele Rituale um die Herstellung des ersten Bannocks, der im Gälischen den Namen *Moilean Moire* trug. Früh am Morgen ging man aufs Feld hinaus und pflückte die Ähren des neuen Korns. Sie wurden auf Steinen getrocknet und von Hand geschält. Nach dem Worfeln und dem Mahlen in der Mühle wurde das Mehl zu Teig verarbeitet und in einer Schafshaut geknetet. Traditionell wurde der Bannock dann auf einem Feuer aus Ebereschen- oder anderem heiligen Holz zubereitet. Wenn er fertig gegart war, zerbrach ihn der Familienvater, um ihn mit seiner Frau und seinen Kindern zu teilen. Sie sangen das *Ioch Mhoric Mhater* (»Brot zu Ehren der Heiligen Mutter«) und gingen dabei der Sonne folgend in einer Reihe um das Feuer herum. Der Vater machte den Anfang und der Rest der Familie lief in Reihenfolge des Alters hinterher.

Ioch Mhoric Mater
(Brot zu Ehren der Heiligen Mutter)
Mutter des Schäfers der Herden
Ich schnitt eine Handvoll des neuen Korns
Ich trocknete es in der Sonne
Und mit meinen Händen schälte ich es.

Am Freitag mahlte ich es in der Mühle
Ich buk es auf einer Schafshaut
Ich röstete es auf einem Ebereschenfeuer
Und ich teilte es mit meinen Leuten.

Der Sonne folgend ging ich um mein Herdfeuer
Im Namen der Mutter Maria
Die versprach, mich zu beschützen
Die mich beschützte
In Frieden, in der Herde
In der Rechtschaffenheit des Herzens,

In der Arbeit, in der Liebe,
In der Weisheit, in der Gnade,
Um Deiner Passion willen.
Du, Christ der Gnade,
Der mich bis zum Tag meines Todes nicht verlassen wird,
mich bis zum Tag meines Todes nicht verlassen wird.

Nun füllte der Vater die glühenden Kohlen zusammen mit ein paar Stücken alten Eisens in einen Topf. Dann lief die Familie, wieder der Sonne folgend, außen um das Haus und die Felder und Herden herum. An diesem Tag wurden traditionell auch Pilgerreisen zu Maria geweihten Quellen gemacht.

Crom-Dubh-Sonntag (Irland)

In vielen Teilen Irlands wird der dem ersten August am nächsten liegende Sonntag auch Domnach Crom Dubh oder Crom-Dubh-Sonntag genannt. Crom Dubh war ein heidnischer Gott, über den nicht viel bekannt ist. In christlichen Aufzeichnungen wird er aber als archetypischer Heide dargestellt, der von einem christlichen Heiden besiegt wird. In einigen Texten heißt es, er sei ein heidnischer Häuptling gewesen, der vom heiligen Patrick zum Christentum bekehrt wurde.

Ein zentrales Motiv, das in vielen dieser Geschichten auftaucht, ist ein furchterregender Stier. Der Stier war in der keltischen Kultur das wichtigste Symbol für Aggression, Stärke und Männlichkeit. Der Geschichte nach bittet der heilige Patrick um Nahrung und Crom Dubh sendet ihm einen Stier, in der Hoffnung, dass dieser Patrick töten werde, doch stattdessen unterwirft er sich dem Heiligen und gestattet ihm, ihn zu schlachten und zu verspeisen. Crom Dubh ist erzürnt über das Fehlschlagen seines Planes und bittet Patrick, ihm den Bullen zurückzugeben, auch wenn er weiß, dass es zwecklos ist. Zu seiner Überraschung setzt der Heilige die Knochen des Tieres aber wieder zusammen und erweckt ihn zum Leben.

Die Geschichte hat zwei verschiedene Enden. Dem einen nach beeindrucken Patricks Fähigkeiten Crom Dubh so sehr, dass er freiwillig zum Christentum übertritt. Dem anderen nach tötet der wiedererweckte Stier den Heidenkönig. Der Mythos entstand vermutlich aus dem heidnischen Brauch des Lughnasa-Tieropfers. Am Loch Maree in Schottland und in Cois Fhairrge in Irland wurden bis ins achtzehnte Jahrhundert an Lughnasa Stiere geopfert.

Anmerkungen

1 Die anderen Feste im Rad des Jahres waren Imbolc (erster Februar), die Frühlingstagundnachtgleiche bzw. Ostara (21.

März), Walpurgis (erster Mai), die Sommersonnenwende (21. Juni), die Herbsttagundnachtgleiche (21. September), Samhain/Halloween (erster November) und die Wintersonnenwende bzw. das Julfest (21. Dezember).

2 William Hone: The Every Day Book and Table Book, 1832

3 Traditionelles englisches Volkslied

4 Da man die neuen Kartoffeln im Juni erntete, reiften ältere Sorten wohl später als die modernen.

5 Alexander Carmichael: Carmina Gadelica, 1928

Kapitel 2

Feste auf der ganzen Welt

Bei seinem Verschwinden erhebt sich ihr Klagen,
»Oh, mein Kind«, erhebt sich bei
seinem Verschwinden ihr Klagen,
»Mein Damu«, erhebt sich bei
seinem Verschwinden ihr Klagen,
»Mein Zauberer und Priester!«, erhebt sich bei
seinem Verschwinden ihr Klagen.[1]

Obwohl das Lughnasa- bzw. Lammas-Fest nur in Irland, Britannien, Gallien und vermutlich auch in Nordspanien gefeiert wurde, fanden zu dieser Zeit des Jahres auch in anderen Teilen Welt wichtige Feste statt. Bevor wir uns näher mit Lughnasa selbst befassen, lohnt es sich, einen Blick auf einige dieser Feste zu werfen.

Altes Griechenland

Ende Juli wurde im alten Griechenland das Adonis-Fest gefeiert. Vermutlich ist der Kult dieses Pflanzengottes in Syrien entstanden und sein Name eine Variation des semitischen Wortes »Adonai«, das »Herr« bedeutet.

Der vollständigsten bekannten Version seiner Geschichte nach prahlte der sterbliche König Cinyras damit, dass seine Tochter Myrrha schöner sei als die Liebesgöttin Aphrodite. Zur Strafe beschlossen die Götter, dass die bemitleidenswerte Myrrha sich in ihren eigenen Vater verlieben solle. Durch eine Täuschung gelang es ihr, ihn zu verführen und sich von ihm schwängern zu lassen. Als der König herausfand, was geschehen war, wurde er von Abscheu und Schuldgefühlen übermannt und griff nach seinem Schwert, um sie zu töten.

Myrrha floh aus dem Palast, doch ihr Vater konnte sie auf einem Hügelgipfel einholen. In dem Moment, in dem er das Schwert hob, um sie zu töten, bekam die Göttin Aphrodite Mitleid mit dem Mädchen und verwandelte sie in einen Myrrenbaum, den das Schwert in der Mitte entzweite.[2] Heraus stolperte der kindliche Adonis. Aphrodite fing ihn ein und versteckte ihn in einem Kästchen, das sie Persephone zur Aufbewahrung gab.

Aus Neugier sah Persephone in das Kästchen und verliebte sich auf der Stelle in den hübschen Knaben. Als Aphrodite Adonis zurückforderte, weigerte sich Persephone, ihn herauszugeben, da sie ihn für sich allein haben wollte. Schließlich baten die beiden Göttinnen Zeus, den Götterkönig, den Streit zu schlichten. Er entschied, dass die Muse Calliope eine Regelung finden solle, und diese entschied, dass Adonis ein Drittel des Jahres Aphrodite, eines Persephone und eines ihr selbst gehören solle.

Aphrodite war mit der Lösung nicht einverstanden und beschloss, Persephone zu hintergehen. Sie legte ihren magischen Gürtel an, der jeden, der ihre Schönheit erblickte, sich hoffnungslos in sie verlieben ließ. Adonis wollte nun all seine Zeit mit ihr verbringen. Persephone erzählte dem Kriegsgott Ares, Aphrodites eigentlichem Liebhaber, was sich ereignet hatte, woraufhin dieser glühend eifersüchtig wurde. Er verwandelte sich in einen wilden Keiler und riss Adonis in Stücke.[3] Aus jedem Tropfen Blut, der auf die Erde fiel, wuchs eine rote Blume.[4]

Zeus beschloss, dem Zwist ein Ende zu bereiten, und entschied, dass Adonis den Winter mit Persephone und den Sommer mit Aphrodite verbringen müsse. Wenn Adonis mit seiner Geliebten Aphrodite zusammen war, blühte das Land und dem Volk erging es wohl. Wenn er aber bei Persephone in der Unterwelt weilte, kam der Winter über das Land und das Volk hungerte. Wie in anderen Fruchtbarkeitsreligionen auch, trug die erblühende Erde Früchte, weil ein junger Gott und eine junge Göttin sich vermählt hatten.

Der Aufgang des Hundssterns Sirius am 27. Juli markiert den Beginn der Hundstage, an denen die Sonne am erbarmungslosesten glüht.[5] Der Hundsstern folgt Orion, dem Jäger, über das Firmament. Die alten Griechen und Römer hielten ihn für eine entfernte Sonne im Zentrum der Milchstraße, die zu dieser Zeit des Jahres mit unserer Sonnen zusammen aufging und ihre eigene Hitze hinzufügte, was das kaum erträgliche Wetter erklärte. Ihr Einfluss wurde als Unheil bringend und tödlich angesehen. Plinius bemerkte hierzu, dass Sirius mit einem grellen Feuer leuchtet und ein tödliches Licht verstrahlt. Er fügte hinzu, dass diese Konstellation die größte Wirkung überhaupt auf die Erde habe. Bei seinem Aufgang sei die See rau, der Wein in den Kellern schlage Blasen und die Sümpfe und Marschen seien aufgewühlt.[6] Aristoteles schrieb, dass dies eine Zeit der großen Umbrüche sei, in der die See außerordentlich aufgewühlt sei und große Fischfänge gemacht würden, weil Fische und Schlamm an die Oberfläche kämen.[7]

Hesiod beschrieb ihn als eine austrocknende Sonne, die die Pflanzen verbrennt und die Saat in der Erde unfruchtbar macht, indem sie ihr die Nahrung entzieht. Die Tiere verdursteten, die Weinreben verdörrten und die Menschen wurden von Fieber und Krankheiten, besonders Siriasis, einer Form von Hirnhautentzündung, die kleine Kinder befällt, in die Knie gezwungen. Den antiken Völkern nach waren die Hundstage eine Zeit grausamer Hitze, die den Menschen die Haut verbrannte und ihre Kehlen verdörren ließ. Von denen, die Wasserscheu wurden, hieß es, Sirius hätte sie wahnsinnig gemacht.[8] Die Griechen lasen in die Konstellation des Sternbildes Canis Maior einen tollwütigen Hund mit heraushängender Zunge und hervorquellenden Augen hinein. Wenn, wie Theophrastus schrieb, »die Sonne ihre größte Macht hat«, wurde das Adonai-Fest gefeiert.[9]

Während des Festes bepflanzten die Frauen kleine Gärten, die Adonis-Gärten genannt wurden, in Lehmtöpfen und Weidenkörben mit Weizen, Gerste, Fenchel und Salat. Die Gärten wurden dann auf die Hausdächer, so nah an die Sonne wie möglich, gestellt. Die große Hitze gibt den Pflanzen zu dieser Jahreszeit einen Wachstumsschub, doch sie können dürr und blattarm werden, und die jungen Triebe verdörren. Die Gärten durften nur acht Tage lang wachsen, symbolisch für die acht Monate, die das Getreide auf den Feldern benötigte, um zu reifen. Am Höhepunkt des Festes wurden die Gärten von den Dächern geholt und auf dem Meer oder in Quellen ausgesetzt.

Der Anfang des Augustes war der Göttin Demeter und ihrer Tochter Persephone geweiht. Demeter ist die Göttin des Korns, der all die Ernte zu verdanken ist.

Altes Rom

Im alten Rom wurde die heißeste Zeit des Jahres mit der Phase des Aufgehens des Hundssterns Sirius assoziiert, die *dies cani cultriac* genannt wurde. Dieser Name hat die Zeit in der modernen Bezeichnung »Hundstage« überdauert. Der Astronom Manilus bemerkte zu Sirius:

»Sein Bellen bringt Flammen hervor, er spielt mit ihrem Feuer und verdoppelt die brennende Hitze der Sonne. Wenn er seine Fackel auf die Erde niederstreckt und ihre Strahlen entlässt, spürt die Erde eine Feuersbrunst nahen und kostet von ihrem letzten Schicksal. Neptun liegt reglos inmitten seiner Gewässer und das grüne Blut fließt aus Blättern und Gras. (…) Bedrängt von Temperaturen, so hoch, dass sie nicht zu ertragen sind, wird die Natur befallen von einer Krankheit, die aus ihr selbst entstanden ist; sie lebt, doch sie lebt auf einem Bestattungsfeuer. So verteilt sich die Hitze zwischen den Gestirnen, und alles wird zum Stillstand gebracht von einem einzigen Stern.«[10]

Daraufhin führt er aus, wie die Hitze das Übelste im Menschen, nämlich Zorn, Haß, Angst, Ungestüm, erregte Gemüter und vom Alkohol angefachte Streitereien hervorbringt. Zu solchen Zeiten, so Manilus, machen sich die Menschen wegen ihrer durch Sirius entfachten Raserei ohne Vorsicht und Furcht auf die Jagd, um ihre negativen Eigenschaften an »legitimierter Beute« auszulassen. Die Römer nannten Sirius auch *Ianitor Lethasus*, den »Hüter der Hölle«, eine Art Zerberus-Figur, die die unteren Gefilde des Himmels, den Wohnort der Dämonen, bewacht.

In diesem Monat wurde in Rom zu Ehren des Götterhelden Herkules, der gelegentlich mit Lugh verglichen wurde, auch die Heracleia gefeiert. Wie Lughnasa beinhaltete auch diese Feierlichkeit Spiele und Wettkämpfe.

Die antike Erdgöttin Ops wurde als »die großzügige Herrin« gefeiert. Die Feiernden saßen auf der Erde, um ihr nah zu sein.

Assyrien

Die antiken Assyrer nannten den Hundsstern »Hund der Sonne« oder »Sternenhund der Sonne«. Der assyrische Monat *Abu* bedeutet »feurig heiß«, was wohl darauf zurückzuführen ist, dass die Sonne, im Sternbild Löwe stehend, wütend und heiß wie ein Löwe erschien. Abu fällt auf den Zeitraum Juli/August und die Lughnasa-Zeit. Antike assyrische Physiker nahmen an, dass Medizin zu dieser Zeit giftig würde und Baden schädlich sei.

Akkadien

Das akkadische bzw. assyrisch-babylonische Äquivalent zu dem sumerischen Dumuzi und dem syrischen Adonis war Tammuz, ein Pflanzengott des Todes und der Auferstehung. Er war der Liebhaber der Göttin Ishtar und starb jedes Jahr im heißen Monat Tammuz (Juli/August), indem er von den Keilern eines Ebers durchbohrt wurde. Seine Seele fand Einlass in die Unterwelt. Ishtar führte die Menschen, die seinen Tod betrauerten, bei ihrer Wehklage an, um dann in die Unterwelt hinabzusteigen und seine Seele aus den Klauen der Königin der Unterwelt, ihrer Schwester Ereshkigal, zu entreißen. Um in die Unterwelt zu gelangen, musste Ishtar die sieben Tore der Unterwelt durchschreiten und sich an jedem Tor eines Teiles ihrer Kleider und ihres Schmucks entledigen, bis sie schließlich nackt und verletzlich dastand. Ereshkigal ließ sich das Herz nicht erweichen und war nicht bereit, den jungen Gott freizugeben, sondern befahl Namtar, dem Plagenbringer, Ishtar einzukerkern und ihr sechzig Plagen aufzuerlegen.

Währenddessen war die Erde ausgedörrt, unfruchtbar und freudlos. Sin, der Mondgott, und Shamash, der Sonnengott, beschlossen, dass sie eingreifen müssen und baten Ea, den Gott des Wassers, der Magie und der Weisheit, um Hilfe. Dieser sandte einen Boten mit einem kraftvollen Zauber in die Unterwelt, und Ereshkigal musste ihre Gefangenen freigeben. Ishtar wurde in Eas Gewässern gereinigt und ging durch die sieben Tore zurück. Auf dem Weg konnte sie ihren Schmuck und ihre Gewänder einsammeln, und die Erde wurde wieder ein freudvoller Ort.[11] Anklänge dieses Mythos finden sich in ganz Nordafrika und dem nahen Osten.

Jedes Jahr im Juli/August, also zur Lughnasa-Zeit, betrauerten die Frauen Tammuz, indem sie den Adonis-Gärten ähnliche Anlagen anlegten. Nachdem die Gärtchen ins Meer geworfen worden waren, wurde gefeiert, da der Gott wiedergeboren worden war.

Mesopotamien

Das babylonische Äquivalent zu Tammuz ist Dumuzi oder *dumu.zi*, der »rechtmäßige Sohn«. Er war der Gefährte der Göttin Inanna und ein bedeutender Fruchtbarkeitsgott des Todes und der Auferstehung. Er trug den Beinamen »der Schäfer« und half den Schafherden dabei, sich zu vermehren, war der Schäfer der Sterne und sorgte für die Fruchtbarkeit der Felder. Unter seiner Herrschaft gediehen Pflanzen und Korn. Er war auch der Gott der Flüsse und des Frischwassers. Dumuzi wurde betrauert, wenn die trockene Sommerhitze das Weideland verdörren ließ, die Felder verbrannten und die Schafe und Kühe nicht mehr warfen und keine Milch mehr gaben.[12] Er stand auch für den wilden Bullen, der geopfert wurde. Da er außerdem den Namen »Gott des Abgrundes« (*Dumuzzi-Absu*) trägt, liegt die Schlussfolgerung nahe, dass der geopferte Gott, wie der ägyptische Osiris, König der Unterwelt wurde.

Der Sage nach machte der junge Gott Inanna, der Göttin der Liebe und des Krieges, den Hof. Anfangs lehnte sie ihn ab, doch sie wurde von ihrem Bruder, dem Sonnengott Utu, und ihrer Mutter, der Mondgöttin Ningal, überredet, ihm eine Chance zu geben, und so verliebte sich das junge Paar. Ihr Beisammensein brachte die Erde zum blühen und ließ sie Früchte tragen, doch dann brachte die Sommerhitze die Felder und den Milchfluss des Viehs zum Verdorren. Der junge Gott lag im Sterben und wurde betrauert und beklagt. Wenn das Korn geschnitten und gelagert oder zu Bier verarbeitet wurde, hieß es, der Gott steige in die Unterwelt hinab, um im nächsten Jahr wiederzukehren, wenn in den Bäumen die Säfte aufstiegen und die Erde wieder ergrüne. Seine Schwester war Geshtinanna, die Göttin des Weines, die sich einverstanden erklärt hatte, jedes Jahr für sechs Monate seinen Platz in der Unterwelt einzunehmen, damit er zur Erde zurückkehren könne.

Dumuzi war der geopferte geheiligte König und der Himmelsstier Taurus, der von Januar bis März für sechs Wochen vom sumerischen Horizont verschwindet.

Skandinavien

In diesem Teil der Welt wird der Hundsstern Sirius *Lokabrenna* (»Lokis Brennen« oder »Lokis Brand«) genannt. Der Gott Loki schnitt einst der Göttin Sif, der Gattin Thors, ihr langes, goldenes Haar ab. Dies erzürnte Thor so sehr, dass er den Gauner umbringen wollte, doch Loki konnte die Zwerge überreden, magisches Haar für Sif anzufertigen, das wie ihr eigenes wachsen würde, sobald es in Berührung mit ihrem Kopf gekommen wäre. Sifs Haar steht für das goldene Korn, das geschnitten wird und im folgenden Jahr nachwächst. Sif wird somit zu einer Korn- und Erntegöttin. Ihr Gatte ist der Donnergott, der im Sommer der Erde den befruchtenden Regen schenkt, der das Korn zum

Wachsen bringt. Loki, der Gott des Lauffeuers und der Hitze, wird hier mit Sirius und der Hitze der Hundstage assoziiert, die dem Korn die letzte Reife gibt und folglich auch zu seiner Ernte führt. Seine Rolle beim Wechsel der Jahreszeiten spiegelt sich vermutlich auch in der Geschichte, in der er den blinden Hoder, der die Dunkelheit repräsentiert, mit einer List dazu bringt, mit einem kleinen Pfeil aus Mistelholz seinen Bruder Baldur, den Sonnengott, zu ermorden, wider.

Wie auch der Name »Lugh« steht der Name »Loki« in Verbindung mit dem lateinischen Wort *lux* (»Licht«) und dem altenglischen *leoht* (»Licht«) und *liechan* (»erleuchten«).

Im August opferte sich der Gott Odin am Weltenbaum, um das Wissen über die Runen zu erlangen. Durchbohrt von einer Lanze hing er dort für neun Tage und Nächte und starrte in die Tiefe, wobei er eines seiner Augen verlor.

Altes Ägypten

In Ägypten steigt der Hundsstern zum ersten Mal Ende Juli heliakal, also kurz vor Sonnenaufgang, auf. Anders als in anderen Teilen der Welt wurden Sirius' Wirkungen hier als positiv angesehen: Man glaubte, dass sein Auftauchen das alljährliche Ansteigen des Flutwassers im Nildelta verursachte, weshalb der Stern den Beinamen »der Wasserbringende« trug. Die durch die Überflutung angeschwemmten reichhaltigen Ablagerungen waren ein guter Nährboden für die Ernte, und die Überschwemmung kennzeichnete die Zeit des Jahres, in der das Land, ausgedörrt durch die große Hitze und Dürreperiode, wieder zum Leben erwachte. Aus diesem Grund wurde zu diesem Zeitpunkt das größte Fest des ägyptischen Kalenders gefeiert.

Die Ägypter nannten den Stern Septit (griechisch: Sothis) und assoziierten ihn mit der Göttin Isis.[13] In den Pyramidentexten taucht sie als die Anführerin der Klage um ihren Gatten, den

Pflanzengott Osiris, auf, den sie durch Magie ins Leben zurückholte. In den Hieroglyphen wird sie als Frau mit einem thronförmigen Kopfschmuck dargestellt, die häufig ihren Sohn Horus im Arm trägt oder auf einem Sarg kniet. Der Aufgang von Sothis symbolisierte die um ihren Gatten trauernde Frau, die ihn durch die Nilflut als Korngott wieder auferweckt. Das Fest trug den Namen »Feierlichkeiten der Isis, die Osiris im Dunkel sucht«.

Isis und Osiris und ihre Geschwister Set und Nephtys waren die Kinder des Erdgottes Geb und der Himmelsgöttin Nut. Set heiratete seine Schwester Nephtys und Osiris ehelichte Isis. Isis und Osiris wurden die Herrscher über Ägypten. Thoth der Schreiber wurde ihr wichtigster Berater. Osiris lehrte die Menschen, wie man Korn anpflanzt und erntet und Werkzeuge, Brot und Bier herstellt. Isis lehrte sie die Herstellung von Wein. Zusammen errichteten sie Tempel und reformierten die ägyptische Religion. Nach einigen Jahren begann Osiris, durch die Welt zu reisen und ihre neue Religion in anderen Ländern zu verbreiten. Die weise Isis blieb als Herrscherin zurück.

Im zwanzigsten Jahr seiner Herrschaft wurde Osiris von seinem eifersüchtigen Bruder Set ermordet. Set wird allgemein als das Böse angesehen, er ist die Personifizierung der trockenen Wüste, die den dünnen Streifen des fruchtbaren Nildeltas umgibt. Set und seine Anhänger lockten Osiris in einen Sarg, vernagelten ihn und warfen ihn in den Nil. In Byblos wurde er an Land gespült, doch Set fand ihn und zerstückelte den Körper seines Bruders in vierzehn Teile, die er in ganz Ägypten verstreute.

Isis durchsuchte das ganze Land, bis sie alle Teile gefunden hatte und hinterließ überall Begräbnisinschriften. Einzig den Phallus, der von einem Krebs gefressen worden war, konnte sie nicht finden.[14] Der schakalköpfige Gott Anubis, Sohn des Osiris und der Nephtys, mumifizierte den Leichnam, und so entstand die erste Mumie. Isis zauberte einen neuen Phallus und vereinigte sich, in einen Drachen verwandelt, mit der Leiche. Sie wurde schwanger und brachte den falkenköpfigen Gott Horus zur Welt. Isis musste sich vor Set verstecken, bis Horus alt genug war, um seinen Vater zu rächen. Horus wuchs in den Sümpfen auf und wurde von den Göttinnen Nephtys, Sekhat-Hor, Neith und Selkis großgezogen. Bewacht wurde er von den »Sieben Kühen Hathors«, die symbolisch für die Pleiaden stehen. An einigen Stellen heißt es, Horus sei der wiedergeborene Osiris.

Osiris entschied sich, als Seelenrichter in Amenti (»Westen«), dem Land der Toten zu bleiben. Zumeist wird er als Mumie dargestellt. Viele Überlieferungen über Isis und Osiris sind von der christlichen Religion übernommen worden. Osiris war ein Gott, der sich entschied, Mensch zu werden, um sein Volk zu führen. Er trug den Beinamen »der gute Schäfer« und wurde mit einem Schäferstab abgebildet. Als Korngott starb er, wurde beerdigt und wieder zum Leben erweckt, indem Isis in Form von Sothis den Nil zum Überlaufen brachte. Inkarniert als Korn ernährte er das Volk und trug den Namen »Die Auferstehung und das Leben«. In Form von Weizenkuchen wurde sein Fleisch gegessen. Isis wurde wie Maria »Stern des Meeres« und »Königin des Himmels« genannt und gebar jungfräulich einen Sohn mit dem Titel »Retter der Welt«, einen Helden, der die Ordnung im Universum wiederherstellen würde. Das Paar musste sich vor einem bösen König verstecken, bis der Sohn ein Mann wurde.

Der Osiris-Kult verband sich schon früh mit dem des geheiligten Bullen Apis, der in Form eines lebenden Bullen geehrt wurde. Der Bulle wurde auch mit Horus identifiziert, der den Beinamen »Bulle der Mutter« trug und möglicherweise seinen wiedergeborenen Vater symbolisierte. Der Bulle ist ein antikes Symbol der Stärke und Manneskraft.

Isis trug auch den Namen »Gebieterin des Jahresanfangs«, die die Wasser des Nils ansteigen lässt. Sie belebt den Nil ebenso wieder wie Osiris. Sie gebärt Horus, so wie Sothis den Nil zur Welt bringt. Horus ist das Neujahrskind[15], das aus dem Leib der Isis-Sothis geboren wurde. Einer Inschrift zufolge »ist es Horus der

Unerschrockene, der von Osiris abstammen wird, und er wird sein in Sothis«[16].

Isis, die sich vor Set versteckt, wird durch die siebzigtägige Abwesenheit Sothis' vom Firmament symbolisiert.

Die alten Ägypter glaubten, dass Sothis das Heim der verstorbenen Seelen sei. Immer wieder tauchte die These auf, dass die Gänge der Cheops-Pyramide eine Teleskopfunktion haben und den südlichen Himmel mit besonderem Augenmerk auf die Sterne Orion und Sirius (Osiris und Isis) und deren Jahreszyklen zeigen.[17] Die ägyptischen Zeichen für Sothis waren ein fünfzackiger Stern, ein Halbkreis und ein kleines Dreieck oder eine Pyramide. In sehr alten Zeiten war Sirius in Ägypten nicht sichtbar, aber durch das Voranschreiten der Tagundnachtgleiche ist er um 10 500 v. Chr. am dortigen Nachthimmel erschienen. Für die alten Ägypter sah es aus, als sei ein neuer, sehr heller Stern geboren worden. Vielleicht wurde der Stern das Symbol für die jungfräuliche Göttin Isis, weil er verschwand, wenn das Sternbild Jungfrau im Osten aufging.[18]

Der ägyptische Kalender basierte auf den Bewegungen Sirius', dessen heliakaler Aufgang Neujahr markierte. Tatsächlich stimmt von allen Bewegungen am nächtlichen Firmament nur dieser Zyklus mit den 365,25 Tagen unseres Sonnenjahres überein, war aber zwölf Minuten kürzer als das tatsächliche Jahr, und da die Ägypter kein Schaltjahr kannten, fiel am Ende jeden Jahres etwas »Extrazeit« an. Diese Zeit wurde »aufgespart«, bis nach 1460 Jahren ein ganzes Jahr zusammengesammelt hatte, das das »sothische Jahr« oder das »Jahr des Phönix« genannt wurde. In diesem besonderen Jahr fanden viele Festivitäten statt, zu denen auch gehörte, dass ein Phönixadler, der die Sonne repräsentierte, auf einem Feuer aus Weihrauch und Myrrhe bei lebendigem Leib verbrannt wurde. Es hieß, aus der Asche würde sich ein Wurm bilden, der schließlich zu einem neuen Phönix würde. Tatsächlich war dieser Wurm gleichbedeutend mit den sechs Stunden, die am Ende des Phönixjahres überblieben, und vier Jahre später hatten sich bereits 24 Stunden angesammelt – ein ganzer Tag, der als Phönixküken galt. Innerhalb von 1460 Jahren würde sich ein ganzer Phönix bilden.[19] Der Eroberer Augustus »tötete den Phönix«, als der den ägyptischen Kalender reformierte.

Die Ägypter hatten aber auch ein ziviles Jahr, das 365 Tage hatte und in drei Jahreszeiten von je vier Monaten Dauer unterteilt war, wobei am Jahresende 5 Tage übrigblieben. Während dieser »fünf zeitlosen Tage«, die nach dem Aufgang Sirius' berechnet wurden und zwischen dem 30. Juli und 3. August lagen, wurden fünf der ägyptischen Hauptgötter geboren.[20] Nach Plutarch war die Göttin der Natur mit dem Gott der Zeit verheiratet, verliebte sich aber in den Sonnengott und vereinigte sich mit ihm. Ihr Gatte verfluchte sie dazu, in keinem Monat des Jahres gebären zu können. Später verliebte sie sich in einen weiteren Gott, den Plutarch »Hermes« nannte, der ein Siebzigstel, also fünf Tage, des Mondlichtes gewinnen konnte. Hermes legte diese Tage abseits der Mondmonate an, und so konnte die Göttin während dieser Zeit ihre Kinder gebären: Osiris, Horus den Älteren, Set, Isis und Nephtys.

Kanaan

Der kanaanitische Gott Baal war der Sohn des Hauptgottes El und ein Gott des Todes und der Wiederauferstehung nach dem Muster Adonis', Dumuzis und Tammuz'. Er wurde auch als Gott des Donners und des Regens beschrieben, der die Erde fruchtbar machte. Sein Kulttier war der Bulle. Seine Schwester war eine Erd- und Kriegsgöttin namens Anat.

Sein größter Feind war Mot, der Gott der Unfruchtbarkeit und des Todes, der die Sommerdürre repräsentierte. In einem Kampf mit Mot kam Baal ums Leben, doch bevor er starb, konnte er sich in einen Bullen verwandeln und sich mit einer Kuh vereinigen, wodurch er das Fortbestehen der Welt absichern konnte. Er stieg hinab in die Unterwelt, und seine Schwester machte sich auf den Weg zur Sonnengöttin Shrapash, die ihr helfen sollte, seinen Körper wiederherzustellen. Sie reiste in die Unterwelt und flehte Mot an, ihren Bruder herauszugeben. Als er sich weigerte, tötete sie ihn mit ihrem Schwert. Sie zerstückelte seine Leiche mit einer Schaufel und verstreute die Teile auf einem Feld, wo Vögel und wilde Tiere seine Überreste verspeisten. Hier besteht ein offensichtlicher Zusammenhang zu dem Korn, das am Ende der fruchtbaren Zeit geerntet und geworfelt wird: Mot, der Gott der Hundstage, wird ebenso geworfelt.

Die Kanaaniten opferten die ersten Früchte der Ernte in feuergetrockneter Form den Göttern. Die Israeliten folgten diesem Brauch, und die Bibel besagt: »Willst Du aber ein Speisopfer dem Herrn darbringen von den ersten Früchten, so sollst Du Ähren am Feuer rösten, die Körner zerstoßen und darbringen als das Speisopfer Deiner ersten Früchte.«[21].

Im Frühjahr wurde Baal wiedergeboren und die Erde lebte wieder auf.

Israel

Shavout, das Fest der Wochen, das in der Bibel auch unter dem Namen *Hag HaBikkurim* (»Fest der ersten Früchte«) auftaucht, ist das jüdische Fest, das daran erinnert, wie Moses auf dem Berg Sinai die Thora erhielt. Es feiert auch den Beginn der Ernte, zu dem die ersten Früchte als Speiseopfer in den Tempel in Jerusalem gebracht wurden. Es findet früher als Lammas, nämlich zwischen Ende Juni und Anfang Juli, statt, da im Süden die Ernte schneller reift. Eine einzelne Garbe wird der Ernte entnommen und zum Priester gebracht, der spricht: »Der soll die Garbe als Schwingopfer schwingen vor dem Herrn, dass sie euch wohlgefällig mache. Das aber soll der Priester tun am ersten Tage nach dem Sabbat.«[22]

Shavout und das Weizenopfer kennzeichneten das Ende eines Zyklus, das mit dem Gerstenopfer zu Pesach begann. Das Pesach-Fest steht in engem Zusammenhang mit der Sklaverei der Hebräer in Ägypten, während Shavout ihre Befreiung repräsentiert, die durch Jehovah symbolisiert wird.

Es ist Brauch, die Synagogen und Häuser mit Blumen und Grünzeug zu schmücken. Außerdem wird ein Festmahl gegessen, das aus frischen Früchten, Gemüse und einer Milchspeise besteht. Die Tora verbietet es, Milch und Fleisch zusammen in einem Topf oder einer Pfanne zuzubereiten. Der Gebrauch von Kochgeschirr war zu Shavout verboten. Die frühen Juden mussten eine Mahlzeit zubereiten, die nicht gekocht werden musste, also wurden stattdessen Milch und Käse gegessen.

Nordamerika

Das Green-Corn-Festival (»Fest des grünen Mais«), auch Green Corn Ceremony oder Dance genannt, ist ein Fest der amerikanischen Ureinwohner und eine religiöse Zeremonie, die viele Parallelen zum Lammasfest aufweist. Die Cherokee, Iroquois, Muskogee, Seminole, Yuchi und viele weitere Stämme feiern das Fest, auch wenn sich die Riten von Stamm zu Stamm anders gestalten. Es ist das wichtigste Fest der Muskogee- und Hopivölker, bei denen es normalerweise etwa acht Tage dauert. Wie auch Lammas bzw. Lughnasa ist es ein Fest des reifenden Korns, hier eher Mais als Weizen, und kennzeichnet den Neujahrsbeginn namens Hiyuce. Auch Datum und Länge des Festes sind von Stamm zu Stamm unterschiedlich.

Mais, der vermutlich ca. 200 v. Chr. aus Mexiko nach Nordamerika eingeführt wurde, wurde das wichtigste Grundnahrungsmittel der Ureinwohner und hatte im Stammesleben große Bedeutung. Man spielte Spiele, tanzte und sang Lieder. Dies war eine Zeit der religiösen Erneuerung. Das Lager und der Kreis (»der Ort des Stampftanzes«) wurden gereinigt und ein neues Feuer wurde entzündet. Dafür wurden von einem auserwählten Feuermacher vier Scheite kreuzförmig angeordnet. Es hieß, dieses Feuer habe beträchtliche Macht und repräsentiere eine physische Verbindung zwischen der Menschheit und dem großen Geist. Bei den Creek-Indianern steht das geheiligte Feuer für die Sonne. Beides sind männliche Kräfte und Teil der männlichen Vorherrschaft im Bereich des Rituellen. Der »Schwarze Trank«, eine starke Mischung aus Kräutern, die Buttonsnake-Wurzel erhält, ein Mittel, das Erbrechen bewirkt, wurde zur Reinigung getrunken. Es folgte eine Fastenzeit, bevor das neue Korn erstmals gegessen wurde. Nach diesen Ritualen wurden die Vorbereitungen für die Feierlichkeiten getroffen.

Die Riten der Green Corn Ceremony sind in Tag- und Nachtaktivitäten unterteilt. Eine der wichtigsten Tageszeremonien ist der Bändertanz, der von den Frauen des Stammes aufgeführt wird. Er dauert etwa drei Stunden und findet zumeist gegen Freitagmittag statt. Drei oder vier Anführerinnen, die aus den Stammesältesten gewählt werden, werden auf Lebenszeit ernannt. Sie tragen Stöcke oder Messer mit rotbemalten Enden bei sich, die im Rhythmus des Tanzes geschwungen werden. Die Tänzerinnen werden mit Bändern und Rasseln geschmückt und tragen Schildkrötenpanzer an ihren Unterschenkeln. Männliche Sänger und Kalebassenspieler sorgen für die musikalische Begleitung. Die Frauen tanzen gegen den Uhrzeigersinn in einer Reihe um den Kreis herum.

Man dankt der Sonne, dem Regen und dem Mais für das gute

Ernteergebnis. Geschichtenerzähler erinnern daran, was geschehen würde, wenn das Fest nicht stattfinden würde. Einige Erschaffungsmythen erzählen davon, wie das Stammesvolk vom großen Geist aus Mais erschaffen wurde. Es werden Ballspiele gespielt, deren Regeln je nach Stamm unterschiedlich ausfallen. Bei den Yuchi spielen Jungen gegen Mädchen eine Art Basketball. Die Jungen dürfen den Ball werfen und fangen, aber nicht mit ihm Laufen, den Mädchen ist alles erlaubt. Die Iroquois werfen den Ball gegen einen Pfahl. Gewinner ist, wer am höchsten wirft.

Ratsversammlungen werden abgehalten, sind aber kein Teil der Zeremonie. Kleine Verbrechen werden vergeben und Probleme gelöst. Es gibt auch Namensgebungszeremonien für Säuglinge und Jugendliche, die an der Schwelle zum Erwachsenwerden stehen.

Russland und Osteuropa

In Osteuropa findet sich eine große Bandbreite von Erntetraditionen. Von Ende Juli bis Anfang August werden Erntefeiertage und die Herbsttagundnachtgleiche gefeiert. Viele dieser Feiertage haben eher eine praktische denn eine rituelle Funktion, und die traditionellen Lieder handeln zumeist von der harten Arbeit und den Gastgebern der Feierlichkeiten. Nichtsdestotrotz tauchen in der slawischen Erntefolklore aber von guten Helfern über Kobolde bis zu gefährlichen Ungeheurern viele mythische Kreaturen auf. Einige dieser Erntegeister haben große Ähnlichkeiten mit denen anderer Kulturen. Andere wiederum stehen in keiner sehr engen Verbindung mit der Ernte, sondern sind lediglich Haus- oder Naturgeister.

In alten Zeiten wurde am 20. Juli dem Donnergott Perun ein Menschenopfer dargebracht. Auf diese Weise wurde der Gott besänftigt und davon abgehalten, Spätsommerstürme über das

Land zu schicken, die die Ernte zerstören könnten. Das Opfer wurde in offener Abstimmung gewählt. Bei einer diese Abstimmungen wurde der Sohn eines Wikingers gewählt, dessen Vater ihn nicht hergeben wollte, mit dem Ergebnis, dass schließlich beide Perun geopfert wurden. Der Priester sprach ein traditionelles Gebet:

Perun! Vater! Deine Kinder führen diese makellosen Opfer
zu Deinem Altar.
Verleihe, oh Vater, dem Pflug und dem Korn Deinen Segen.
Möge goldenes Stroh reife Ähren tragen.
Schick fort all die schwarzen Hagelwolken,
in die Moore, Wälder und Wüsten,
wo sie die Menschheit nicht bedrohen.
Und schenk uns Sonnenschein und Regen,
der sanft und freundlich fällt, auf dass die Ernte reift!

Auch ein Bulle wurde geopfert, der während eines gemeinschaftlichen Festes gegessen wurde.

Zu späteren Zeiten feierten die Ukrainer den Beginn des Herbstes am St.-Illias-Tag, dem zweiten August. Wie viele andere christliche Heilige auch war der Heilige Illia ursprünglich eine heidnische Gottheit gewesen, die in Verbindung mit Perun stand. Das Datum seines Festes ging vermutlich aus einem Feiertag des heidnischen Gottes hervor. Traditionell heißt es zum St.-Illias-Tag: »Bis zum Festmahl ist Sommer, nach dem Festmahl ist Herbst«. Es hieß, Illia würde jeden verfluchen, der nach seinem Festtag schwimmen ginge.

Yablochnyi, auch Medovoy Spas genannt, ist ein Feiertag, der zwischen der Sommersonnenwende und der Herbsttagundnachtgleiche stattfindet. Er trägt den Beinamen »Retter der Äpfel und des Honigs«, da er den Beginn der Ernte markiert, zu dem Früchte und Honig reif zum Ernten sind. Bei dieser Gelegenheit werden auch die Bienenstöcke gesegnet.

Das Zaziuki-Fest wird um den 7. August herum gefeiert und war früher vermutlich Teil der Yablochnyi-Medovoy-Spas-Feierlichkeiten. Die erste Korngarbe, das *zazhinochnyl* bzw. *zazhinnyi*, wurde in das Bauernhaus gebracht und dort separat gedroschen. In einigen Gegenden wurde sie gesegnet und mit dem Saatgut vermischt.

Die Bauern um Lublin in Polen versammeln sich eine Woche vor dem Erntefest, der *dozynki*, und fertigen eine *przepiorka*, einen dreidimensionalen Kranz, der mit Blüten und Bändern geschmückt ist, an. Der Kranz wird dann dem Herrn und der Herrin des Landes geopfert. Der Herr beaufsichtigt die Ernte und wird gesegnet mit Sprüchen wie: »Möge er hundert Jahre lang leben und gesund bleiben!«. Dann wird eine weibliche Erntehelferin zur *przodownica*, der Erntekönigin, ernannt. Sie wird anhand der Kriterien Schönheit, Arbeitsamkeit und Beredtheit ausgewählt. Die Erntekönigin wird von der gesamten Gemeinde umringt und mit einer Krone aus Weizen, Roggen, Hafer und wilden Blumen gekrönt.

Das Dozynki-Fest selbst findet um Mariä Himmelfahrt herum statt. Die Erntehelfer kleiden sich in ihre traditionellen, mit Ornaten geschmückten Gewänder und marschieren in einer Prozession zum Bauernhaus, während sie *»Plon mamy Plon, ze wszystkich stron«* singen (»Wir haben die Ernte für Dich eingeholt von allen Enden des Feldes«). Die Erntekönigin nimmt ihre Kornkrone ab, hält eine Rede zu Ehren der Erntehelfer und segnet den Herrn und die Herrin, denen sie ihre Krone als Opfergabe darbringt. Dann werden die frischen Erntefrüchte ausgebreitet, darunter auch frisches Brot aus dem neuen Weizen, Wein aus den neuen Trauben und Körbe voller Obst und Gemüse. Der Herr und die Herrin geben zur Feier des Tages Wodka und andere Getränke aus, und man dankt ihnen für ihre Gastfreundschaft und ihr Wohlwollen. Das Fest geht weiter bis in die frühen Morgenstunden, begleitet von traditioneller Musik, Tanz und Liedern.

Auch die letzte Garbe (die *dozhinochnyi orotzhinnyi*) wird mit Blumen, Bändern und Frauenkleidern geschmückt und in die Eingangshalle des Bauernhauses gestellt, wo sie bis zum ersten Oktober bleibt, an dem sie an das Vieh verfüttert wird. Für eine weitere Zeremonie lassen die Erntehelfer ein Fleckchen Korn auf dem Feld stehen. Es heißt, dass sich in diesem Korn, das den Namen »Bart des Velos bzw. Veles« trägt, der Geist der Ernte vor den Erntehelfern verstecke. Velos war der Gott der Tiere und des Wohlstandes. Die ungeschnittenen Garben wurden mit Bändern geschmückt und in einem Ritual, das als »den Bart verziehen« bezeichnet wird, zu Boden gebunden. Man glaubte, dass auf diese Art der Erntegeist zurück in den Boden gelenkt und so auch im nächsten Jahr wieder für Fruchtbarkeit sorgen würde. Als Opfer wurden die traditionellen Symbole der Gastlichkeit, Brot und Salz, dargebracht.

Die Poludnica, der »Geist des Mittags«, ist ein böswilliger und unheilvoller weiblicher Geist der slawischen Mythologie, der unter verschiedenen Namen in ganz Osteuropa auftaucht: Poednica, Poludniówka oder auch Przypoldnica sind nur einige wenige der weiteren Bezeichnungen. Üblicherweise taucht sie zur Erntezeit auf, häufig in der Gestalt einer schönen weißen Dame, eines dünnen jungen Mädchens oder eines alten Weibes, spukt zur Mittagsstunde über die Felder und durch die Häuser und schwebt dabei manchmal inmitten wilder Stürme hoch in der Luft. Wenn eine Frau ihr Kind während der Erntezeit allein auf dem Feld lässt, kann die Poludnica es angeblich rauben. Gerne werden quengelige oder unartige Kin-

der mit der Drohung eingeschüchtert, von der Poludnica mitgenommen zu werden.

In Polen taucht sie als große Frau in einem langen weißen Gewand auf, die eine Sichel bei sich trägt. Den ganzen Sommer über spukt sie durch Wälder und Felder und verjagt jeden, der dort arbeiten will. Sie stellt den Menschen schwierige Fragen und bringt denen, die sie nicht zu beantworten wissen, Unglück. Gelegentlich trägt sie auch eine Gerte bei sich, mit der sie jeden, der ihr über den Weg läuft, schlägt. Jedes ihrer Opfer wird, so heißt es, ein früher Tod ereilen. Besonders Frauen, die gerade ein Kind ausgetragen haben oder um die Mittagszeit das Haus verlassen, sind in Gefahr. Manchmal taucht die Polunica als Sturm, Wind oder anderes Naturphänomen auf. In Moravien ist die Poludnica eine alte Frau mit schrägen Augen, zerzaustem Haar, einem hässlichen Gesicht und Pferdehufen statt Füßen.

In Russland taucht die Poludnica als großes, schönes junges Mädchen in einem weißen Kleid auf. Zur Erntezeit geht sie auf den Feldern herum und packt und verdreht auf äußerst schmerzvolle Weise die Köpfe derer, die zur Mittagszeit dort arbeiten. Außerdem lauert sie kleinen Kindern im Korn auf. In Sibirien wird sie als schäbig gekleidete alte Frau mit dickem lockigen Haar beschrieben, die in den Nesseln oder im Schilf lebt und unartige Kinder entführt. In einigen Teilen Russlands gilt sie aber auch als gütige Hüterin der Ernte und Felder.

Viele Geschichten über die Poludnica stehen in Zusammenhang mit der Ernte. Zu Mittag kommt sie aus dem Wald. Jeder, der zu dieser Zeit auf dem Feld arbeitet, muss sich mit ihr unterhalten. Wer es nicht tut, erkrankt oder verliert seinen Kopf. Häufig stellt die Poludnica Fragen über das Wachstum von Weizen oder Hanf und bestraft diejenigen, die ihr keine richtige Antwort geben können. Als Hüterin des Korns schützt sie es vor Dieben und bestraft Kinder, die es zertrampeln.

Ein weiterer russischer Erntegeist ist der Polevik oder Polevoy. Bis zur Erntezeit ist er so groß wie eine Kornähre, dann schrumpft er auf die Größe der Stoppeln. Er flüchtet vor den Sensen der Erntehelfer und versteckt sich im stehenden Korn. Mit den letzten Ähren wird er dann in die Scheune gebracht. Er taucht zur Mittagszeit und bei Sonnenuntergang auf. Zu diesen Zeiten sollte man nicht auf dem Feld einschlafen, da der Polevik auf einem Pferd herumstreunt und jene, über die er reitet, erkranken.

Außerdem kennen die Russen den Belun, einen etwas hilfsbereiteren Geist in der Gestalt eines kleinen alten Mannes mit einem langen weißen Bart und Gewand. Der Belun hilft den Ernteleuten und es heißt, er mache ihnen manchmal schöne Geschenke. Er taucht nur tagsüber auf und führt Menschen, die sich verlaufen haben, wieder auf ihren Weg.

Indien

Das hindiustische Erntefest Onam wird von Ende Juli bis Anfang August in der Region Kerala im Südwesten des indischen Subkontinents gefeiert. Die Bevölkerung kleidet sich in neue Gewänder und schmückt ihre Häuser mit Blumen. Aufwändige Festessen werden zubereitet, und auch den Armen und Brahmanen werden Speisen gebracht.

Der Legende nach war Vishnu, ein Teil der hinduistischen Trinität, eifersüchtig auf den König Mahabali, einen beliebten und gütigen Herrscher von Karala. Verkleidet als brahmanischer Zwerg erschien er vor Mahabali und bat um soviel Land, wie er mit drei Schritten umgehen könne. Der König willigte ein und bat den Zwerg, noch mehr Land zu nehmen. Doch Vishnu ließ sich nicht verführen und machte den ersten Schritt, der sich über den ganzen Himmel erstreckte. Sein zweiter Schritt erstreckte sich über das ganze Land, und beim dritten stellte Vishnu seinen Fuß auf Mahabalis Kopf und trat ihn in die Tiefe der Erde. Der unglückliche König erkannte nun, um wen es sich bei dem Zwerg wirklich handelte. Er erbat sich die Erfüllung eines Wunsches und man erlaubte ihm, einmal im Jahr in sein Reich zurückzukehren, um seine Untertanen zu besuchen. Die Geschichte der erzwungenen Beerdigung Mahabalis und seiner jährlichen Rückkehr symbolisiert die Einpflanzung eines Samens und den jährlichen Zyklus, der die Früchte der Erde hervorbringt.

Anmerkungen

1 Antike Klage um Adonis

2 Myrre war ein bekanntes Aphrodisiakum. Dass Adonis von einer Myrre geboren wurde, erklärt also die orgiastische Natur seiner Riten. Die Harztropfen, die aus der Myrre tropfen, symbolisieren die Tränen, die während der Adonia um ihn geweint werden.

3 In einigen Versionen der Geschichte wird er von Artemis, der Göttin der Jagd und des Mondes, getötet.

4 Vermutlich Anemonen oder rote Rosen.

5 Laut Marcel Detienne (Die Adonis-Gärten, S. 100) datierte der athenische Astronom Meton den Aufgang Sirius' mit der Sonne auf den 20. Juli, seine Zeitgenossen aber datierten ihn auf den 23. bzw. 27. Juli, je nachdem, ob sie sich auf den eigentlichen oder den sichtbaren Aufgang bezogen.

6 Plinius: Naturkunde

7 Aristoteles: Naturgeschichte der Tiere

8 Die Wasserscheu ist auch als Tollwut bekannt, zu deren Symptomen unter anderem ein brennender Durst mit gleichzeitiger Angst vor Wasser gehört.

9 Detienne, Marcel: Die Adonis-Gärten. 2000

10 Manilus: Astronomica, Buch 5

11 Hexen können hier die Geschichte der Göttin, die in die Unterwelt hinabsteigt, wiedererkennen.

12 Thorkild Jacobson: The Treasures of Darkness, 1976

13 Eine griechische Form ihres ägyptischen Namens Aset bzw. Eset, was »Thron« bedeutet.

14 Möglicherweise das Sternbild Krebs, das die Überflutung ankündigt.

15 Robert Bauval und Adrian Gilbert: Das Geheimnis des Orion, 2001

16 R.T. Rundle Clarke: Myth and Symbol in Ancient Egypt, 1959

17 Robert Bauval und Adrian Gilbert: Das Geheimnis des Orion, 2001, Philip Vandenburg: The Curse of the Pharaoh, Robert Anton Wilson: Cosmic Trigger, Rowohlt, 1995 und Lucy Lamie: Egyptian Mysteries

18 Wegen des Voranschreitens der Tagundnachtgleiche ging Sirius 3300 v. Chr. zur Sommersonnenwende, im Jahre Null am 19. Juli und heute um den fünften August herum auf. Alle tausend Jahre findet das Ereignis 8,5 Tage später statt.

19 Robert Graves: Die weiße Göttin, 2002

20 John Opsopaus: Five Days out of Time

21 Lev. 2:4

22 Lev. 23:9-14

Kapitel 3
Lugh

Ich stehe in der Frontlinie des Gefechtes,
König und Anführer dieses Landes
Langarmig mit Speer und Harnisch
Stehe ich in der Frontlinie des Gefechtes.[1]

Das Wort »Lughnasa« bedeutet im Deutschen »die Spiele oder Versammlung des Lugh«. Antike Schriftsteller bezeugen, dass in Lyon (»Lughs Festung«) im alten Gallien am ersten August ein großes Fest stattfand. Vermutlich wurden überall in den keltischen Gegenden Britanniens, Galliens und Irlands zwischen Ende Juli und Anfang August Feste zu Ehren Lughs abgehalten, die sich über zwei bis drei Wochen erstreckten. Bei diesen Gelegenheiten wurde über geschäftliche Belange der Stämme verhandelt und es fanden Pferderennen, athletische und kriegerische Wettkämpfe sowie Rituale zur Sicherung einer reichen Ernte statt. Außerdem wurde die Jagdsaison eröffnet, und traditionell wurden Austern und andere Meeresfrüchte gesammelt.

Vieles weist darauf hin, dass in Irland zu Lughnasa Stammesversammlungen abgehalten wurden, deren wichtigste das Tailtui bzw. Telltown war, an dem der Hochkönig Irlands teilnahm, dessen Sitz in Tara nur 15 Meilen entfernt lag.

Es heißt, dass Lugh die Tailtiu-Spiele zu Ehren seiner Ziehmutter, der Erdgöttin Tailtiu, ins Leben rief, obwohl die Spiele darauf hinweisen, dass der Lugh-Kult in Irland vor wenigstens 2000 Jahren eingeführt wurde. Wahrscheinlicher ist, dass der neue Lugh-Kult aus einem älteren Erntefest zu Ehren einer Erd- bzw. Erntegöttin hervorging. Zum Fest gehörten Speerwerfen, Hochsprung, Stabhochsprung, Steinwerfen, der Dreifachsprung und Radwerfen. Außerdem wurden Elemente des *óenach*, einer irischen Stammesversammlung, aufgenommen, die sich aus Geschäftlichem, Ritualen, Pferderennen, Bullenopfer und Festgelage zusammensetzte. Die letzten Spiele fanden am 1. August 1169 in Telltown während der Herrschaft Ruraigh Ó Conchobars, des letzten irischen Hochkönigs, statt.

Der Lugh-Kult

Da das Fest nach dem Gott Lugh benannt ist, lohnt es sich, einen Blick auf dessen Ursprünge und Mythologie zu werfen. Hier aber wird es kompliziert: Während einige Autoren darauf beharren, dass Lugh ein Sonnengott war[2], steht für andere fest, dass er weder ein Sonnen- noch ein Erntegott war[3].

Lughs Abenteuer tauchen im *Mythological Cycle* auf, einer Sammlung von Legenden über die Heldentaten verschiedener Götter und Helden. Die Legenden wurden ursprünglich mündlich überliefert. Die frühesten bekannten schriftlichen Formen wurden im achten und neunten Jahrhundert von gelehrten Mönchen niedergeschrieben, die christliche Elemente und Motive aus der griechischen und römischen Mythologie einfügten. Sie wurden häufig mit zusätzlichen Ausschmückungen versehen und im Sinne des Autors leicht verfremdet. Heutzutage ist es schwierig, herauszufinden, was zum Originalmythos gehört, aber es gibt einige frühere Quellen. In »Der gallische Krieg« von 52 v. Chr. schrieb der römische Imperator Caesar über die Gallier:

> *»Der Gott, den sie am meisten anbeten, ist Merkur. Sie haben viele Abbildungen von ihm und betrachten ihn als den Erfinder aller Künste, den Gott, der die Menschen*

auf ihren Reisen führt und ihren mächtigsten Helfer in Belangen des Handels und des Geldes.«[4]

Obwohl Caesar hier von dem römischen Gott Merkur die Rede ist, kann davon ausgegangen werden, dass es sich bei dem Objekt der Verehrung um Lugh handelte.

Die kontinentalen Kelten kannten ihn als Lugus, dessen Kult sich von der Mitte der Eisenzeit an in der ganzen keltischen Welt verbreitete. Es existieren einige Inschriften über die Lugoves (Plural von Lugus), die bedeuten könnten, dass der Gott sich als Dreifaltigkeit offenbarte.[5] In England kannte man ihn unter dem Namen Lud, in Wales als Llew oder Lleu, und in Irland als Lugh oder Lugaidh. Viele Städtenamen in Zentral- und Westeuropa bezeugen seine Wichtigkeit für die Kelten. Lyon in Frankreich war einst die Hauptstadt der Gallier und nannte sich Lugdunum, »die Festung Lugus'«. Carlisle in Großbritannien hieß Caer Lugubalion. Möglicherweise wurde London, die Hauptstadt Englands, nach Lud benannt und heißt übersetzt »die Festung Luds«.[6] Weitere Beispiele sind Leiden, Laon, Loudon, Lauzun und Liegnitz, die alle die gleiche Bedeutung haben. In der keltischen Welt bedeutete »Festung« sowohl ein befestigtes Bauwerk als auch ein Erdwerk, einen Wall oder Hügel, der mit anderweltlichen Gestalten in Verbindung gebracht wurde. In der Nähe der St.-Pauls-Kathedrale in London befindet sich der Ludgate-Hügel, in dem einer Legende nach der Gott begraben liegen soll.[7]

Der Lugh-Kult war in Irland ein Nachzügler, der um die Geburt Christi herum von gallischen oder britischen Flüchtlingen eingeführt wurde, die vor den nahenden römischen Legionen flohen. Zu dieser Zeit gab es eine große Migrationswelle britischer Kelten nach Irland.[8] Schnell verdrängten Lugh und seine Festlichkeiten die früheren Erntebräuche und wurden zu einem der wichtigsten Ereignisse im Jahr des irischen Kalenders.

Lugh soll jedes Jahr zu Beginn der Ernte ein Fest in Tailtiu (heute Telltown) abgehalten haben. Die Feier fand auf einem antiken Grabhügel statt, was bei den alten Kelten, die Wert darauf legten, ihre Vorfahren in ihre Festlichkeiten einzubinden, nicht unüblich war. Der renommierte irische Gelehrte Dr. Dáithí Ó hÓgáin bemerkt, dass der Name Tailtiu nicht irischen Ursprungs ist und vermutlich eine Anleihe aus dem walisischen Wort *telediw* darstellt, das »wohlgeformt« bedeutet. Dies würde den Verdacht bestätigen, dass der Ort ehemals eine Ansiedlung britischer Kelten war.[9]

Lughs Name

Lughs Name stellt die Gelehrten vor ein Übersetzungsproblem. Robert Graves glaubte, dass er von den lateinischen Worten *lux* (»Licht«) oder *lucus* (»Hain«) abstammt.[10] Dr. Ó hÓgáin wendet ein, dass es wahrscheinlicher sei, dass der Name von dem keltischen Wort *lugio* (»Schwur«) abgeleitet wurde und Lugh der Schutzpatron der Schwüre war.[11] Einiges weist darauf hin, dass der Lugh-Kult sehr viel weiter östlich entstanden ist. Lughs Name könnte in Verbindung mit dem alten Mesopotamien stehen, wo der Titel des heiligen Königs *lugal* lautete. Es gibt einen sumerischen Gott namens Ninurta, der den Titel Lugalbanda trägt und dessen Heldentaten in den *Lugal-e* dargestellt werden. Er war der Herr der Pflüge und Felder, der junge Krieger und Sieger unter den Göttern, aber

auch ein alter Donnergott, der die Stürme über das Land jagte und ihm Leben verlieh. Der Bauernalmanach (1700 v. Chr.) ein Handbuch zum Gerstenanbau, preist ihn als den »lebensgebenden Samen«.[12]

Lugh trägt mehrere Titel, darunter Lámhfhada (»der Langarmige«). Dieser Name bezieht sich auf seinen magischen Speer, der im Kampf blitzte und brüllte – ein klarer Bezug zu Blitz und Donner. Ein irisches Sprichwort über Gewitterstürme lautet:

Lugh Langarms Wind fliegt heut' in der Luft
Und die Funken seines Vaters Balor Béimann.

Der walisische Llew wurde auch Llaw Gyffes (»treffender Arm«) genannt. Der Name Ludchurchs in Staffordshire (England) am Fluss Dane verweist darauf, dass Lugh möglicherweise auch Eigenschaften eines Donnergottes zugesprochen wurden.[13] Ludhchurch ist eine tief in den Wäldern versteckte Felsschlucht, die vermutlich einst eine Art Kapelle Lughs war. Der Fluss, der durch die Schlucht stürzt, verursacht donnerartigen Lärm und soll ein Eingang ins Land der Elfen sein. Steinstückchen von in der Nähe liegenden Felsen wurden als Schutzamulette getragen.[14] Dies setzt Lugh/Llew mit einigen anderen mit Blitz und Donner bewaffneten Luftgöttern gleich, die mit der Erdmutter assoziiert werden. In Lughs Fall trägt sie den Namen Tailtiu. In früheren Mythen befruchtete Lugh die Erdmutter vermutlich mit dem Sommerregen. Möglicherweise haben die darüber empörten christlichen Schreiber aus dem Sohn und Liebhaber einen züchtigen platonischen Ziehsohn gemacht.

Lugh wird auch Samhioldánach, »der in allen Künsten gleich begabte«, genannt, ein wahrer Meister der Handwerke. Der walisische Llew trägt den Beinamen »der mit der kunstfertigen Hand.«

Die Geschichte des Lugh Langarm

Der irischen Mythologie zufolge wurde die Insel mehrfach von Invasionen verschiedener Volksstämme heimgesucht. Die ersten Eroberer kamen aus Spanien, starben aber alle an einer Seuche.[15] Eine zweite Welle spanischer Eindringlinge konnte das Land erfolgreich kolonisieren, doch waren sie ständigen Problemen ausgesetzt, die durch eine weitere Gruppe von Eroberern ausgelöst wurden, den Formori bzw. Formorians.[16] Die nächsten Invasionen erfolgten durch die Fir Bolg, die Fir Gálion, die Fir Domnann und schließlich die götterähnlichen Tuatha Dé Dannan (»Volk der Göttin Danu«).

Der formorianische Tyrann Balor lebte auf der Insel Tory und hatte eine Tochter namens Eithne. Es war prophezeit worden, dass sie einen Sohn gebären würde, der seinen Großvater ermorden würde. Balor schloss sie deshalb in einem Turm ein, damit sie keinen Mann empfangen konnte. Cian, ein Tuatha Dé Dannan, aber verliebte sich Eithne, und sie ersannen einen Plan, um sich treffen zu können. Aus dieser Verbindung ging Lugh hervor. Zu Beginn wurde seine Existenz geheimgehalten, doch Balor kam dem Schwindel unvermeidlich auf die Schliche. Er befahl, dass Cian hingerichtet und Eithne und ihr Sohn in einem treibenden Boot ausgesetzt werden sollten.

Einer Version der Geschichte nach wurden Mutter und Sohn durch Goibhleann bzw. Giobhniu den Schmied gerettet. Er schmiedete Lugh einen langen Speer, der ihm den Beinamen *lámhfhada*, »Langarm«, einbrachte. Einer anderen Version nach, die in einem Gedicht aus dem zwölften Jahrhundert niedergeschrieben wurde, soll Lugh in der Anderwelt Eamhain Abhlach, dem Apfelland, großgezogen worden sein. Sein erster Ziehvater war der Meeresgott Manannán Mac Lir, der Lugh seine vielen Fähigkeiten lehrte, die ihm den Titel *ildánach*, der Vielbeschenkte, einbrachten.

Lughs spätere Ziehmutter war Tailtiu, die Königin der Fir

Bolg. Tailtiu starb, während sie die irische Mittelebene bereinigte, um sie als Ackerland nutzen zu können. Der Ort ihres Todes im Boynetal im Bezirk Meath wurde der Schauplatz großer Versammlungen namens Oenach Tailtenn, die zwischen Ende Juli und Anfang August stattfanden und von Lugh in Gedenken seiner Ziehmutter ins Leben gerufen worden sein sollen. Heute aber ist erwiesen, dass die ersten Feste der Ankunft der Kelten und der Verbreitung des Lugh-Kults um Hunderte von Jahren vorausgingen.

Die umfassendste Quelle über Lugh findet sich im *Cath Maige Tuired* (»Die Schlacht von Moytirra«), einem irischen Text aus dem elften Jahrhundert, der auch Material aus früheren Zeiten beinhaltet. Er erzählt die Geschichte des Kampfes zweier früher Volksstämme, der Formorianer und der Tuatha Dé Dannan, um die Vorherrschaft und berichtet, wie Dagdá, der »gute Gott«[17], die Tuatha Dé Dannan nach Irland und in den Kampf mit den Fir Bolg führte. Nach dieser ersten Schlacht von Moytirra schlossen die Fir Bolg ein Abkommen mit den Tuatha Dé Dannan und den Formorianern, laut dem sie die Provinz Connaught und seine Inseln zugesprochen bekamen.

Während der Schlacht verlor der Hochkönig Nuada seinen rechten Arm, und da ein verstümmelter Mann kein Regierungsrecht hatte, wurde Bres (»Der Schöne«) König Irlands. Bres war gemischter Herkunft: Sein Vater war Formorianer, seine Mutter eine Tuatha Dé Dannan. Er erwies sich als schlechter Herrscher. Unter seiner Führung wurden die Iren unterdrückt und die Tuatha Dé Dannan gerieten unter die Knechtschaft der Formorianer. Außerdem war er geizig: Besuchern gegenüber erwies er sich als wenig gastfreundlich und seine Künstler und Dichter förderte er kaum. Schließlich erwirkten die Tuatha Dé Dannan seine Abdankung und setzten stattdessen Nuada wieder ein, womit sie das Abkommen verletzten und den Formorianern den Krieg erklärten.

An diesem Punkt der Geschichte betritt Lugh den Schauplatz,

ein unbekannter Fremder, der am Hof der Tuatha Dé Dannan auf dem Hügel von Tara im Boyne-Tal auftauchte, als Nuada gerade seine Rückkehr auf den Thron feierte. Lugh marschierte vor das Tor und verlangte, eingelassen zu werde. Der erstaunte Torwächter starrte den jungen Mann, der wie ein König gekleidet war, an und wünschte seinen Namen und seine Absicht zu erfahren.

»Mein Name ist Lugh. Ich bin der Sohn Cians und Enkel Balors, Sohn der Eithne.«

»Und was ist Dein Handwerk?« fragte der Torwächter, »denn niemand betritt Tara, der nicht eine Kunst beherrscht.«

» Ich bin Zimmermann«, antwortete Lugh.

»Wir brauchen keinen Zimmermann, wir haben bereits einen. Sein Name ist Luchtainé.«

»Ich bin ein geübter Schmied.«

»Auch einen solchen haben wir. Sein Name ist Giobhniu.«

»Ich bin ein Krieger.«

»Unser bester nennt sich Ogma.«

»Ich bin Harfenist, ein Dichter aus dem Apfelland, reich an Schwänen und Eibenbäumen.«

»Wir haben bereits einen hervorragenden Barden.«

»Ich bin ein Zauberer.«

»Wir haben mehr als genug Druiden.«

»Ich bin ein Heiler.«

»Unser Heiler heißt Diancécht.«

»Ich bin Mundschenk.«

»Davon haben wir schon neun.«

»Ich kann mit Bronze arbeiten.«

»Unser Bronzegießer heißt Crední. Und er ist sehr gut in seinem Handwerk.«

»Dann geh und frage den König, ob er einen einzelnen Mann hat, der all diese Dinge allein vermag. Wenn dem so ist, dann braucht Tara mich wirklich nicht.«

Der Torwächter ging hinein und erzählte den Versammelten,

dass am Tor ein junger Mann stehe, der sich Lugh, der Meister aller Künste, nenne. Der König schickte seinen besten Schachspieler hinaus, um die Schläue des Fremden zu testen. Lugh erfand einen neuen Spielzug, den er »Lughs Einfriedung« nannte und gewann. Nuada lud ihn ein, und Lugh ging schnurstracks auf den »Stuhl des Weisen« zu, auf dem nur der klügste Berater des Königs sitzen durfte. Der König hielt ihn nicht auf, sondern beobachtete mit dem Rest des Hofes, wie Ogma seine Stärke demonstrierte. Ogma warf einen riesigen Stein durch die Tür, den zu bewegen zwanzig Ochsen nötig gewesen wären. Der Hof applaudierte, Lugh aber erhob sich, nahm den Stein und trug in zurück an seinen Platz. Darauf bat ihn der Hof, auf der Harfe zu spielen, und so spielte er ihnen ein magisches Schlaflied vor, sodass sie alle für einen Tag und eine Nacht schlummerten. Danach spielte er ein Lied, das so traurig war, dass sie alle weinten, und dann eine fröhliche Melodie, bei der sie alle vor Freude lachten. Er führte auch erstaunliche Kunststücke vor, wie zum Beispiel auf eine Seifenblase zu springen, ohne dass sie zerplatzte.

Nuada dachte bei sich, dass ein solcher Mann im Kampf gegen die Formorianer recht nützlich sein könnte, und nachdem er mit seinen Beratern gesprochen hatte, entschied er, Lugh für dreizehn Tage den Platz auf seinem Thron zu leihen, während er selbst den »Stuhl des Weisen« einnehmen würde. Und so wurde Lugh damit betraut, die Tuatha in die Schlacht zu führen. Er fragte jeden der Götter, was er zum Kampf beitragen werde.

Crední, der Bronzeschmied, versprach, Schwertgriffe, Speernieten Naben und Kanten für die Schilde anzufertigen. Diancécht, der Arzt, stellte einen Ersatzarm aus Silber für Nuada her und versprach, all die Verletzten zu pflegen, während Goibhniu, der Schmied, anbot, magische Lanzen zu fertigen, die im Kampf niemals versagen würden. Luchtainé, der Zimmermann, versprach, all die Lanzenschäfte und Schilde herzustellen, und Ogma, der Krieger, prahlte, dass er mit dreimal neun seiner Männer den König der Formorianer töten werde. Dagdá beteuerte, dass die Knochen der Formorianer unter seiner Keule zerbrechen würden wie Hagelkörner unter einem Pferdehuf. Cairpré sagte, dass er sie verfluchen und ihnen mit seinen Hohnreden Ehre und Moral nehmen werde. Der Oberste der Magier; Mathgan, beteuerte, dass sich durch seine Magie die zwölf Berge Irlands auf die Feinde stürzen würden, und die Mundschenke versprachen, dass sie die zwölf irischen Seen und die zwölf wichtigsten Flüsse vor den Formorianern verstecken würden, sodass sie ihren Durst nicht löschen könnten. Figol, der Druide, schwor, den Feinden drei Feuerströme zu senden, die ihnen zwei Drittel ihrer Kräfte rauben würden. Morrigan versprach, all jene zu jagen, die vom Schlachtfeld flohen.

In der anschließenden Schlacht von Moytirra[18] sprang Lugh auf einem Bein und mit einem geschlossenen Auge um die Krieger herum und sang einen Zauberspruch, der den Feind schwächen sollte. Lughs Großvater und Feind Balor hatte ein unheilvolles Auge, das er nur während Schlachten öffnete, da jeder, der in es hineinsah, von seinem Gift zerstört würde. Ein gutgezielter Stein aus Lughs Schleuder schlug dieses tödliche Auge aus Balors Kopf und tötete gleichzeitig siebenundzwanzig seiner Gefolgsmänner. Lugh jagte Balor auf die Spitze des Mizen Head, wo er ihn enthaupten wollte. Der listige Balor aber erzählte Lugh, dass dieser seine Macht erlangen könne, indem er seinen Kopf auf den eigenen setzte. Als Lugh Balor enthauptet hatte, durchschaute er die Falle und setzte Balors Kopf auf einen großen Stein, der sofort zerfiel.

Nach dem Kampf hatten die Formorianer so viele Tote zu beklagen, wie es Sterne am Himmel und Sandkörner im Meer, Schneeflocken in einem Schneesturm, Tautropfen auf dem Gras und Sturmwellen auf dem Meer gibt.[19] Die Überlebenden flüchteten auf ihre Schiffe und fuhren zu ihren Inseln. Das Festland überließen sie den Tuatha Dé Dannan. Lugh ließ Bres sein Leben unter der Bedingung, dass er die Tuatha lehren würde, wie man pflügte, säte und die Ernte einholte. Um die Sieger zu beschwichtigen, versprach ihnen Bres, dass ihre Kühe immer Milch geben und dass Irland mit vier Ernten im Jahr gesegnet würde, doch das Volk wies ihn zurück. »Was uns genehm ist«, sprachen sie, »ist dies:«

Das Frühjahr, zu pflügen und zu säen,
Den Sommer, das Korn zu stärken.
Den Herbst für die Reife und Ernte des Korns,
Den Winter, es zu essen.[20]

Ein Manuskript aus dem zehnten Jahrhundert besagt, dass Lugh nach dem Tod Nuadas der König der Tuatha Dé Dannan wurde. Er wurde auf dem Hügel der Tailtiu gesegnet und herrschte für vierzig Jahre über Irland. Er taucht auch in einer weiteren Geschichte auf, die damit beginnt, dass sein Vater sich in ein Schoßhündchen verwandelt und nach Newgrange (Brugh na Bóinne) im Bezirk Meath zieht. Er wurde dort von den Söhnen Tuirells bzw. Tuireanns, Brian, Iuchair und Iucharba getötet. Lugh verlangte Ausgleich und trug ihnen sieben beinahe unmögliche Aufgaben auf. Die drei Brüder führten sie zwar aus, kehrten aber verletzt und sterbend zurück. Ihr Vater bat Lugh, ihm seinen heilenden Mantel zu leihen, doch Lugh weigerte sich und ließ sie sterben.

Lugh starb auf dem Uisneachhügel, wo er von den drei Söhnen des Cearmaid getötet wurde, den er ermordet hatte, um ihm seine Frau zu stehlen. Einer der Brüder stieß einen Speer durch Lughs Fuß, woraufhin dieser sich in den See zurückzog und ertrank. Der See heißt heute Loch Lughbhorta.

Laut einem jüngeren Dokument beherrschte Lugh nach seinem Tod die Anderwelt.[21] Als Conn-der-Hundert-Schlachten, ein mythischer irischer Held, in die Anderwelt reiste, kam er an einem goldenen Baum und einem Haus mit einem goldenen Dachfirst vorbei, in dem ein König und eine Königin auf goldenen Thronen saßen. Die Frau war die Landesmutter Irlands, und der Mann, wie er selbst Conn erzählte, war Lugh. Die Königin reichte Conn einen Trank, um ihm zu zeigen, dass er der anerkannte König Irlands war.

Lugh und Balor

Im Mittelpunkt dieser Geschichte steht die Rivalität zwischen Lugh und seinem Großvater Balor (auch Balar oder Bolor). Das Muster der Erzählung findet sich recht häufig, wenn auch eher in mediterranen als in keltischen Mythen. Sie beginnt mit der Prophezeiung, dass der Enkel bzw. Sohn des Königs diesen zu Fall bringen wird. Der König schließt daraufhin seine Tochter in einen Turm ein, um dem Unheil vorzubeugen, sie findet aber dennoch einen Liebhaber und gebärt einen Sohn. Der König setzt seine Tochter und das Kind daraufhin in einem Korb oder Boot in einem Fluss oder auf dem Meer aus, wo sie sterben sollen oder überlässt den Sohn, alleingelassen auf einem Berg oder Hügel, dem Tod. Beide aber werden gerettet und nach einer Zeit im Exil kehrt der junge Prinz zurück, um den König zu stürzen. Viele Mythen sind nach diesem Muster aufgebaut: Ödipus, der als Säugling ausgesetzt wurde und zurückkehrt, um seinen Vater zu töten. Auge und ihr Sohn Telephus, die, wie auch Semele und Dionysos oder Danae und Perseus, in einem Holzkasten auf dem Meer ausgesetzt wurden. Der walisische Dichter Taliesin wurde auf dem Meer ausgesetzt, wo er von Elphin gerettet wurde. In einer weiteren Erzählung verliebte sich Tyro in den Flussgott Enipeus, der aber kein Interesse zeigte. Daraufhin schlüpfte Poseidon in die Gestalt des Flussgottes und verführte sie. Heimlich gebar sie Zwillingssöhne, die sie in einer Arche aus Erlenholz, ähnlich der von Romulus und Remus, auf einem Fluss aussetzte.

Gelehrte haben verschiedene mögliche Erklärungen für das

mythologische Jugend- und Vater-/Großvatermuster vorgeschlagen. Zum einen ist es möglich, dass die Erzählungen symbolisch darstellen, wie der Kult eines neuen Gottes den eines alten verdrängt. Zum anderen könnte der alte Großvater den Sonnenuntergang oder die im Herbst und Winter schwächer werdende Sonne darstellen, während der junge Mann für den Sonnenaufgang oder die Frühlings- und Sommersonne steht. Außerdem könnte der alte König das alte und der junge Prinz das neue Jahr verkörpern. Ebenso denkbar wäre, sie als Götter der Jahreszeiten zu sehen, wobei der junge den alten Gott verdrängt usw.

Die Geschichte des walisischen Llew

Das *Mabinogion* ist eine Sammlung von Erzählungen, die auch eine walisische Version der Geschichte Lughs enthält. Die Erzählungen wurden erst im Mittelalter niedergeschrieben, enthalten aber offensichtlich antike heidnische Themen. Der Held des *Mabinogion* heißt Llew Llaw Gyffes (»Llew mit der kunstvollen Hand«) und ist eindeutig eine brytonische (britische) Entsprechung des gälischen Lugh. Laud Llaw Ereint (»Llud mit der silbernen Hand«) ersetzt hier Nuada.

In der walisischen Version des Mythos taucht Arianrhod (»Silberrad«), die Tochter der Göttin Dôn und Nichte des Königs Math von Gwynedd, auf. Math konnte nur schlafen, wenn seine Füße in den Schoß einer Jungfrau gebettet waren. Als seine Lieblingsjungfrau entjungfert wurde, sollte Arianrhod als Ersatz dienen. Um ihre Reinheit zu prüfen, musste sie über Maths Zauberstab steigen. Währenddessen aber gebar sie Llew und seinen Bruder Dylan. Arianrhod leugnete, etwas mit den zwei Jungen zu tun zu haben. Dylan (»Sohn der Welle«) sprang daraufhin ins Meer und schwamm davon.

Llew wurde von seinem Onkel, dem Magier Gwydion ap Dôn, großgezogen. Er wuchs sehr schnell: Als er ein Jahr alt war, hatte er die Größe eines Zweijährigen, und als er zwei war, reiste er bereits allein durch die Welt. Als er vier war, hatte er die Größe eines Achtjährigen.

Arianrhod weigerte sich, ihn als ihren Sohn anzuerkennen, erteilte ihm aber mehrere Verbote. Als Gwydion ihn mit auf ihr Schloss nahm, verfluchte sie ihn dazu, niemals einen Namen tragen zu können, bis sie selbst ihm einen gäbe. Hierbei handelte es sich um ein ernste Sache: Ohne Namen war man in dieser und auch der nächsten Welt ein Niemand. Gwydion aber ersann einen Plan, Arianrhod auszutricksen, damit sie Llew einen Namen gab. Mit Magie erschuf er ein Boot aus Seetang und schönes Leder aus Riedgras. Verkleidet als Schuhmacher segelten Gwydion und Llew zu Arianrhods Schloss und vernähten das Leder. Von ihrem Balkon aus erblickte sie die beiden, und da sie sich ein neues Paar Schuhe wünschte, schickte sie ihre Zofe mit den nötigen Angaben zu ihnen. Gwydion wusste, dass er sie dazu bewegen musste, herauszukommen, und deshalb fertigte er zuerst ein zu großes und dann ein zu kleines Paar Schuhe an, die aber von wundervoller Qualität waren. Schließlich kam Arianrhod zum Schiff herunter, um sich die Schuhe anpassen zu lassen. Während Gwydion Maß nahm, kam ein Zaunkönig angeflogen und setzte sich auf das Boot. Der Junge nahm seinen Bogen und durchschoss dem Vogel sein Bein. Arianrhod war beeindruckt: »Wahrlich«, sagte sie, »dieser Knabe hat eine ruhige Hand«.

»Danke«, erwiderte Gwydion, »Der Junge hat nun einen Namen: Llew Llaw Gyffes!«

Die Göttin rief erzürnt aus, dass Llew niemals eine Waffe tragen solle, bis sie selbst ihm eine schenke. Dennoch nahm Gwydion ihn mit nach Dinas Dinallev und erzog ihn zum Krieger. Als die Ausbildung beendet war, kehrten sie verkleidet als Barden nach Caer Arianrhod zurück. Die Göttin empfing sie herzlich und lauschte angetan ihren Liedern und Geschichten. Am nächsten Morgen sprach Gwydion einen mächtigen Zauber aus,

der den Anschein erweckte, dass eine riesige Armee auf das Schloss zumarschiere. Die Luft bebte von Rufen und Fanfaren, und die Bucht schien von feindlichen Schiffen belagert zu sein. Arianrhod bekam Angst und fragte Gwydion, was zu tun sei.

»Gebt uns Waffen«, sagte dieser, »und wir werden Euch verteidigen.« Während ihre Zofen Gwydion seine Waffen überreichten, legte sie selbst Llew die Rüstung an. Sofort darauf verschwand der Zauber und sie erkannte, dass sie nicht bedroht wurde. Als ihr klar wurde, dass sie wieder hereingelegt worden war, belegte Arianrhod Llew mit einem weiteren Verbot: Er sollte niemals eine Frau ehelichen, die von menschlichem Blute war. Gwydion und sein Magiergefährte Math ap Mathonwy trugen die Blüten der Eiche, des Ginsters und des Mädesüß zusammen und formten aus ihnen eine bezaubernde Braut für Llew, die den Namen Blodeuwedd (»Blumengesicht«) tragen sollte.

Llew und seine Blumenbraut lebten glücklich und zufrieden, bis eines Tages eine Jagdgesellschaft, angeführt von Gronw Pebyr, eintraf, als Llew außer Haus war. Gronw und Blodeuwedd verliebten sich sofort ineinander und schmiedeten einen Plan, wie sie Llew loswerden könnten. Er konnte weder bei Tag noch bei Nacht, weder drinnen noch draußen, weder bekleidet noch nackt, im Reiten oder im Gehen noch durch eine rechtmäßig hergestellte Waffe getötet werden. Blodeuwedd entlockte Llew, dass er nur im Zwielicht getötet werden konnte, wenn er an einem Flussufer mit einem Fuß auf dem Rücken eines Ziegenbocks und dem anderen auf dem Rand eines Badezubers unter einem Baldachin stand. Die Anfertigung eines Speeres, der ihn töten konnte, würde ein Jahr dauern und nur an Sonntagen erfolgen können. Mit diesem Wissen machte sich Gronw an die Arbeit.

Als alles fertig war, bat Blodeuwedd Llew, ihr zu zeigen, wie er auf einem Ziegenbock und dem Rand eines Badezubers stehend das Gleichgewicht halten könne. Llew stillte die Neugier seiner jungen Frau bereitwillig und führte ihr das Kunststück vor. Währenddessen kam Gronw zwischen Bäumen hervor, schleuderte den magischen Speer auf ihn und verwundete ihn an der Hüfte.[22] Aber anstatt zu sterben, verwandelte sich Llew in einen Adler und flog davon. Als Gwydion ap Dôn erfuhr, was geschehen war, machte er sich auf, seinen armen Neffen zu finden. Er suchte überall, bis er schließlich auf ein Schwein stieß, das sich äußerst eigenartig benahm: Es fraß die Maden und Fleischfetzen, die von einem verwundeten Adler fielen, der auf einem Ast saß. Gwydion erkannte sogleich, dass es sich bei dem Adler um Llew handelte und verwandelte seinen Neffen zurück in seine menschliche Gestalt. Dann nahm er ihn mit nach Hause, um ihn gesund zu pflegen.

Als Blodeuwedd und Gronw zu Ohren kam, dass Llew noch lebte, erkannten sie, dass sie ihn Gefahr waren und flohen. Blodeuwedd versuchte zusammen mit ihren Dienern, den Fluss zu überqueren, doch ihre Zofen waren so verängstigt, dass sie alle ertranken. Blodeuwedd blieb allein zurück und wurde von Gwydion aufgelesen, der seinen Neffen rächte, indem er sie in eine Eule, den unbeliebtesten aller Vögel, verwandelte.

Gronw versuchte, sich mit Llew zu verbünden und bot ihm zum Ausgleich Land und Geld an. Llew aber wies ihn zurück und forderte, Gronw am Ort des Verbrechens zu treffen und es ihm unter denselben Umständen heimzuzahlen. Die beiden machten sich auf zum Flussufer, wo Gronw sich auf die Ziege und den Badezuber stellte. Gronw bat Llew, ihm zu gestatten, einen Stein zwischen sich und den Speer zu legen, da all dies nur durch die List einer Frau geschehen wäre. Llew gab nach, doch als er den Speer warf, durchbohrte er den Stein und brach Gronw das Rückgrat. Der durchlöcherte Stein liegt heute noch immer am Flussufer des Cynfael. Er trägt den Namen Llech Gronw, »Gronws Stein«.

Der Bedeutung der Geschichte Llews

Auf den ersten Blick scheint die Erzählung das Schicksal einer untreuen Ehefrau bzw. einer Frau darzustellen, die sich gegen die Bestimmung auflehnt, die die Männer, die sie erschaffen haben, ihr zuteilten. Eigentlich aber hat der altertümliche Mythos die sich wandelnden Rollen der Jahreszeitengötter und -göttinnen zum Thema.

Blodeuwedd, das Blumengesicht, ist die blühende Erdgöttin des Sommers. Sie ist die oberste Göttin des Landes, die der gesalbte König heiraten muss, um herrschen zu können. Ihre beiden Liebhaber, die um ihre Hand rivalisieren, sind Götter der Jahreszeiten.

Arianrhods Name, »Silberrad«, deutet darauf hin, dass sie die Eigenschaften einer Mondgöttin trägt. Außerdem ist sie die Göttin des Webens und Spinnens, die auf ihrem Rad den Kosmos und das Leben spinnt. Sie behauptet zwar, eine Jungfrau zu sein, gebärt aber zwei Knaben. Die Geschichte der jungfräulichen Geburt von Göttern ist in der Mythologie ein gängiges Motiv. In alten Zeiten bedurfte eine Göttin keiner Befruchtung durch einen Mann. Der Göttersohn einer Jungfrau wird normalerweise ein Gott des Opfertodes und der Auferstehung, was auch in der Geschichte Llews deutlich zu erkennen ist. Auch die Zwillingssöhne sind ein häufiges mythologisches Motiv und repräsentieren Licht und Dunkel, die um die Macht über das Jahr kämpfen.

Llews Braut Blodeuwedd soll Finger haben, die »weißer sind als jede neunte Meereswelle« – ein Beweis, dass auch sie eine Mondgöttin und damit eine weitere Verkörperung von Arianrhod selbst ist. Gronw ist der Herr des Sees und ein weiterer metaphorischer Zwilling und Rivale Llews. Als Llew vom Speer seines

Gegenspielers getroffen wird, verwandelt er sich in einen Adler, wie es der Legende nach typisch ist für die Seele eines gesalbten Königs oder Herrschers. Als später der Kampf unter denselben Umständen wiederholt wird, geht Llew als Sieger daraus hervor. Hierbei handelt es sich offensichtlich um einen halbjährlichen bzw. jährlichen Kampf um die Herrschaft über das Jahr und die Hand der Göttin. Blodeuwedd wird in eine Eule verwandelt, die für die Herbst- bzw. Todesgöttin und den Jahreswechsel steht. Eulen sind im November, dem Monat, in dem das Jahr stirbt, außergewöhnlich häufig zu hören und schweigen dann bis in den Februar hinein. Daher gelten sie als Vorboten der Göttin in ihrer Funktion als Todes- und Wintergöttin. Blodeuwedd ist eine walisische Bezeichnung für Eulen, und es heißt, dass ihre Gesichter Blumen ähneln.

Parallelen zwischen den walisischen und irischen Darstellungen

Obwohl es zwischen den walisischen und den irischen Darstellungen offensichtliche Unterschiede gibt, haben sie dennoch einige Motibe gemeinsam. Lugh ist der Enkelsohn der irischen Muttergöttin Danu, während Llew der Enkelsohn ihrer walisischen Entsprechung Dôn ist. Sowohl Lugh als auch Llew müssen versteckt werden, um sie vor ihren nächsten Verwandten zu schützen. Beide werden von Vorbildern erzogen, die sie eine ganze Bandbreite von Fähigkeiten lehren. Beide stehen in einer engen Verbindung zu Hauptgöttinnen: Lugh durch seine

Ziehmutter Tailtiu, Llew durch seine Mutter Arianrhod, die ihm seinen Namen und Waffen schenkt, und Blodeuwedd, die die Erde selbst ist (in der keltischen Überlieferung ist Königtum ein Geschenk der Hauptgöttin). Beiden widerfahren epische Begegnungen mit übernatürlichen Gegnern.

Sowohl in den irischen als auch in den walisischen Darstellungen besteht keine klare Trennlinie zwischen der übernatürlichen und der irdischen Welt: Menschen und Götter können problemlos zwischen beiden wechseln. Dennoch gibt es einen feinen Unterschied zwischen den beiden Traditionen: Die walisischen Erzählungen betonen die besonderen Techniken und magischen Rituale, die nötig sind, um die Grenze zur übernatürlichen Welt zu überschreiten, stärker. Vermutlich ist das darauf zurückzuführen, dass Britannien das Zentrum spezialisierten Druidentums war und die walisischen Geschichten diese Ausrichtung auf die Berufskaste der Druiden widerspiegeln.

Rekonstruktion des Lughnasa-Festes

In Irland wird der Juli »der hungrige Monat« genannt, da die Ernte nicht vor dem ersten August eingeholt wird. Früchte zu sammeln oder Kartoffeln auszugraben, bevor Lughnasa gefeiert wurde, gilt als unheilvoll. In alten Zeiten wurde nicht geerntet, bevor Maßnahmen zum Schutz der übrigen Ernte des Jahres getroffen waren und die Erde durch ein Opfer entschädigt worden war. Den Quellen nach handelte es sich hierbei wohl um einen Stier, es ist aber nicht auszuschließen, dass in prähistorischen Zeiten auch Menschen geopfert wurden.

Lugh wurde wegen »Lughs Einfriedung« Einlass nach Tara gewährt. Der christliche Schreiber hielt dies für einen Schachzug, in Wahrheit aber handelt es sich hierbei um einen heiligen Hügel, ähnlich Machas Einfriedung, auf der zu Machas Fest am ersten August eine Versammlung stattfand. Ihr Eingang ist nach Westen in Richtung der untergehenden Sonne ausgerichtet, was eine Verbindung zu Tod und Opfern andeutet. Crom Dubhs Steinkreis befand sich auf einem Hügel und bildete eine weitere Einfriedung. Dort wurden Menschenopfer und später Stieropfer erbracht. Derartige Hügel wurden als Erntehügel oder Gebärmutterhügel verstanden und symbolisierten die über der Saat angehäufte Erde, die sie befruchtete. Möglicherweise waren die vielen »Festungen Lughs« in Wahrheit derartige Hügel. Im Keltischen kann eine Festung auch ein Hügel oder Erdwerk sein. Klassische Autoren weisen darauf hin, dass in Lyon (»Lughs Festung«) am ersten August Versammlungen stattfanden. Die vielen Festungen Lughs könnten auch »Eidhügel« oder »Königshügel« gewesen sein.

Vieles weist darauf hin, dass Lugh ein geheiligter König war. Geheiligte Könige wurden, vermutlich indem sie die Lughnasa-Spiele gewannen, entweder auf einen bestimmten Zeitraum oder bis sie körperlichen (wie Nuadha) oder moralischen (wie Bres) Schaden nahmen, zum Herrscher erwählt. Einige Quellen deuten an, dass der König nach seiner Herrschaft aufgehängt und verkrüppelt wurde, indem man ihm den Fuß durchbohrte, wie es auch Lugh und Llew widerfahren ist, bevor man sie opferte. Tag des Opfers war wohl der erste August. Die Seele des Königs wurde in die Unterwelt gesandt, um die Mächte des Todes und der Krankheiten zu besänftigen und die Ernte auf den Feldern zu schützen.

Der Name »Lugh« könnte verwandt sein mit dem mesopotamischen Begriff »lugal« (»geheiligter König«). Im alten Griechenland wurden Weidenruten oder sogenannte Lugos verwendet, um den Sündenbock, als der entweder der geheiligte König oder Götterstatuen dienten, zu fesseln und auszupeitschen. Die Worte »Lug« und »Lud« scheinen eine gemeinsame indoeuropäische Wurzel zu haben, da sie häufiger im Zusammenhang mit dem Königstum auftreten, als der reine Zufall erlauben würde. Ronald Hutton (»*Stations of the Sun*«) hält es für möglich, dass das Wort bei den Kelten noch eine weitere Bedeutung hatte, da es so häufig auftaucht. In einigen Inschriften taucht das Wort auch in der Mehrzahl – Lugoves – auf, was darauf hindeuten könnte, dass Lugh entweder ein dreifaltiger Gott war oder es mehrere geheiligte Könige gab. Macha bot ihre erotischen Dienste drei verschiedenen Göttern dar, doch als sie zu ihr kamen, fesselte sie sie und zwang sie, ihr eine Festung zu bauen. Anders gesagt waren drei geheiligte Könige mit der Göttermutter vermählt, die nacheinander in ihre Festung gebracht, gefesselt und geopfert wurden. Die Festung ist ihre Gebärmutter, die symbolisch für die Ergiebigkeit des Landes steht, und die Handlungen der Könige waren verantwortlich für seine Furchtbarkeit. Sowohl Lugh als auch Balor begegneten dem Tod auf ähnliche Weise auf einer Hügelspitze.

Einer Quelle zufolge fand der Kampf zwischen Lugh und Balor an Samhain, dem 31. Oktober, statt, doch hierbei handelt es sich höchstwahrscheinlich um eine Fehlinterpretation oder eigenmächtige »Verbesserung« des Schreibers. Dieses Datum hat Anlass zu der Vermutung gegeben, dass Lugh die Sommersonne und sein Gegner Balor die Wintersonne (»das unheilvolle Auge«) symbolisieren. Da aber Lugh den Kampf gewinnt, wäre diese Erklärung eindeutig unlogisch, denn an Samhain triumphieren die Mächte des Winters und der Vernichtung. Einer anderen Interpretation zufolge ist Lugh die aufgehende und Balor die untergehende Sonne. Lugh wird oftmals als Sonnengott bezeichnet, doch diese Behauptung wird nur durch wenige Belege und eine fehlgeleitete Worterklärung gestützt. Der Name »Lugh« stammt nicht vom lateinischen *lux* (»Licht«) ab, sondern von dem Wort *lugos*, das den Eid bezeichnet, den ein König bei seiner Ernennung leistet. Caesar zufolge beteten die Kelten Merkur an, den Gott der Künste, der Reisen und des Handels. Außerdem, schreibt er, verehrten sie Apollo, Mars, Jupiter und Minerva, von denen sie dieselben Vorstellungen hatten wie andere Völker: Apollo wehrte Krankheiten ab, Minerva lehrte die

Handwerke, Jupiter war der Götterkönig und Mars der Herr des Krieges.[23] Als Sonnengott wird hier nicht Lugh bzw. Merkur, sondern Apollo bezeichnet. Der einzige Hinweis auf die Sonne, der in den Legenden um Lugh auftaucht, ist eine Beschreibung, laut der er von Sonnenunter- bis Sonnenaufgang rote Farbe und ein rotgoldenes Hemd trägt. Die rote Farbe könnte eine Assoziation mit den rotgefärbten Wolken bei Sonnenauf- und -untergang darstellen, doch Lugh trägt sie des Nachts. Während des Tages leuchtet er nicht.

In der keltischen Welt wurde die Farbe Rot mit dem Tod assoziiert. Rote Speisen wurden als Nahrung der Toten angesehen und waren für Sterbliche verboten. In der Herberge Dá Derga (»Der Rote«) Conaires sah der dem Untergang geweihte König drei rothaarige Reiter auf roten Pferden, die rote Waffen trugen.[24] Rote Reiter begleiten die Toten zum Haus Donns, des Totengottes. Rot ist die Farbe der Vollendung und der Ernte. In Rom wurden rothaarige Puppen geopfert, um die Reifung des Korns zu beeinflussen, und in Ägypten wurden rothaarige Männer als Opfer für Osiris, den Gott des Korns und des Todes, bei lebendigem Leib begraben.[25] Lughs rote Farbe kennzeichnete ihn als geheiligten König, der zum Tode verurteilt war.

Als Nuadha auf Grund seines verlorenen Arms die Krone verlor, übernahm Bres das Zepter. Bres nun war auf andere, nämlich moralische, Weise verstümmelt: Er war ein schlechter König, der sein Volk unterdrückte. Nuadha bekam einen Arm aus Silber und wurde ein weiteres Mal König, doch als Lugh seine Fähigkeiten bewies, legte er sein Amt für dreizehn Tage nieder, damit Lugh die Schlacht gegen die Formorianer bzw. die Mächte der Vernichtung anführen konnte. Dies ist ein weiterer Beweis dafür, dass Lugh kein Sonnengott war: Er übernahm die Macht von Nuadha, der in keinerlei Verbindung zur Sonne stand – er war ein Hochkönig.

Ein weiterer verkrüppelter König, dessen Name mit *lug* beginnt, ist König Lugaid mac Con, der Tara für sieben Jahre regierte. Nachdem er eines Tages ein falsches Urteil gefällt hatte, zerfiel der Teil des Hauses, in dem die Verordnung entschieden worden war, und rutschte den Abhang hinab. Noch heute wird der Steinhaufen »Der verkrüppelte Hügel von Tara« genannt. Es folgte König Lugaid, der Tara für ein Jahr regierte, in dem »kein Gras und keine Blätter wuchsen und es kein Korn gab«. Nach Ablauf eines Jahres wurde er von seinem Volk entthront.

Die Geschichte Lughs deckt sich mit vielen Erzählungen über Knaben, die mit einer Versehrung geboren wurden (illegitime oder verkrüppelte Kinder) und die dazu bestimmt sind, ihren Vater oder Großvater zu töten. Im Märchen hat das Motiv in Form der Knaben überlebt, die die Prinzessin heiraten wollen und die eine vom König gestellte Aufgabe bestehen müssen, bei deren Bewältigung sie umkommen sollen. Der Knabe symbolisiert hier den neuen geheiligten König, der die Muttergöttin ehelichen will, und der alte König weiß, dass er, sobald der neue König ernannt ist, unweigerlich sterben wird. Die versehrte Geburt ist ein Vorzeichen dafür, dass der Knabe als gelähmter, verkrüppelter König sterben wird. Der König ist kein Individuum, sondern eine Inkarnation des göttlichen Herrschers. Wenn sein Körper stirbt, geht seine Seele auf den neuen Amtsinhaber über. Das Motiv des Königs, der von seinem Enkel oder Sohn ersetzt wird, der aber in Wahrheit der König selbst ist, tritt auch in den Mythen der Korngötter auf, wie zum Beispiel bei Osiris, dessen Sohn Horus ihn selbst in Form der Ernte des nächsten Jahres verkörpert.

Von Ende Juli bis Anfang August ging der Hundsstern zusammen mit der Sonne auf und bedrohte die Ernte mit seinem Unheil bringen, alles verdörrenden Auge. Doch gegen Ende dieses Zeitraumes geleitete derselbe Stern die Seele des geopferten Königs in das Reich der Götter. Vieles weist darauf hin, dass der göttliche König mit Hunden assoziiert wurde. Im Nodens-Tempel wurden verschiedene Abbildungen von Hunden entdeckt. Nudd ist der Vater von Gwyn Ap Nudd, dem Herren der Wildjagd, der in Begleitung einer Hundemeute ausreitet. Lugh ist der Vater oder Großvater Cuchulains, dem »Hund von Chulain«. Hunde stehen in engem Zusammenhang mit dem Reich der Toten, deren Seele sie häufig in die Unterwelt geleiten.

Das Datum seines Festes verbindet Lugh unwiderlegbar mit der Ernte. Es wird auf Hügeln, Wällen und antiken Schanzen gefeiert. Er wurde, als Ersatz für den versehrten König, nur für dreizehn Tage zum König ernannt, um die Ernte für den Zeitraum der Hundstage zu schützen.[53] Zum alten Lammasfest, dem zwölften August, enden die Hundstage und er erfährt die Geheimnisse der Ernte von Bres – die Ernte beginnt. Dann wird er verletzt und erfährt einen dreifachen Tod: Erhängt und durchbohrt auf dem Gipfel des Hügels, ertränkt im nahen Fluss oder See. Nach seinem Tod regiert Lugh gemeinsam mit seiner Gattin, der Muttergöttin, die Anderwelt unter den Hügeln als König der Toten. Er trägt nun den Namen *lugh-chromain*, »kleiner gebeugter Lugh«, als der er der Ursprung der Kobolde wurde. Wie Crom Dubh ist er ein Gebeugter der Hügel.

Anmerkungen

1 Zauberhymne an Lugh
2 Beresford, Peter Ellis: Dictionary of Celtic Mythology, 1992
3 Hutton, Ronald: Stations of the Sun, 1996
4 Julius Caesar: Der gallische Krieg
5 Beresford, Peter Ellis: Dictionary of Celtic Mythology, 1992
6 Ronald Hutton behauptet in »Stations of the Sun«, dass das Wort »lug« für die Kelten möglicherweise noch eine weitere Bedeutung hatte und diese Städte gar nicht nach dem Gott benannt wurden. Er vermutet, dass die Anbetung Lughs vermutlich nicht so weit verbreitet war wie angenommen, und dass es eine ganze Bandbreite lokaler Gottheiten gab, die mit Merkur gleichgesetzt wurden.
7 Clarke, David: A Guide to Britain's Pagan Heritage, 1995

8 Dáithí Ó hÓgáin: The Sacred Isle, 1999. Seiner Meinung nach wurde zur gleichen Zeit der Gott Nuada (Nuadhu) aus Britannien, wo er sich Nodens nannte, eingeführt. Sein wichtigster Schrein befand sich in Lydney am Fluss Severs in Gloucestershire, wo er nach dem Vorbild des römischen Neptun als Gott der Meere mit Dreizack abgebildet ist. Nodens übernahm die Rolle Elcmhars, des Ehemannes der Boinn, und wurde der Vater ihres Sohnes Aonghus, dem, gleich dem britischen Maponus (oder Mabon), der Titel Macán Ócc (der junge Sohn) verliehen wurde.

9 ebd.

10 Graves, Robert: Die weiße Göttin, 2002

11 Dáithí Ó hÓgáin: Mayth. Legend & Romanca, 1991

12 http://www.gatewaystobabylon.com

13 Es besteht eine mögliche Verbindung zu Danu (oder Dôn, der keltischen Muttergöttin). Ihr Name spiegelt sich auch in dem Flussnamen »Danube« wider.

14 Clarke, David: A Guide to Britain's Pagan Heritage, 1995

15 In irischen Überlieferungen kann »Spanien« auch einfach die Welt außerhalb Irlands bezeichnen. Oft wird der Begriff auch als Synonym für die Anderwelt bzw. das Elfenreich verwendet.

16 Es handelt sich hierbei um keltische Volksstämme.

17 »Gut« hat hier keine moralische, sondern eine praktische Bedeutung. Dagdá war »gut in allem« und hatte magische Kräfte. Aus ähnlichen Gründen wurde auch der ägyptische Pharao »guter Gott« genannt.

18 Diese fand, wie eine Quelle besagt, acht Jahre später in Samhain statt. Der Schreiber scheint übersehen zu haben, dass Lugh den Thron nur für dreizehn Tage innehatte.

19 Squire, Charles: The Mythology of the British Isles, 1905

20 Fraser, J.: The First Battle of Moytura, Eriu 8, 1915

21 Ó hÓgáin: Myth, Legend and Romance, 1991

22 »Hüfte« ist vermutlich eine höfliche Umschreibung für die

Leistengegend, da häufig geschrieben wurde, dass Götter vor ihrer Opferung kastriert wurden.

23 Julius Caesar: Der Gallische Krieg.

24 Ross, Anne: Pagan Celtic Britain, 1974

25 Maple, Eric: Red. Man, Myth and Magic. n. d.

26 »Lugalbanda« bedeutet »Jungkönig« und deutet an, dass er demselben Zweck diente.

Teil II

Lughnasa Feiern

Kapitel 4

Antike Themen für moderne Heiden

August – bedeckt mit Schaum ist die Küste;
Munter die Biene, gefüllt der Bienenstock;
Und besser arbeitet die Sichel als der Bogen.[1]

Lughnasa/Lammas ist ein Erntefest und kennzeichnet das Ende der sommerlichen Wachstumsperiode und den Beginn der Herbsternte. Die Heiden von heute feiern acht Jahresfeste, zu denen auch Lughnasa gehört. Gerald Gardner, der Gründer des modernen Wicca-Kultes, führte dieses Feiertagssystem ein, das auf dem vierteljährlichen und halbvierteljährlichen Rhythmus des englischen Kalenders beruht. Die Feierlichkeiten der alten Hexen aber sahen etwas anders aus.[2] Montague Summers wies darauf hin, dass historisch gesehen die britischen Hexen die einzigen waren, die Lammas/Lughnasa feierten.[3]

Eine weitere weit verbreitete Fehlannahme ist, dass es sich bei Lughnasa um ein Fest des Feuers handelte. In Wahrheit wurde es mit Wasser und Erde assoziiert – Feuer spielte keine Rolle, abgesehen natürlich von dem Herdfeuer für die Zubereitung des Festmahls. Die halbvierteljährlichen keltischen Feste als »die Feuerfeste« zu bezeichnen ist ein moderner Brauch. Die wahren Feuerfeste sind (aus offensichtlichen Gründen) die Sonnwenden und die Tagundnachtgleichen.

Heutzutage wird an Lammas die Aufopferung des Gottes gefeiert. Als Pflanzengott muss er sterben, damit wir leben und essen können. Zur Herbst-Tagundnachtgleiche begibt er sich in den Mutterleib der Göttin, so wie der Samen in die Erde eintritt. Zu Samhain regiert er als König der Toten, und zum Julfest wird er zusammen mit der Sonne wiedergeboren und der Wachstumszyklus erneuert sich.

Einige Richtungen traditioneller Hexerei feiern Lughnasa als das Fest des Gottes und des männlichen Geistes, der verbildlicht wird durch einen Mann in seinen besten Jahren, der zum Jahreswechsel sterben muss. Das zentrale Thema des Lughnasa-Festes ist das Opfer. In alten Zeiten ging man davon aus, dass die Aufopferung des Gottes ihre irdische Entsprechung in einem Tier- oder sogar Menschenopfer finden müsse. Heute wissen wir, dass der Gott sich jedes Jahr opfert, weil die Welt nach diesem Muster verläuft. Er tut es aus freiem Willen und Liebe, um allen Kreaturen der Welt, nicht nur den Menschen, Kraft zu geben. Das Gesetz der Magie verrät uns, dass der Gott und die Göttin keine Opfer verlangen, weil alle Geschöpfe ihre Kinder sind und in gleichem Ausmaß von ihnen geliebt werden. Aus diesem Grund respektieren und ehren moderne Heiden alles Leben, denn Wicca ist ein Glauben der Freude. Der Gott stirbt, aber zur nächsten Wintersonnwende kehrt er zusammen mit der wiedergeborenen Sonne zurück und erfüllt die Herzen der Heiden mit Freude. Solange sie sich bemühen, das natürliche Gleichgewicht und die Harmonie des Musters des Lebens aufrechtzuerhalten, ist ihnen der Segen des Gottes und der Göttin sicher. Es ist dieses Muster, das die Heiden mit ihren Festen feiern und ehren und in ihrem alltäglichen Leben zu erhalten suchen.

Die ersten Früchte

Lughnasa feiert die Beendigung der Arbeit des Jahres mit der Entwöhnung der Kälber und Lämmer, dem Reifen des Korns und den ersten Äpfeln, Birnen, Blaubeeren, Brombeeren und Trauben. In Irland wird Lughnasa gelegentlich auch Blaubeersonntag genannt. Früher glaubte man, dass es Pech bringe, diese Früchte vor dem Lughnasa-Fest zu sammeln.

Sammeln Sie für Ihr eigenes Lughnasa-Fest einen Korb mit gemischten reifen Früchten. Stellen Sie ihn auf den Altar oder schmücken Sie den Ort Ihres Rituals damit. Im Verlauf des Rituals können Sie sie segnen und später mit den anderen Teilnehmern teilen – es heißt, dass dies Glück bringt!

Einem alten Brauch nach wurden die ersten Äpfel zu einem Getränk namens Lammas-Wolle verarbeitet (das Rezept finden Sie in Kapitel 8). Bei den alten Kelten war der Apfel heilig, und einen Apfelbaum zu fällen stand unter Todesstrafe. Ein durchgeschnittener Apfel offenbart in seinem Gehäuse ein Pentagramm, das Zeichen der Göttin. Dieses Pentagramm und der Apfelbaum selber kennzeichnen der Eingang ins Anderland Avalon, das »Apfelreich«, in das der Gott nach seinem alljährlichen »Tod« reist.

Eine weitere Lammas-Tradition ist die Wahl des Ernteherren und der Ernteherrin, die das Festmahl leiten. Sie können durch Los oder Wahl ausgewählt werden und mit Kränzen aus Weizenähren, Kornblumen und Mohn gekrönt werden. Am Ende des Festes werden die Kronen als Gabe an die Erdgöttin im Boden vergraben.

Das Opfer des Korngottes

Schon immer haben Nahrungsmittel bei Ritualen und der Götterverehrung eine große Rolle gespielt. Ohne Nahrung könnten wir nicht leben, und ihre Herstellung stellte einen zentralen Punkt in den antiken Religionen dar. Für die Menschen vergangener Zeiten stellte es ein Mysterium dar, dass ein kleiner Samen, der in die dunkle Erde gepflanzt wurde, in die Höhe schoss und zu einer nährenden Speise wurde. Es schien ihnen, als ob sie den Samen in den Leib der Mutter Erde einpflanzten, die ihn dann ernährte und stärkte und auf magische Weise verwandelte, so wie eine Frau den Samen in sich nährt, bis er zu einem Kind wird.

Das wertvollste dieser Nahrungsmittel war das Korn, aus dem Mehl und Brot gefertigt werden konnten. Es stellt eines der wichtigsten Symbole der Göttin dar und wird häufig als ihr Sohn angesehen, ein Gott, der durch den Geist des Kornherren zum Leben erweckt wird. Er erwachte im Frühjahr, reifte im Sommer und starb bei der Ernte, wobei er seinen Samen abwarf, der wieder in die kalte Erde gepflanzt wurde. Dort lag er und wurde von der Muttererde genährt, um im ewigen Kreislauf von Leben, Tod und Wiedergeburt im nächsten Frühjahr wieder emporzuschießen. In der Kunst bezeichnen wir diesen Mechanismus als den Kreislauf der ewigen Wiederkehr. Mythen über sterbende und geopferte Pflanzengötter sind auf der ganzen Welt bekannt.

Der Gott, der zu Lammas geopfert wird, ist John Gerstenkorn, die Seele des Korns. Man dankt den Göttern und wiederholt das Opfer John Gerstenkorns symbolisch durch das Backen und Essen von Brot. Ein Teil des ersten Brotlaibes wird den Göttern zum Dank dargeboten. Heutzutage kann nicht mehr jeder selber ernten und sein eigenes Mehl mahlen, aber die Möglichkeit, selber Brot zu backen, steht fast allen offen – einige Rezepte zu Ihrer Inspiration finden Sie in Kapitel 8. Sollte Ihnen auch das nicht möglich sein, kaufen Sie einen Laib guten Brotes und segnen Sie ihn. Mit etwas Glück finden Sie im Laden sogar einen in der traditionellen Zopf- oder Ährenform. Der Laib sollte während des Festes geteilt und das erste Stück als Gabe für die Götter auf den Altar oder den Boden gelegt werden.

Die Brot- und Weingabe ist eine der wichtigsten Angelegenheiten bei magischen Ritualen, denn so werden Sie des Korngottes teilhaftig. Dass auch die Christen dieses Ritual praktizieren, weist übrigens deutlich darauf hin, dass Christus ursprünglich ein Opfergott der Fruchtbarkeit war. Die Christen glauben, dass Brot und Wein Fleisch und Blut Gottes sind. Von diesem Blickwinkel aus betrachtet läßt sich leicht verstehen, dass Kuchen und Wein sich während des Segnungsrituals auf magische Weise verwandeln und mit der Kraft der Götter durchtränkt werden. Der Becher stellt eine Entsprechung des Kelches bzw. Grals dar, der Weisheit und Erleuchtung enthielt. Die Segnung kann von Priester und Priesterin gemeinsam oder auch von einem der beiden allein durchgeführt werden. Worauf es ankommt, ist, sich klarzumachen, wie viel Dank wir unseren göttlichen Eltern, dem Gott und der Göttin, für unser Leben und unser Wohlergehen schulden.

Nach seiner Weihung ist das Brot Nahrung für die Seele. Wenn wir ein Nahrungsmittel zu uns nehmen, nehmen wir auch einen Teil seiner Seele in uns auf, und durch den rituellen Verzehr von Brot und Wein wird die Seele des Gottes und der Göttin Teil von uns. Beides stellte einen wichtigen Teil der Rituale der Korngöttinnen und Pflanzengötter dar. Bei der Anbetung Demeters stand im Zentrum der elysischen Rituale eine Kornähre, und bei den Ritualen für Artemis, Sybille und andere Erd- und Mondgöttinnen wurde Brot gegessen. Häufig war es kreisförmig und mit einem Kreuz versehen, das die vier Mondphasen bzw. den Zyklus der Sonne mit ihren Sonnwenden und Tagundnachtgleichen symbolisierte.

Aus Kornähren lassen sich wunderschöne Dekorationen für Lammas-Treffen herstellen. Schmücken Sie sie mit Blumen und Schleifen, oder fertigen Sie aus ihnen eine traditionelle Kornpuppe (Anleitung in Kapitel 5).

Das Blut des Gottes

Zu Lughnasa beginnt auch die Traubenernte. Während das Brot den Leib des Opfergottes darstellt, symbolisiert der Wein sein Blut. Die Menschen der Antike hielten den Weinrausch für einen göttlichen Zustand, in dem sie eine andere Bewusstseinsebene erreichten und Teil des göttlichen Geistes wurden. Alle Pflanzen mit bewusstseinsverändernder Wirkung galten als heilig, doch Wein ist eben schmackhafter als die meisten anderen und wächst in einem spiralförmigen Muster, einem uralten Symbol für die Unsterblichkeit. Es hieß, dass Wein nicht den Körper, sondern die Seele mit göttlicher Inspiration nähre, den Trinkenden von weltlichen Gedanken und Zwängen erlöse und die Kräfte des ursprünglichen Selbst in ihm aktiviere.

Am deutlichsten lässt sich die Geschichte des Weingottes am Mythos des Dionysos bzw. Bacchus nachvollziehen. Er war der Sohn des Zeus und der Semele, einer sterblichen Frau. Zeus wusste, dass seine eifersüchtige Gattin Hera versuchen würde, dem Kind zu schaden, und schickte ihn heimlich zu Zieheltern, die den jungen Halbgott als Mädchen verkleideten. Hera aber ließ sich nicht hinters Licht führen und trieb die Zieheltern in den Wahnsinn. Zeus verwandelte Dionysos daraufhin in einen jungen Ziegenbock und schickte ihn zu den Nymphen auf dem Berg Nysa, aber die Titanen lockten ihn fort von seinen Begleitern, rissen ihn in Stücke und kochten ihn in einem Kessel. Die Göttin Athene rettete sein Herz und Zeus seine Gliedmaßen, und Apollo beerdigte seine Überreste auf den Hängen des Berges Parnassus, wo die Göttin Rhea ihn wieder zum Leben erweckte. So wurde Dionysos ein weiterer Gott des Todes und der Wiederauferstehung und trug den Beinamen »der dreifach Geborene«.

Hera aber verfolgte ihn weiter und trieb auch ihn in den Wahnsinn. In diesem Zustand durchwanderte er die Lande und wurde schließlich in den Sybillenkult aufgenommen. Hier nahm er an den Orgien und Rasereien teil, die zu ihrer Anbetung gehörten und lernte, seinen Wahnsinn zu instrumentalisieren. Mit seinen Anhängern, den Bacchanten und Satyren, reiste Dionysos weiter und entdeckte das Geheimnis der Weinherstellung. Seine Festlichkeiten trugen den Namen Bacchanalien und wurden vornehmlich von Frauen abgehalten, die Alkohol tranken, um ihre Hemmschwellen zu überwinden und sich von den Beschränkungen sozialer Konventionen zu lösen. Dionysos trotzte der gesellschaftlichen Ordnung, brach Tabus und Bräuche und erlangte Wissen durch seinen göttlichen Wahnsinn. Er, den das Dunkel und die Nacht anzogen, stellte das Gegenteil des Gottes Apollo dar, des logischen, würdigen Gottes der Sonne und des Tageslichts. Möglicherweise repräsentieren die beiden Götter die zwei Seiten des menschlichen Bewusstseins, die nötig sind, um im Gleichgewicht zu bleiben.

Wenn Sie zu Lammas den Wein weihen, können Sie sich all dies in Erinnerung rufen. Wie Sie selbst Wein herstellen können, erfahren Sie in Kapitel 8.

Das Ende des Sommers

Obwohl der August häufig der heißeste Monat des Jahres ist, markiert Lughnasa den keltischen Überlieferungen nach den letzten Tag des Sommers und den Anfang des Herbstes. Die Tage des Wachstums sind vorüber und die Ernte beginnt. Die Blumenjungfrau wird zur Erntemutter, die wiederum zu Samhain die Cailleach wird.

In einigen Gegenden Irlands stellte man diese Verwandlungen symbolisch nach, indem man Blumen beerdigte. Die Menschen stiegen mit einer Blume auf den Lughnasa-Hügel und warfen sie in eine Grube auf dem Gipfel, die dann mit Erde zugeschüttet wurde. Auch diese Zeremonie können Sie in Ihr Lammas-Ritual einbauen.

Berge und Erntehügel

Dem Brauch nach wurden die Lughnasa-Feierlichkeiten auf einem Berg oder Erntehügel abgehalten. Einige dieser Hügel, wie zum Beispiel der 4600 Jahre alte Silbury-Hügel in Wiltshire, England, wurden künstlich errichtet. Im Steinzeitalter bestand das Innere der Hügel aus Torf, der zu Beginn der Ernte, also um Lughnasa herum, gestochen wurde. Über einen Zeitraum von etwa fünfzig Jahren hinweg wurde der Torf dann mit Kalkblöcken bedeckt. Diese Erntehügel repräsentieren den Mutterleib der Göttin. Ursprünglich waren sie von wassergefüllten Gräben umgeben. Das Wasser reflektierte von Ende Juli bis Anfang August den Vollmond und erweckte den Anschein, dass der Kopf eines Kindes aus dem Leib rage. Wenn der Mond sich über den Himmel bewegte, schien der »Kopf« sich zur Brust der Mutter zu bewegen, um gesäugt zu werden. Wenn der Mond höher stieg, reflektierte das Wasser sein Licht und die Milch schien aus der Brust zu schießen. Wenn die Nabelschnur durchtrennt wurde, indem der Mond sich scheinbar vom Hügel löste, war die Erntezeit gekommen. Auf dem Silburry-Hügel wurden bis ins achtzehnte Jahrhundert Feste mit Stierkämpfen und Pferderennen gefeiert, die mit einem Stieropfer endeten.

In der gesamten antiken Welt trugen Erdhügel die symbolische Bedeutung der erneuernden Kräfte der Göttin und wurden häufig auch, wie beispielsweise im alten Ägypten, zu Bergen oder von Menschen erbauten Pyramiden, die dann mit den Göttern assoziiert wurden – der Symbolismus ist derselbe. Möglicherweise wird diese Vorstellung auch in den britischen und irischen Türmen und den Lughnasa-Pilgerfahrten zu Hügeln widergespiegelt. Unternehmen Sie zu Lughnasa, wenn Sie können, wie die alten Kelten eine Pilgerfahrt zu einem Hügel. Meditieren Sie dabei: Ziehen Sie Ihre Schuhe aus und fühlen Sie die Erde unter Ihren bloßen Füßen. Denken Sie bei jedem Schritt an die Geschenke der Göttin, die aus dem Boden sprießen. Mit jedem

Schritt lassen Sie die alltägliche Welt ein Stück weiter hinter sich zurück und nähern sich dem Reich der Götter. Sie entfernen sich von Ihren Sorgen, Nöten und Ängsten. Fühlen Sie, wie der Wind und der Gipfel des Hügels sie forttragen. Machen Sie ein Picknick und speisen Sie unter freiem Himmel.

Die Göttin des Landes

Jedes Land hat seine eigene Erdgöttin. Sie hat viele Namen und Eigenschaften. Zu Lammas wird sie als die Erde unter unseren Füßen und das Land, in dem wir leben, geehrt. Sie kann ein schützender Geist oder der anima locus einer bestimmten Gegend oder eines ganzen Landes sein, so wie Érin die Göttin Irlands und Britannia die Göttin Britanniens ist. Als Mutter Erde selbst ist sie die Göttin des ganzen Planeten.

In der keltischen Überlieferung gilt die Herrschaft über das Land als ein Geschenk der Göttin. Der Herrscher ist ihr symbolischer Gatte. Als Bestätigung bietet sie ihm einen symbolischen Trunk an. Häufig manifestiert sie sich als kraftvolle weiße Stute, einer der Gründe, weshalb Lughnasa mit Pferden assoziiert wird. Der gardnerianischen Wicca-Schule nach sollten zu Lammas zu Ehren der Herrschaftsgöttin Reitstecken verwendet werden. Diese Stecken sind, wie Steckenpferde, mit Pferdeköpfen versehen. In volkstümlichen Zeremonien tauchen sie zu verschiedenen Jahreszeitenfesten und als Begleitung englischer Moriskentänze auf. Ähnliche Gegenstände tauchen auch in Pamplona und bei den Basken (Spanien), in Krakau (Polen), Athen (Griechenland), Belgien, Deutschland und Frankreich auf.

Hier finden Sie einige dieser Erscheinungsformen der Göttin aufgelistet, aus denen Sie eine oder mehrere für Ihr Lammas-Ritual auswählen können. Weitere finden Sie in Anhang 4.

Adamah (hebräisch): Ihr Name bedeutet »Erde«. Sie ist die personifizierte Erde.

Britannia (britisch): Britannia ist eine Personifizierung der britischen Inseln aus der Wortwurzel »Brit-» und »Anu«, der keltischen Muttergöttin. Sie ziert bis heute die britischen Münzen und wurde früher mit Schild, Helm und Dreizack abgebildet.

Gaia (griechisch): Der Name dieser Göttin bedeutet »Erde«, und sie steht für die griechische Muttererde. Wegen ihrer Eigenschaften als Ernährerin trägt sie den Titel »die Tiefbrüstige«. Sie erschuf das Universum, die Götter und die ersten Menschen. Jedes Jahr wurden ihr die ersten Früchte geopfert.

Epona (gallisch): Sie ist die Pferdetotemgöttin der Gallier, die Herrscherin des Landes. Außerdem ist sie die Muttergöttin und die Göttin des Landes.

Érin (irisch): Érin ist die Personifizierung der irischen Insel. Sie war eine der Königinnen Irlands, die Tochter des Dagda und die Ehefrau MacGreines, des »Sohnes der Sonne«.

Macha (irisch): Macha ist eine Herrschaftsgöttin mit Aspekten einer Pferdegöttin in dreifaltiger Form: Sie ist Macha, die Gefährtin Nemeds, Macha, die Gattin Crunnchus, und Macha die Rote. Außerdem trägt sie den Namen »Macha mit dem goldenen Haar«, welches für das Korn steht. Gelegentlich taucht sie auch als Teil der Morrigan-Triade auf.

Rhiannon (walisisch): Ihr Name bedeutet »Große Königin« und kennzeichnet sie als Herrschaftsgöttin. Sie ist die walisische Göttin der Fruchtbarkeit und der Pferde und reitet ein weißes Pferd, das sowohl für den Mond als auch für die Schaumkronen der Meereswellen steht. Ihre sieben Amseln, die Pleiaden, geleiten die Seele des geheiligten Königs bzw. geopferten Korngottes in die Unterwelt.

Die Erntegöttin

An diesem Punkt im Kreis des Jahres wird die Göttin zur Mutter, die die Früchte des Landes gebiert. Sie ist die Mutter Natur, aus der alles Leben entsteht und die das Leben erhält, die Erde selbst, die Früchte trägt. Zu Imbolc ist sie eine Jungfrau, die zu Ostara einem jungen Gott begegnet, den sie, wenn zum Walpurgisfest die Erde erblüht, heiratet. Wenn zu Mittsommer die Blumen befruchtet werden, vereinigen sich Himmel und Erde und die Göttin wird schwanger. Die Geburt findet zu Lughnasa statt, das auch den Namen Bron Trograin, »die Erde sorgt sich unter ihren Früchten«, trägt, weil die Erde mit ihren Geburtswehen die Erntefrüchte hervorbringt und den Tod des Pflanzengottes beklagt, der mit dem Schneiden des Korns getötet wird. Die Samen kehren zurück zu ihrer Mutter, der trauernden Erde. Sie ist auch die Göttin des Todes, die die Sichel schwingt, welche das Leben des Gottes beendet.

Zu den Erntegöttinnen, die zu dieser Zeit verehrt werden können, zählen:

Anat (kanaanitisch): Sie ist die Göttin der Fruchtbarkeit, die sich mit ihrem Bruder Baal vereinte, sie im Körper einer Kuh, er in dem eines Stiers. Auf diese Weise gewährleisteten sie die Fruchtbarkeit des Landes.

Astarte (kanaanitisch): Auch sie ist eine Fruchtbarkeitsgöttin, die mit Ishtar verwandt ist. Als Geliebte des Adonis wurde ihre Rolle auf die griechische Göttin Aphrodite übertragen. Ihr Kult war weit verbreitet, selbst im romanisierten Britannien hatte sie Tempel.

Blodeuwedd (walisisch): Blodeuwedd ist die Blumenbraut Llews und die Personifizierung der blühenden Sommererde. Nach Abschluss der Ernte wird sie zum Winterweib.

Ceres (römisch): Ceres ist die römische Göttin des Korns, deren Fest am ersten August stattfand. Anfangs war sie eine campanische Göttin, deren Geschichte aber von der Göttin Demeter übernommen wurde.

Ceridwen (walisisch): Sie ist die walisische Göttin des Mondes, des Korns, der Initiation und die Muttergöttin. Sie besitzt einen magischen Kelch, in dem sie einen Trank braute, der die Weisheit der ganzen Welt enthielt.

Demeter (griechisch): Die Erntegöttin Demeter hatte eine Tochter namens Kore (auch Persephone genannt). Als Kore eines Tages Mohnblumen pflückte, wurde sie von dem Gott Hades entführt und in seinem Reich, der Unterwelt, gefangengehalten. Demeter suchte ihre geliebte Tochter auf der ganzen Welt, und weil sie zu beschäftigt war, ihre Pflichten zu erfüllen, verdorrte die Erde und wurde unfruchtbar. Der Winter herrschte. Schließlich setzte sie sich erschöpft nieder und ruhte für neun Tage und neun Nächte. Zu ihren Füßen ließen die Götter Mohnblumen sprießen, und benebelt von deren berauschendem Duft schlief sie ein. Die Götter, die sich um die Zukunft der Erde sorgten, entschieden unterdessen, dass Kore zu ihrer Mutter zurückkehren könne, gesetzt den Fall, sie habe in der Unterwelt keine Nahrung zu sich genommen. Unglücklicherweise aber hatte sie sechs Granatapfelkerne gegessen, und so musste sie von nun an sechs Monate im Jahr in der Unterwelt verbringen, womit der Winter erklärt wurde.

Der Name Demeter bedeutet »Muttererde«. Zusammen mit ihrer Tochter symbolisiert sie Blumen und Früchte, das Leben und das werdende Leben, das Bestehende und das Mögliche. Ihr geweiht sind das Pferd, die Biene, der Mohn, die Schlange und die Fackel. Ihre Sichel wurde von dem Schmiedegott Hephaistos angefertigt. Auch die Weide ist der Persephone geweiht und aus ihr werden die Geißel und die Fesseln des geheiligten Königs hergestellt.

In ganz Griechenland wurden zu Ehren Demeters und Kores über das ganze Jahr hinweg mehrere Rituale durchgeführt. Während der kleinen Eleusinien im Februar kehrte die Jungfrau Kore aus der Unterwelt zurück und auf der Erde sprossen die Pflanzen. Während der großen Mysterien im September prozessierten die Geweihten zum Tempel, reinigten sich im Meer, opferten der Göttin Schweine, die die Fruchtbarkeit symbolisierten, und beteten vor einer einzelnen Kornähre, die mit den Worten »Erblickt das Mysterium« enthüllt wurde. Bei dem Mysterium handelte es sich natürlich um das dem Lughnasa-Fest zugrunde liegende Geheimnis der Fruchtbarkeit und den Zyklus des Lebens. Eine ähnliche Form der Meditation könnte auch Teil Ihres Lughnasa-Festes werden.

Isis (ägyptisch): Isis ist die Königin der Himmel und die Gattin des Korngottes Osiris. Ihr jährliches Erscheinen als Hundsstern Sothis kündigte die Nilüberschwemmung und die Wiedergeburt des Osiris an. Isis wurde über 3500 Jahre lang angebetet und viele ihrer Mythen und Titel gingen in der christlichen Jungfrau Maria auf. Sie war die Muttergöttin, die ein Ohr für das Leid und die Verluste der Menschen hatte und ihren Gebeten verständnisvoll lauschte. Isis, Osiris und ihr Sohn Horus stellten die Heilige Familie dar.

Ihr ursprünglicher ägyptischer Name Aset bedeutet, ebenso wie der ihres Gatten Osiris (Asir), »Thron«. Beide werden mit Herrschaft und Hoheit assoziiert. Sie war auch die Herrin der Magie und entdeckte viele heilende Medizinen. Ihre Anbetung reichte vom Schwarzen Meer bis nach York in England.

Sif (skandinavisch): Das goldene Haar Sifs, das ihr abgeschnitten wird, wenn Loki als der Hundsstern am Himmel steht, repräsentiert das Korn. Sie ist die Gattin Thors, des Donnergottes, der für den Regen sorgt, welcher das Land befruchtet.

Wettkämpfe und Spiele

Die reifenden Ähren müssen vor den Kräften der Zerstörung, die der Herbst mit sich bringt, und vor den Überflutungen und Stürmen, die mit Lughnasa assoziiert werden, beschützt werden. In der irischen Mythologie wurde dies durch den Kampf zwischen Lugh, dem Sonnengott, und Balor, einem furchterregenden einäugigen Riesen, der der Anführer der formorianischen Götter der Zerstörung war, symbolisiert. Es existieren noch weitere Geschichten, in denen Lughnasa-Helden gegen Riesen kämpfen und einen Schatz (die Ernte) gewinnen, so zum Beispiel Tom Hackathrift aus den englischen East Anglia oder Tom der Riesentöter. Die Elfe Phouka (»Ziegenkopf«) repräsentierte einen weiteren Gott der Zerstörung, der nach Lughnasa die Beeren verdirbt. Spuren dieser Auseinandersetzungen finden sich in den Kampfspielen, die traditionell mit dieser Zeit in Zusammenhang stehen, so wie der Blumenkampf auf den Kanalinseln, Gruppenkämpfe und Wettbewerbe.

Die Lughnasaversammlungen und -jahrmärkte waren ursprünglich vermutlich Totenwachen, die, ähnlich den Klagen um Tammuz/Adonis im mediterranen Raum und dem Nahen Osten, Raum für die Trauer um den Tod des Sommers boten. In jedem Fall wurden die jährlichen Lammas-Jahrmärkte in England Totenwachen genannt.

In Irland wird diese alte Form des Klagerituals noch heute praktiziert. Eine traditionelle irischen Totenwache beginnt mit dem Todeszeitpunkt des Betrauerten und endet, wenn seine Leiche zur Beerdigung in die Kirche gebracht wird. Die Teilnehmer bestehen aus Familie und Freunden, und es werden Essen, Tabak und vor allem Alkohol gereicht. Man erzählt einander Geschichten, spielt Musik, singt und tanzt. Vermutlich reicht der Brauch der Totenwache zurück bis zu den Tagen der heidnischen Kelten, und die Kirche versuchte regelmäßig, ihr Einhalt zu gebieten, da sie als unziemlich und blasphemisch galt. Bei diesen Gelegenheiten spielten die Männer häufig lärmende Spiele.

Die Tradition, bei Beerdigungen Spiele abzuhalten, stammt aus der Antike. Dem Brauch nach wurde damals die Beerdigung oder Verbrennung eines Königs oder Helden mit Wettkämpfen gefeiert. Die ursprünglichen Olympischen Spiele waren Beerdigungsspiele, die im Juli jeden vierten Jahres in Elis abgehalten wurden.

In den traditionelleren Vereinigungen der Hexenkunst wird Lammas mit Spielen und Wettbewerben gefeiert. Der Sieger bzw. die Siegerin der Spiele wird zum König bzw. zur Königin erklärt und muss schwören, die Erde und seine bzw. ihre Brüder und Schwestern der Hexenkunst zu beschützen. Die Spiele können großen Spaß machen, vor allem dann, wenn sie so organisiert sind, dass alle, unabhängig von ihrer körperlichen Verfassung und Kraft, teilnehmen können. In Kapitel 6 finden Sie einige Vorschläge.

Kriegermagie

In der traditionellen Hexenkunst wird Lughnasa als Fest des Gottes gefeiert, bevor er niedergeht und stirbt, wenn die letzte Kornähre gereift ist. Es ist das Fest der Männer und der »männlichen« Energien, die durch Wettkämpfe, Kriegermagie und Jagdmagie unter Beweis gestellt werden. Es stellt den Gegenpunkt zu Imbolc dar, das das Fest der Göttin und der Frauen ist, die ihre weiblichen Energien in den Disziplinen Magie des Spinnens und Webens, Zauberkraft und -fähigkeiten, Weissagung, Dichtung und bardische Inspiration demonstrieren.

Wir alle tragen eine weibliche und eine männliche Seite in uns, und es ist wichtig, sie beide kennen zu lernen. Auf diese Weise können Sie Fähigkeiten und Eigenschaften entdecken, die tief in Ihnen schlummern.

Wir haben ein ganzes Kapitel über die Magie der Krieger geschrieben (Kapitel 7). An dieser Stelle finden Sie einige Kampfgötter und -göttinnen aufgelistet, die Sie im Namen Ihrer Kampfkraft anrufen können.

Athene (griechisch): Athene, auch Athena genannt, ist eine Kriegergöttin, die zumeist mit Helm und Schild abgebildet wurde. Sie wurde ausgewachsen und in Kriegsmontur geboren, indem sie dem Haupt des Zeus entsprang. Eines ihrer heiligen Werkzeuge ist die Sichel. Sie ist die Schutzgöttin Athens, der Architekten, Bildhauer, Spinner und Weber. Sie erfand den Pflug und die Flöte.

Bellona (römisch): Diese römische Kampfgöttin war die Schwester des Kriegsgottes Mars. Ihr römischer Tempel befand sich in der Nähe des Tores von Carmenta, in das eine Kriegssäule eingearbeitet war. Wenn ein Krieg erklärt wurde, musste diese Säule mit einem Speer geschlagen werden.

Cuchulain (irisch): Dieser größte Krieger der irischen Mythologie, dessen Name »Jagdhund von Chulain« bedeutet, war der Sohn oder Enkel Lughs. Er wurde auf der Scathach-Kriegerschule ausgebildet, wo er die Kunst des Lachssprungs und das Werfen des *gaebolg* erlernte. Er starb den Tod eines geheiligten Königs, indem er an einen Pfosten gebunden und mit Pfeilen durchbohrt wurde, damit sein Blut die Erde befruchtete.

Heimdall (skandinavisch): Heimdall war der Wettkämpfer Freyas und der Wächter der Regenbogenbrücke, die nach Asgard, dem Götterheim, führte. Als Loki Freyas Halsband stahl, bat sie Heimdall um Hilfe. Bei seiner Jagd auf Loki verwandelten sich beide unzählige Male, bis er Loki schließlich in die Enge treiben konnte, als sie beide gerade in den Körpern von

Seehunden steckten. Nach einem langen Kampf konnte er das Halsband zurückgewinnen.

Herakles/Herkules (griechisch): Der Sohn des Zeus und einer sterblichen Frau hatte die Kraft vieler Männer und war ein herausragender Krieger. Er musste zwölf Aufgaben bewältigen und wurde nach seinem Tod zum Gott.

Scathach (britisch): Eine der faszinierendsten Gestalten der keltischen Mythologie ist Scathach nUanaind (»Schatten«), die Kriegsfrau, die auch als Hexe und Prophetin beschrieben wurde. Sie lebte auf der Scathach-Insel, dem Land der Schatten, das wohl mit der Isle of Skye assoziiert wurde. Sie trug den Titel Amazonen-Hexen-Königin. Der Legende nach stammte sie aus Scythia, entschied sich aber, sich im Land der Schatten niederzulassen, wo sie ihre Kunst an die jungen irischen und britischen Krieger weitergab. Sie kannte jede Form der Kriegskunst und alle Waffen, jeden Kniff und jede Strategie. Sie war außerdem eine Druidin und Herrin der Kunst der Magie, der Prophezeiung und der Verwandlung.

Krieger rufen häufig die Stärke und die Kräfte von Tieren um Hilfe an. Mehr dazu erfahren Sie in Kapitel 7.

Jagdmagie

Das alte Lughnasa-Fest ist auch der Beginn der Jagdsaison, einer weiteren Form der »Ernte« und ein weiterer Grund für die Trauer der Mutter Erde. Für Heiden stand und steht es mit den Göttern der Jagd und des Erlegens, so wie Herne, dem Hirschgott Cerunnos und Ker, der Rehgöttin, in Verbindung.

In alten Zeiten galt das Jagen sowohl als praktische als auch als mystische Tätigkeit. Notwendigerweise muss das Leben das Leben jagen – ein Rätsel der Welt, das geehrt und geheiligt wurde.

Arthurs Ritter nahmen jedes Jahr an der Jagd auf den weißen Hirsch teil, dessen Kopf der schönsten Frau des Landes gebracht wurde. Vermutlich ist diese Geschichte ein Erklärungsversuch für den Wechsel der Jahreszeiten und ein Symbol für den Krieg zwischen Sommer und Winter. Früher glaubte man, dass jedes Jahr der »Königshirsch«, der Anführer der Herde, gejagt und erlegt werden müsse, um den Sommer herbeizuführen.

Der gehörnte Gott ist sowohl der Herr der Tiere als auch Herne der Jäger. Der Herr der Tiere wurde mit der jährlichen Reduktionsabschuss[4] der Herden assoziiert, einem Prozess der Reinigung, in dem das Alte entfernt wurde, um Platz für das Neue zu schaffen. Er ist ein Opfergott, der das Leben des Hirsches für das Wohl aller opfert – eine Repräsentation des Zyklus von Opfer und daraus entstehendem Wachstum.

Der wiccanische Jäger jagt und erlegt keine lebenden Tiere, sondern praktiziert eine andere Form der Jagdmagie: Er ist auf der Jagd nach dem Wissen um seine eigene Seele. Zur Hilfe kommen ihm dabei die Fähigkeiten des Jägers: Ungebrochene Konzentration auf das Jagdobjekt, Wachsamkeit für die kleinen Dinge, Zielstrebigkeit, die Suche nach der Wahrheit, der Mut, seine Beute zu verfolgen und das Wissen, was seine Beute überhaupt ist.

Der wiccanische Jäger kann mit dem Bogen üben, um seine Konzentrationsfähigkeit zu verbessern oder auch die Jagdgewohnheiten der Tiere beobachten, um von ihnen zu lernen und seinen Respekt vor der Natur zu steigern, während er Zeit auf den Feldern und im Wald verbringt. Er kann auch die Kräfte der Tiere für sich nutzen, indem er Totems und Schutzgeister für sich arbeiten läßt, wie es die Krieger tun (vgl. Kapitel 7).

In der Ausbildung und Übung der Krieger spielte das Jagen von der Frühzeit bis ins ritterliche Mittelalter eine wichtige Rolle. Der Jäger muss mit seiner Umgebung verschmelzen, sich der spezifischen Eigenschaften der Tiere bewusst sein und sich in Harmonie mit seiner Umwelt befinden.

Hier finden Sie einige Gottheiten der Jagd, die Sie bei Ihrer Suche um Hilfe bitten können.

Artemis (griechisch): Diese jungfräuliche Göttin des Mondes und der Jagd wurde als großes, schlankes junges Mädchen abgebildet, das einen von silbernen Hirschen gezogenen Wagen fuhr. Sie trug einen Silberbogen und durchstreifte in Begleitung ihrer Hunde die Wälder. Sie war die Schutzgöttin der Amazonen.

Britomartis (Kreta): Diese jungfräuliche Jägerin ist die Tochter des Zeus. Sie entkam den Nachstellungen des König Minos, indem sie von einer Klippe sprang und von den Netzen eines Fischers aus dem Meer gerettet wurde.

Cerunnos (gallisch): Dieser gehörnte Gott war vermutlich der Fruchtbarkeits- und Jagdgott des einfachen Volkes, da seine Namen und Legenden uns nicht erhalten geblieben sind, wie es der Fall gewesen wäre, wenn er ein Gott der Priester gewesen wäre. Sein Name wurde durch eine einzige Inschrift in einer gallischen Schnitzerei bewahrt und ist vermutlich die lateinische Version einer keltischen Bezeichnung. Als gehörnter Gott ist er als Gott der Tiere anzusehen, und tatsächlich wurde er auch immer in Begleitung mehrerer wilder Tiere angebildet. Manchmal trägt er einen Serpenten und ein keltisches hufeisenförmiges Amulett um den Hals, was ihn als Gott des Winters und des Sommers, des Himmels und der Unterwelt sowie des Todes und der Wiederauferstehung kennzeichnet.

Devana (slawisch): Diese slawische junge Göttin der Jagd streift in Begleitung ihrer Hunde durch die Wälder. Sie entspricht der Göttin Artemis/Diana.

Diana (römisch): Der Priester des Heiligtums dieser Jagd- und Mondgöttin in Nemi war ein entflohener Sklave, der gegen seinen Vorgänger kämpfen und ihn töten musste. Sie wurde häufig als Jungfrau bezeichnet, aber wohl eher im ursprünglichen Sinne des Wortes »junge Frau«. In ihrem Buch »The Witches' Goddess« spekulieren die Farrars, dass sie eine Göttin der Opferpaarung war.[5]

Herne (britisch): In Britannien trug der gehörnte Gott den Namen Kern oder Herne. Herne der Jäger soll noch immer den Windsor Great Park heimsuchen und im Winter mit den Wildjägern ausreiten. Er wurde als mächtige, bärtige Gestalt beschrieben, die ein riesiges Hirschgeweih auf dem Kopf trägt. Er trägt außerdem Ketten und ein Jagdhorn und reitet in Begleitung einer Meute grausamer Jagdhunde auf einem schwarzen Pferd. Sein Name könnte von dem Brunftruf der Hirsche, »Hh-ern«, abstammen.

Heilige Quellen

Die Kraft der Göttin zeigt sich zu Lughnasa auch in der Anziehungskraft der heiligen Quellen: Noch immer finden in Teilen Englands und Irlands Pilgerreisen zu Quellen statt und diese werden geschmückt. Quellen und andere Öffnungen im Boden galten als Eingänge in den Mutterleib der Göttin oder als Geburtskanäle. Einige Quellen sollen aus dem Hufschlag eines weißen Pferdes entstanden sein, das die Göttin selbst repräsentiert, so zum Beispiel die Sankt-Annen-Quelle bei Carshalton in Surrey und die Quelle unterhalb des Uffington White Horse.[6]

Die Kräfte der Göttin wurden zu Lughnasa aktiviert, wenn die Menschen das Wasser aufsuchten, um Heilung zu erlangen oder um es zu ehren, indem sie die Quellen mit Blumen und Blumenbildern schmückten. Zu Lughnasa tritt ein Meteroritenhagel auf, der dem Fuß der Konstellation des weißen Pferdes entspringt, worin wohl der Grund für die saisonale Bedeutung der Quellen liegt.[7]

Auch wenn die Quellen ursprünglich verschiedenen heidnischen Göttinnen geweiht waren, wurden sie von der christlichen

Kirche zu Ehren christlicher Heiliger umbenannt, die häufig ganz offensichtlich heidnischen Ursprungs waren.

Schlussgedanke

In einer Zeit, in der zu jeder Jahreszeit Korn importiert werden kann, neigen wir dazu, zu vergessen, wie wichtig die Erntezeit für unsere Vorfahren war: Wenn die Ernte fehlschlug, bedeutete das Hungersnot und Tod. Auch heute noch trifft dies auf viele Teile der Erde zu, wie uns die Bilder hungernder Kinder in der Dritten Welt zeigen. Lassen Sie uns an diese Menschen denken, wenn wir den Göttern für ihre Geschenke danken und ein Gebet für die weniger Glücklichen sprechen. Zudem aber sollten Sie sich überlegen, ob nicht auch eine etwas praktischere Geste wie eine Spende abgebracht ist.

Anmerkungen

1 Walisisches Gedicht, unbekannt
2 Die drei Hauptfeste sind der Maiabend, Mittsommer und der Abend vor Allerheiligen.
3 Montague Summers (1880–1948): The History of Witchcraft & Demonology
4 Das Erlegen überschüssiger Tiere bei zu großen Wildbeständen. (Anm. der Übs.)
5 Janet und Stewart Farrar: The Witches' Goddess, 1987
6 Michael Bayley: Caer Sidhe, 1997
7 Ebd. Die nämliche Konstellation ist eigentlich das Sternbild Pegasus, für die Kelten aber war es ein Pferd und Symbol für die Göttin Epona.

Kapitel 5
Lughnasa-Magie

Oh Herrin, Deine Brust ist das Feld. Inanna,
Deine Brust ist Dein Feld.
Dein weites Feld bringt Pflanzen hervor,
Dein weites Feld bringt Korn hervor.
Von weit oben fließt Wasser für Deinen Diener herab.
Von weit oben fließt Brot für Deinen Diener herab.
Schütte es über mich, Inanna.
Ich werde trinken, was Du mir schenkst.[1]

Osiris-Heilzauber

Die alten Ägypter begruben eine mit Samen bedeckte Osiris-Puppe. Wenn im Frühjahr Sprossen daraus wuchsen, wussten sie, dass der Gott wiedergeboren worden war. Diese antiken Kräfte der Erneuerung können auch Sie in einem Heilzauber für sich nutzen.

Bedecken Sie ein längliches Stoffstück mit schnell keimenden essbaren Samen wie Kresse. Binden Sie einen »Kopf« und einen »Körper« ab, sodass ein ungefährer menschlicher Umriss entsteht, und sprechen Sie dabei:

So wie Osiris in die Höhe schießt und wächst,
so werden alle Dinge wiedergeboren.
So wie diese Samen wachsen,
so lass auch mich in Stärke und Gesundheit gedeihen.

Wässern Sie die Samen. Halten Sie sie feucht, aber nicht nass. Schon nach wenigen Tagen ist die Puppe mit frischen Blättern und Sprossen bedeckt. Essen Sie sie zum Zeichen, dass Sie die darin liegende Stärke und Heilungskraft des Osiris in sich aufnehmen.

Strohpuppen

Früher glaubte man, der Geist des Korngottes müsse von Ernte zu Ernte aufbewahrt werden, damit die nächste Ernte erfolgreich werde. Der Schnitt der letzten Garben war gefährlich, da sie die Seele des Korngottes enthielten, die sich von Erntetag zu Erntetag immer weiter zurückgezogen hatte. Viele Erntehelfer bezeichneten sie ehrerbietig als »das Genick« oder »die Stute« und schnitten sie mit dem Ruf »Ich habe das Genick geschnitten«. Diese letzte Garbe wurde sorgsam zu einer Strohpuppe verarbeitet, in der die Seele bis zur nächsten Ernte sicher verwahrt wurde. Bis zum Frühjahr wurde sie an einem Ehrenplatz aufgehoben und zu Imbolc wurden die verarbeiteten Ähren eingepflanzt.

Die frühesten Zeugnisse von Strohpuppen gehen zurück auf die achtzehnte Dynastie der alten Ägypter (ca. 1570–1320 v. Chr.), für die sie den Gott Osiris repräsentierten. Die letzte Garbe wurde häufig zu einem menschenähnlichen Umriss oder einer noch abstrakteren und symbolischeren Repräsentation des Korngottes gebunden. Die britischen Kelten bezeichneten die Strohpuppen als *sanct ffraid ys ydd*, »die heilige Braut des Korns«. Das walisische Wort für Religion, *crefydd,* wird aus den Worten *crefu*, »flehen um«, und *ydd*, »Korn«[2] gebildet. In jeder Gegend bildeten sich ganz eigene Traditionen um das Flechten des letzten Korns. Es gibt Dutzende von verschiedenen Flechtvarianten, so wie den Durham-Kerzenleuchter, die Northamptonshire-Hörner und das Suffolk-Hufeisen. Wichtig sind auch die Farben der

Bänder, mit denen das Stroh gebunden wird: Gelb steht für die Sonne, Rot für das Opfer, Blau für die Liebe, Grün für Weisheit und Weiß für Stärke.

Mit den Jahren verlor die Kornpuppe an ritueller Bedeutung und ihre Herstellung wurde zu einer bäurischen Handwerks- und Volkskunst, wobei auch die Muster immer zahlreicher und feiner wurden. Noch immer ist die Anfertigung von Strohpuppen ein beliebtes Hobby, und heutzutage gibt es viele verschiedene Arten von unterschiedlicher Schwierigkeit. Strohpuppen-Begeisterte können ganze Jahre damit verbringen, Muster zu sammeln und zu lernen. Die traditionellen Symbole sind Glocken, Füllhörner, Kreuze, Hörner, Pferde, Hufeisen, menschliche Figuren, Spiralen, Sterne und Sonnenräder.

Moderne Heiden können sich den Zauber der Ernte ins Haus holen, indem sie jedes Jahr eines dieser Symbole anfertigen. Zu Lammas und zur Herbsttagundnachtgleiche können Sie den Altar damit schmücken und es danach bis zum nächsten Frühjahr in die Küche hängen. Entweder Sie lassen Sie das Geflecht dann hängen, um daran erinnert zu werden, dass man in jedem Lebensbereich erntet, was man sät, oder Sie begraben die Strohpuppe im Garten.

Am besten eignet sich Weizenstroh, das frisch auf dem Feld geschnitten wurde, wenn es beinahe reif, aber noch etwas feucht ist. Der unterste Teil sollte noch ein wenig grün schimmern. Hängen Sie das Korn einen Tag lang in Bündeln auf, entfernen Sie dann die Blätter und schneiden Sie die Weizenähren direkt unter der ersten Kornreihe ab. Sortieren Sie das Korn in Bündel von gleicher Länge.

Bevor Sie das Stroh flechten können, muss es für 20 bis 30 Minuten in einem Behälter mit lauwarmem Wasser eingeweicht werden. Wickeln Sie es in ein feuchtes Handtuch, sodass es nicht austrocknet. Dämpfen Sie jeweils nur soviel Korn, wie Sie gerade brauchen, da es sonst modert.

Möglicherweise ist es dort, wo Sie leben, nicht gerade einfach, an frisches Korn zu gelangen. In Ihrem örtlichen Bastelladen können Sie aber Raffiabast kaufen, wie er zum Beispiel zum Körbeflechten verwendet wird. Raffiabast gibt es in vielen Farben, und auch wenn es sich um kein traditionelles Material handelt, ist es eine Freude, Strohpuppen und -geflecht aus bunten Farben herzustellen.

Unten finden Sie drei Anleitungen für die Herstellung von Strohpuppen, beginnend mit der einfachsten. Sehen Sie sich vorher die Zeichnungen genau an, damit Sie eine Vorstellung davon bekommen, wie die Puppen gestaltet werden.

Kleine Strohpuppe

Das hier ist die denkbar einfachste Art, eine Strohpuppe herzustellen – Sie eignet sich sogar zum Basteln mit kleinen Kindern!

5 Strohhalme, je 20 cm lang
4 Strohhalme, je 10 cm lang
Raffiabast

Binden Sie die fünf 20 cm langen Halme in der Mitte zusammen. Knicken Sie sie in der Mitte um binden Sie sie erneut, um den Kopf zu formen. Binden Sie die vier 10 cm langen Strohhalme kurz vor ihren Enden zusammen – sie werden später die Arme der Figur darstellen. Schieben Sie sie zwischen den Halmen hindurch, die den Körper formen. Binden Sie die Enden der längeren Halme zusammen, sodass sie die Beine ergeben. Es sollte eine ca. 7,5 cm große Figur herauskommen. (Vgl. Abbildung 1)

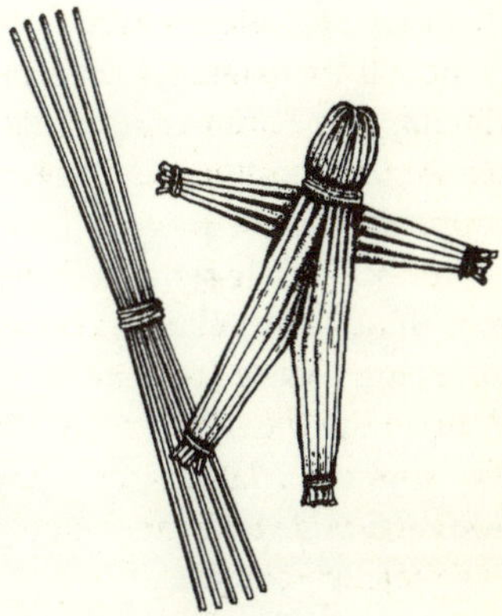

Abbildung 1

Stute / Krüppelziege

Diese Figur wurde traditionell in vielen Gegenden des westlichen Mittellandes in England und in den walisischen Grenzgebieten angefertigt. Auf der Isle of Skye in Schottland trug sie den Namen *Goabbir Bhacage*, die »Krüppelziege«. Sie ist eine der ältesten englischen Kornpuppen und sehr leicht herzustellen.

1 kleines Bündel Stroh (mit Kornähren)
1 großes Bündel Stroh (doppelter Durchmesser des anderen)
Raffiabast

Zunächst müssen die Ähren an dem größeren Kornbündel auseinandergezogen werden, sodass sie einer Pferdemähne ähneln. Die Enden der Strünke werden später die Hinterläufe darstellen und das kleinere Bündel den Schweif und die Vorderbeine.

Teilen Sie die Halme des größeren Bündels in zwei Teile und schieben Sie in entgegengesetzter Richtung das kleinere Bündel hinein. Die Enden sollten dabei jeweils weiter herausragen als die Ähren.

Binden Sie die Bündel mit Raffiabast zwischen den Ährenbündeln fest, sodass sich ein etwa 10 cm langer Körper ergibt. Biegen Sie die Strünke an jedem Ende nach unten und teilen Sie sie in je zwei Teile, sodass sich die Beine ergeben. Binden Sie die Halme, die die Beine formen, unten mit Raffiabast zusammen. Am Ende sollte die Stute etwa 20 cm hoch sein.

Abbildung 2

Kornmaid

Diese Anleitung für eine typische Strohpuppe ist etwas komplizierter.

1 Bündel Weizenstroh von ca. 30 cm Länge, 10 cm Durchmesser am einen und 7 cm Durchmesser am anderen Ende
1 kleineres Bündel Weizenstroh für die Arme
Weizenstroh mit Ähren für Gesicht, Kopf, Schultern und Taille
Feuchte Schnur
Küchengummi

Binden Sie das längere Strohbündel wie in Abbildung 3 gezeigt am schmaleren Ende zweifach ab, sodass sich Kopf und Hals der Puppe ergeben. Schneiden Sie die obere Hälfte spitz zu und gleichen Sie an der unteren Hälfte die Längen aus.

Nehmen Sie ein kleineres Bündel Stroh, das von gleichmäßiger Dicke ist, und binden Sie es in der Mitte und an beiden Enden zusammen. Schieben Sie es durch den »Körper« der Maid, sodass sich Arme ergeben (vgl. Abbildung 3) und binden Sie es am Nacken fest. Die Grundfigur steht jetzt und Sie können mit der Feinarbeit beginnen.

Für den Kopf und das Gesicht binden Sie wie in Abbildung 4 gezeigt ein Bündel Stroh, an dem sich noch die Ähren befinden, unter den Ähren fest. Die verschiedenen Kornarten wie Gerste, Weizen, Hafer und Roggen, ergeben unterschiedliche Effekte. Sie können auch gemischt verwendet werden.

Setzen Sie das Bündel auf den Kopf der Maid und arrangieren Sie die Ähren so, dass sie einem Gesicht und Haaren ähneln und binden Sie es dann ober- und unterhalb der Arme fest (vgl. Abbildung 4). Achten Sie darauf, dass der Hals nicht zu lang gerät.

Schlingen Sie für die Schultern je ein Bündel Stroh über jeden Arm und binden Sie sie an den Schultern und der Taille fest. (vgl. Abbildung 4).

Binden Sie dann ein Küchengummi und die Taille und stecken Sie einige gleichlange Strohhalme, an denen sich noch Ähren befinden, hinein. Die Ähren zeigen dabei nach unten, sodass sich ein Rock mit »Kornsaum« ergibt (vgl. Abbildung 5). Wenn Sie mit der Anordnung des Strohs und der Ähren zufrieden sind, binden Sie sie oberhalb der Ähren und an der Taille fest.

Abbildung 3

Abbildung 4

Abbildung 5

Abbildung 6

Binden Sie die Arme zweifach ab, sodass sich Ellbogen und Handgelenke ergeben. Kürzen Sie sie, wenn nötig, sodass sie eine angemessene Proportion zum Körper haben.

Der Grundkörper der Kornpuppe ist jetzt fertig und sie kann mit Blumen und Bändern geschmückt werden, wie es Ihnen beliebt.

Sie können Sie beispielsweise auch mit einem »Rose of England«-Haarzopf schmücken (vgl. Abbildung 6), für den Sie Stroh oder Raffiabast verwenden können.

Knoten Sie ein dünnes Bündel Stroh oben zusammen und flechten Sie es wie einen Zopf. Wenn Sie nicht flechten können, sollten Sie vorher mit Fäden üben.

Kurz vor dem jeweiligen Ende der Strohhalme binden Sie einfach neue mit ein. Wenn der Zopf etwa 120 cm lang ist, binden Sie die Enden ab und schneiden überschüssiges Stroh ab. Wickeln Sie den Zopf in ein feuchtes Handtuch und walken Sie ihn mit einer Flasche oder eine Nudelholz, sodass er biegsamer wird.

Solange er feucht ist, kann er zu der in Abbildung 6 gezeigten Figur gebogen werden. Üben Sie vorher mit Bindfaden, damit Sie den Strohzopf nicht verderben.

Nähen Sie den Zopf an den Hinterkopf der Maid und lassen Sie die Enden vorne über ihre Schultern hinunterhängen (vgl. Abbildung 5).

Wenn Sie möchten, können Sie auch die Taille und den Rocksaum mit Zöpfen oder Raffiabast schmücken (vgl. Abbildung 5).

Lammas-Handschuhe

Früher war es Brauch, zu Lammas Handschuhe zu verschenken. Die Bauern überreichten den Erntehelfern Handschuhe oder sogenanntes Handschuhgeld, und auf den Lammas-Jahrmärkten wurden mit Handschuhen versehene Pfosten errichtet.

In Bräuchen und Überlieferungen tauchen Handschuhe recht häufig auf, vor allem als Symbol für Autorität oder eine Absichtsbekundung. Die Handschuhe anzuziehen galt beispielsweise als Symbol dafür, dass man aufbrechen wollte. Vergaß man sie, wenn man aus dem Haus ging und ging zurück, um sie zu holen, musste man sich hinsetzen, bevor man sie anzog – es hieß, ansonsten werde man niemals zurückkehren.[3] Während des Mittelalters wurde ein Handschuh auf den Boden geworfen, um einen Gegner herauszufordern. Dieser nahm ihn auf, wenn er die Herausforderung annahm. Später bedeutete ein Schlag mit einem ausgezogenen Handschuh die Herausforderung zu einem Duell. Wenn jemand in einen Elfenring gezogen wurde, musste einer seiner Freunde einen Handschuh hineinwerfen und der Zauber verschwand.

Sie können diesen alten Brauch wiederbeleben, indem Sie einem lieben Freund oder Arbeitskollegen ein Paar Handschuhe schenken. Im Mittelalter verschenkte man duftende Handschuhe – eine gute Gelegenheit, sie mit etwas Magie zu versehen.

2 weiße kreisförmige Stoffstücke von ca. 10 cm Durchmesser
Rotes Band (für die Freundschaft)
Schwertlilienwurzelpulver
Rosenblätter (für Liebe und Freundschaft)
Einige Tropfen Orangenöl (für Energie)
Sandelholzstücken (für Harmonie)
Nelken (für die Bindung)

Mischen Sie die Zutaten von Hand zusammen und sprechen Sie:

Hör meine Worte, sieh, was ich tu!
Alte Göttin,
ich rufe Dich an, die Du in Deinem Schrein ruhst,
der sich von der Erde bis zum Himmel erstreckt.
Ich erbitte Deinen Segen, Deine Freundschaft und Liebe
Erhöre mein Gebet an diesem Lammas-Tag
Segne die Talismane, die ich herstelle
Mit Liebe.

Geben Sie die Duftmischung in zwei gleich großen Haufen auf die beiden Stoffstücke. Binden Sie diese mit den Bändern zu und schieben Sie sie in die Handschuhe.

Lughnasa-Armreifen

Diese Bastelanleitung basiert auf einer alten irischen Tradition aus Croc na Béaltaine im Landkreis Donegal. Die jungen Männer dort sammelten Heidelbeeren und flochten ihre Stängel zusammen, um Armbänder für ihre Freundinnen herzustellen.

Am besten verwenden Sie knackige Beeren, an denen noch die Stängel hängen. Nähen Sie sie mit einem festen Baumwoll- oder Nylonfaden zusammen. Sie können natürlich auch Samen, Korn, Ähren und ähnliches oder alles zusammen verwenden oder eine Halskette herstellen, die Sie essen, während Ihr Partner/Ihre Partnerin sie träg.

Traditionelle Eschenzauber

Die Esche ist der Totembaum des Lughnasafestes und ist Lugh geweiht, so wie die Erle Balor gesegnet ist. Zu Lughnasa stehen die beiden Bäume einander, ähnlich Eiche und Stechpalme am bekannteren Julfest und zu Mittsommer, gegenüber. Es gibt eine ganze Reihe von traditionellen Zaubern, die mit der Esche assoziiert werden.

Eschen-Traumdeutung

In Lancashire im Norden Englands benutzten junge Mädchen dreiblättrige Eschenblätter, um prophetische Träume über ihre zukünftigen Liebhaber herbeizuführen. Der Zauber funktionierte besser, wenn die Esche auf beiden Seiten gleich viele Zweige hatte – zählen Sie sie! Legen Sie ein Eschenblatt unter Ihr Kopfkissen und sprechen Sie:

Eschenblatt, Eschenblatt, wer liebt mich?
Sag es mir, ich bitte Dich!
Zeig ihn mir, laß mich ihn sehen,
heute Nacht, sonst muss ich vergehen.

Nadel-Zauber

Die Esche galt als Heilbaum, und diese Tradition hat sich in der Volksüberlieferung erhalten. Der folgende Zauber ist ein sehr alter Heilzauber, der Warzen, Pickel, Furunkel und andere Hautkrankheiten heilen soll. Tragen Sie drei Tage lang eine Nadel mit sich herum. Suchen Sie nach Ablauf dieser Zeit einen Eschenbaum auf und sprechen Sie:

Eschenbaum, Eschenbaum, nimm die Krankheit von mir.

Stechen Sie die Nadel in den Baum. Ihre Krankheit wird verschwinden und nicht mehr wiederkehren.

Eschenblatt-Zauber

In Südengland gilt das Blatt einer Esche mit gleich vielen Zweigen auf jeder Seite als besonders glückbringend. Pflücken Sie ein Blatt und sprechen Sie dabei:

Ich pflücke ein Blatt von dieser Esche
Und hoffe auf großes Glück.
Und wenn kein Glück begegnet mir,
Wünsch ich Dich zurück.

Heben Sie das Blatt in Ihrer Brieftasche auf.

Eschenzauberstäbe

Eschenholz dient zur Herstellung von Zauberstäben. Es ist kein Zufall, dass Hexen und Zauberer häufig mit Stäben abgebildet werden, nur wird deren Zweck zumeist falsch gedeutet. Es handelt sich weder um einen Wanderstock noch um ein »Zauberaccessoire«, das den Gesamteindruck etwas imposanter wirken lassen soll. Der Stock ist ein tragbarer Weltenbaum, eine *axis mundi*, die den Zaubernden mit den magischen Reichen des Himmels, der Erde und der Unterwelt verbindet. Die Wurzeln des Weltenbaums wachsen in der Unterwelt, sein Stamm auf der Erde und seine Krone im Himmel, wodurch er alle drei Reiche miteinander verbindet. Ein Zauberstab erfüllt denselben Zweck.

Der Stab sollte etwa so hoch sein wie Sie und dick genug, dass sich Ihre Hand bequem darum schließt. Entfernen Sie die Baumrinde und polieren Sie den Stab mit einem Stück Stoff. Wenn Sie möchten, können Sie auch persönliche Symbole hineinschnitzen, aber Sie sollten darauf verzichten, ihn mit Kristallen und anderen Steinen zu verzieren.

Segnung des Zauberstabes

Mit dem bereits erläuterten Segnungsräucherwerk kann der Zauberstab geweiht werden. Sprechen Sie:

Gott und Göttin, ich bitte euch, segnet diesen Stab.
Schenkt ihm die Gabe, die Welten zu verbinden,
Die Himmel, die Mittelerde und die Unterwelt.
Ich segne diesen Stab im Namen der Herrin und des Herren
Und bitte auch euch, ihn zu segnen.

Stoßen Sie das untere Ende des Stabes in den Boden und sagen Sie »Sei gesegnet«. Verwenden Sie ihn so bald wie möglich.

Eisenkraut

Eisenkraut (*Verbena officinalis*) hat nur dann magische Wirkung, wenn es morgens bei Aufgang des Hundssterns gepflückt wurde. Für die Druiden war es eines der heiligsten Kräuter und wurde zu Weihwasser verarbeitet, mit dem die Altäre und heiligen Stätten gereinigt wurden.

Eisenkraut-Weihwasser

12 g getrocknetes oder frisches Eisenkraut
400 ml kochendes Wasser

Gießen Sie das kochende Wasser über das Eisenkraut, lassen Sie das Ganze für 15 Minuten ziehen und seihen Sie die Flüssigkeit ab. Verwenden Sie das Weihwasser für die Reinigung Ihres Tempels und der magischen Gegenstände.

Zaubersprüche

Regenbogenhügelzauber

7 Bänder mit einer Länge von 30 cm in den Farben Weiß, Violett, Blau, Grün, Gelb, Orange und Rot

Die sieben Bänder repräsentieren die sieben Chakren bzw. Energiezentren Ihres Körpers. Rot steht für das Wurzelchakra, das die physische Energie Ihres Körpers bestimmt. Orange ist das Milz- bzw. Sakralchakra, das in Verbindung mit Ihrer Sexualität und Lebensfreude steht. Gelb ist das Solar-Plexus-Chakra, das den geistigen Aspekt Ihres Gefühlslebens darstellt. Grün ist das Herz-Chakra, das bestimmt, in welcher Form und in welchem Ausmaß Sie Liebe geben und empfangen. Blau ist das Stimmenchakra, das die Kommunikation beeinflusst. Violett steht für das Dritte-Auge-Chakra, das ihre übersinnlichen Fähigkeiten bestimmt. Weiß ist das Kronenchakra. Es steht für ihre Spiritualität und vereint die Tätigkeiten der anderen Chakren in sich.

Nehmen Sie die sieben Bänder auf einem Hügelgipfel in die Hand und lassen Sie sie im Wind wehen. Fühlen Sie die Kraft des Windes, während er Sie umweht und durch Bäume und Gras jagt. Fühlen Sie die Kraft des Hügels, der die übrige Landschaft überragt. Lassen Sie seine Kraft durch ihre Fußsohlen durch Ihren Körper fließen und sprechen Sie:

Macht des Windes, die Luft weht frei,
Macht der Natur, komm nur herbei,
Ihr Mächte sollt in mir erblüh'n,
Packt das Rot, Orange, Gelb, Grün,
das Blau, das Violett, das Weiß,
Seid bei mir auf mein Geheiß,
Ermächtigt mich mit eurer Kraft,
Erfüllt mich mit Eurem mächt'gen Saft.

Lassen Sie Macht nun in Ihre flatternden Bänder fließen. Nehmen Sie sie mit nach Hause und knoten Sie sie an einem Ende zusammen. Hängen Sie sie dann über Ihr Bett oder legen Sie sie auf Ihren Altar, sodass Sie die Macht des Zaubers für sich verwenden können, wenn Sie sie benötigen.

Lammas-Wunschzauber

Backen Sie an Lammas einen Laib Brot. Schreiben Sie mit einem in Milch getauchten Pinsel darauf, was Sie sich am meisten wünschen und schieben Sie das Brot dann in den Ofen. Essen Sie es, solange es noch warm ist.

Lammas-Schutzzauber

Einem Buch mit angelsächsischen Zaubersprüchen zufolge muss das Lammas-Brot in vier Teile geteilt werden und jeder in einer Ecke der Scheune eingegraben werden, um das dort gelagerte Korn zu schützen.[4] Auch Sie können diesen alten Schutzzauber für Ihr Zuhause anwenden.

Backen Sie einen Lammas-Laib und brechen Sie ihn, wenn er abgekühlt ist, in vier Teile – schneiden Sie ihn NICHT mit einem Messer! Legen Sie je ein Stück in jede Ecke Ihres Grundstückes und sprechen Sie:

Ich rufe an die Geister
Des Nordens, des Südens, des Ostens und des Westens
Schützt diesen Ort
Den ich nun segne.

Graben Sie die Brotstücke ein oder lassen Sie sie für die Vögel liegen.

Ebereschen-Schutzzauber

Zu Lammas erneuerten die Bauern den Schutz für ihre Höfe, Ställe und Scheunen, indem Sie Ebereschenkreuze über den Türen und Toren anbrachten. Zwei Ebereschenzweige werden mit rotem Faden zusammengebunden und mit den folgenden Worten angebracht:

Eschenholz und roter Faden
Gutes tritt ein, hinaus der Schaden.

Mutzauber

Wenn Ihr Leben von Ihren Ängsten bestimmt wird oder Ihnen eine schwierige Situation bevorsteht, können Sie den folgenden Mutzauber anwenden, der die Stärke des Stiers und des Ebers anruft – vielleicht kann er Ihnen ja helfen! Sie brauchen:

Ein viereckiges orangefarbenes Stück Stoff
(Durchmesser ca. 15 cm)
Roten Faden oder rotes Band
Prise getrockneten Thymian
Prise getrockneten Basilikum
Einige schwarze Pfefferkörner
Einige Tropfen Orangenöl

Legen Sie das Stofftuch aus und streuen Sie den Thymian, den Basilikum und den Pfeffer darauf. Geben Sie einige Tropfen Orangenöl darauf und sprechen Sie währenddessen:

Die Stärke des Stiers, des Ebers Mut,
Gebt mir Kraft, das höchste Gut,
Gebt mir Tapferkeit alle Tage
Meinem Weg zu folgen ohne Klage.

Binden Sie das Tuch mit dem Faden oder Band zu einem Säckchen und tragen Sie es immer bei sich, zum Beispiel in Ihrer Hand- oder Hosentasche. Legen Sie es, während Sie schlafen, unter Ihr Kopfkissen. Ersetzen Sie zu jedem Vollmond die Gewürze und das Öl. Wenn das Säckchen seinen Zweck erfüllt hat, können Sie den Knoten lösen und es begraben.

Prophezeiungen aus der Vogelschau

Wenn Sie Lammas im Freien, besonders aber auf einem Hügelgipfel, feiern, können Sie die Gelegenheit nutzen, um zu augurieren, das hcißt Weissagungen aus der Vogelschau zu treffen. Im alten Rom wurden besondere Vogelschauer beschäftigt, die aus dem Verhalten der Vögel, zum Beispiel aus ihrem Auftauchen an ungewöhnlichen Orten, ihrem Flug und ihren Rufen, die Zukunft lasen.

Allgemein gilt: Fliegt ein Vogel geradewegs auf Sie zu, bedeutet das Glück. Kommt er von links, bedeutet das Pech oder eine Verzögerung, abhängig jeweils von der Vogelart. Hier einige Beispiele:

Amsel: Dieser Vogel deutet auf eine Botschaft von höheren Mächten hin. Kommt er von links, wird die Nachricht eine Warnung enthalten, dass Sie sich besser benehmen sollten, kommt er von rechts, erhalten Sie einen Segen.

Bachstelze: Taucht eine Bachstelze von der Rechten auf, bedeutet das Glück.

Brachvogel: Seemänner glaubten, dass der Ruf eines Brachvogels eine Warnung von einem ertrunkenen Kameraden sei. Flog der Vogel über sie hinweg, deutete das auf einen Sturm hin und man blieb lieber auf dem Trockenen. Seinen Ruf bei Nacht zu hören ist ein böses Omen.

Eisvogel: Kommt er von links geflogen, kündigt er einen Skandal an. Von rechts deutet er auf eine magische Erfahrung hin.

Elster: Elstern sind bedeutende Weissagungsvögel. In England hieß es:

Eine für Sorge
Zwei für Glück
Drei für ein Mädchen
Vier für einen Knaben
Fünf für Silber
Sechs für Gold
Sieben für ein Geheimnis
Acht für einen Wunsch
Neun für einen Kuss!

Macht man sich auf eine Reise, bringt es Unglück, eine Elster zu sehen. Das Unglück, das einem beim Anblick einer einzelnen Elster widerfahren kann, kann man umgehen, indem man den Vogel mit »Guten Tag, Herrin Elster« grüßt.

Ente: Sehen Sie eine Ente, bevor Sie sich auf eine Reise begeben, bedeutet das Glück. Ente und Enterich zusammen kündigen eine Zusammenführung Liebender und beidseitige Freude an.

Eule: Der dreifache Ruf einer Eule in Ihrer Nähe deutet auf Unglück und Krankheit hin. Sehen Sie eine Eule bei Tageslicht, droht Unheil.

Habicht: Wenn Sie einen von links kommenden Habicht sehen, müssen Sie sich vor Feinden in Acht nehmen.

Hahn: Viele Sagen und Überlieferungen ranken sich um den Ruf des Hahnes. Kräht er, wenn Sie zur Arbeit gehen, steht Ihnen ein guter Tag bevor. Kräht er am frühen Abend, bedeutet das schlechtes Wetter und spät in der Nacht steht sein Ruf für einen Todesfall in der Familie. Kräht ein Hahn und blickt dabei auf die Haustür, wird ein Fremder kommen. Verkriecht er sich in seinem Stall, steht schlechtes Wetter bevor.

Henne: Krähende Hennen bedeuten Schlechtes, da sie den Hähnen ihre Aufgabe entziehen. Kräht eine Henne in der Nähe Ihres Hauses oder um eine ungewöhnliche Zeit bedeutet das großes Unglück. In den englischen Midlands hieß es, Hennen könnten den Tod ihres Bauern vorhersagen. Am Tag seiner Ablebens krähen sie statt zur normalen Zeit am Mittag. Hennen sagen auch das Wetter vorher: Wenn Sie sich auf einem Hügel versammeln und sich putzen, ist Regen im Anmarsch.

Krähe: Eine krächzende Krähe, die über einem Haus fliegt, kündigt einen Todesfall an. Mehrere Krähen, die aus einem Dickicht auffliegen, deuten auf Unheil hin.

Kranich: In Irland bedeutete das unerwartete Auftauchen eines Kranichs das baldige Ende kriegerischer Feindseligkeiten. Wenn Ihnen zufällig ein Kranich begegnet, können Sie davon ausgehen, dass bald einer Ihrer Konflikte beigelegt wird. Sehen Sie einen Schwarm Kraniche in dreieckiger Formation fliegen, bedeutet das Geldsegen in beruflicher Hinsicht.

Möwe: Wenn Sie von einer fliegenden Möwe gestreift werden, ist das ein schlechtes Omen für jemanden, der Ihnen nahe steht.

Nachtschwalbe: In einigen Teilen Englands wird die Nachtschwalbe als »Leichenhuhn« bezeichnet und gilt als Unglücksvogel. Bei Nacht ihren Ruf zu hören gilt als schlechtes Omen.

Rabe: Sieht man Raben aufeinander zu fliegen, gilt das als

Omen für Auseinandersetzungen. In Wales gilt es als Zeichen für das Wohlergehen einer Familie, wenn ein Rabe auf ihrem Dach sitzt. Wenn zu Lammas ein Mädchen einen Raben sieht, kann es aus der Richtung seiner Fluges ersehen, wo ihr zukünftiger Ehemann wohnt, nämlich in der Himmelsrichtung, aus der der Rabe kommt. In Irland galten Raben mit weißen Federn als gutes Omen. Besonders viel Glück sollten Raben mit Weiß an den Flügeln bringen, die von rechts kamen und regelmäßig krächzten. Hören Sie einen Raben, bevor Sie auf Reisen gehen, wird die Reise Ihnen alle Wünsche erfüllen.

Rotkehlchen: Fliegt ein Rotkehlchen durch ein Fenster ins Haus, gilt dies als Todesomen. Fliegt eines gegen die Fensterscheibe eines Kranken, wird es ihm bald schlechter gehen. Verbirgt sich ein Rotkehlchen in einem Baum oder einer Hekke, ist Regen im Anmarsch. Sitzt es auf einem offenen Zweig und singt, kommt gutes Wetter.

Saatkrähe: Lassen sich Saatkrähen auf Ihrem Land nieder, gilt das als gutes Omen. Es heißt, dass sie die Zukunft vorhersagen können. Sie spüren es, wenn der Baum, in dem sie nisten, fallen wird und ziehen um. Wenn Saatkrähen eine Gegend verlassen, in der sie sich niedergelassen hatten, bedeutet dies Unglück für die Landbesitzer, denn es wird kein Erbe geboren werden. Bauen sie ihr Nest weit oben, wird der Sommer schön. Bauen sie niedrig, wird er nass und kalt. Pferchen sie sich zusammen und blicken gegen den Wind, naht ein Sturm.

Schwalbe: Allgemein bedeuten sie Glück. Fliegt eine Schwalbe ins Haus, bringt sie Freude mit sich. Verlässt sie ihr Nest, bringt das Unglück. Sind die Schwalben unruhig, wird die Ernte schlecht. Kämpfen sie, ist das ein böses Omen.

Spatz: Kommen zwei Spatzen von der Linken geflogen, bedeutet das großes Glück.

Storch: Sein germanischer Name Adebar bedeutet »Glücksbringer«. Läßt sich einer auf ihrem Haus nieder, bedeutet das großes Glück.

Taube: Eine Taube von der Rechten bedeutet Glück, Liebe und vielleicht sogar eine Hochzeit. Im Mittelalter waren Tauben ein gutes Omen oder eine freundliche Warnung. Minenarbeiter wagten sich nicht in ihre Stollen, wenn in der Nähe eine Taube gesehen wurde. Flogen Sie jemandem um den Kopf, galt das als Todesomen.

Wachtelkönig: Wenn zur Ernte die Felder geschnitten werden, wird der Wachtelkönig aufgeschreckt. Bei ihm ist der *Schrei* zukunftsweisend: Ertönt er mehrfach hintereinander, wird Regen kommen. Schreit er in einem nahen Feld, bedeutet das Unglück.

Heimschutz mit Kristallen

Die Lammaszeit eignet sich bestens für Schutzzauber und -rituale. Mit diesem Zauber können Sie unter Zuhilfenahme von Kristallen die verschiedenen Räume Ihres Zuhauses schützen, energetisieren oder mit einer ruhigen Atmosphäre versehen.

Wenn Sie den folgenden Vorschlägen nach Ihre Kristalle ausgewählt haben, sollten Sie sie zuerst unter fließendem Wasser waschen, um sie von alten Schwingungen zu befreien. Legen Sie sie im betreffenden Raum an einen sichtbaren Ort. Ideal ist die Fensterbank, da Sonne und Mond die Kristalle dort mit Energie aufladen können. Der Stein, den Sie für Ihr Schlafzimmer ausgewählt haben, kann auf den Nachttisch oder unter Ihr Kopfkissen gelegt werden.

Legen Sie die Steine an den vorgesehenen Ort und sprechen Sie dabei:

»Schütze diesen Raum und die Menschen darin«.

Einmal im Monat, am besten bei abnehmendem Mond, sollten die Steine erneut gereinigt werden, um angesammelte negative

Energien zu entfernen. Ihr Lebensraum bleibt auf diese Weise sauber und harmonisch.

Schlafzimmer: Es gibt mehrere Steine, die sich für das Schlafzimmer eignen. Der lila Amethyst hilft beim Einschlafen und bringt schöne Träume. Er hilft ihnen, sich zu entspannen und sich nach den Aufregungen des Tages zu beruhigen. Der Rubin dagegen verstärkt die Sexualität und partnerschaftliche Bindungen. Türkise bringen zerstrittene Ehepaare wieder zusammen.

Kinderzimmer: Rosenquarz beruhigt unbändige Kinder und schenkt friedvollen Schlaf. Der dunkelblaue Sodalit spendet unruhigen, fiebrigen Kindern Erleichterung und hilft beim Einschlafen in heißen Sommernächten. Der Jaspis schützt vor Alpträumen.

Wohnzimmer: Blauer Achat sorgt für Harmonie und schlichtet Streitereien. Der rotbraune Sardonyx, umgeben von einer Schicht weißem Chalcedon, kann streitsüchtige Personen zugänglicher machen. Holen Sie sich keinen Rauchquarz ins Haus – er verursacht Streit und Streß.

Eßzimmer: Rhodoniten im Eßzimmer haben verdauungsfördernde Wirkung. Auch grüne Jade unterstützt die Verdauung sowie Gesundheit und Geselligkeit. Der Malachit verhindert Verdauungsstörungen wie Verstopfung, Koliken und Darmkrämpfe.

Küche: Häufig ist die Küche der Ort im Haus, in dem Familie und Freunde zusammenkommen. Ein Tigerauge auf dem Fensterbrett verstärkt die Familienbande, unterstützt die individuelle Verantwortung und verstärkt die Bereitschaft, sich seine eigenen Fehler einzugestehen. Außerdem löst es negative Schwingungen und schützt den Familienbesitz. Eine Kombination aus rosa und grünem Feldspat weckt die Liebe im Herzchakra, heilt seelische Verletzungen und sorgt für seelisches Gleichgewicht.

Büro: Wenn Sie zu Hause arbeiten, können Sie Ihre Konzentrationsfähigkeit, Kreativität und Geschäftstüchtigkeit durch den Einsatz einiger Kristalle verstärken. Der Jacinth, ein brauner Zirkon, zieht Geld und Erfolg an und hält Sie wachsam. Der grüne Aventurin unterstützt kreative Menschen wie Schriftsteller und andere Künstler. Außerdem zieht er aufgrund seiner grünen Farbe Erfolg an.

Sonnenfänger

Zu Lammas sollten Sie auch Kristalle, geschliffenes Glas und Sonnenfänger in die Fenster Ihres Hauses hängen. Sie wehren negative Energien ab und durchfluten die Räume mit schillernden Regenbögen.

Aus der Asche lesen

Wenn sie bei Ihrem Lughnasa-Fest ein Lager- oder Grillfeuer entzünden, bietet es sich an, die feine Asche zusammenzukratzen und die Zukunft daraus zu lesen. Nehme Sie eine Handvoll Asche und werfen Sie sie auf ein weißes Blatt oder auf den Boden. Betrachten Sie das Ergebnis genau und lesen Sie die Zukunft aus den Formen, die die Asche gebildet hat. Um nicht beeinflusst zu werden, sollten Sie zuerst versuchen, die Figuren zu erkennen, bevor Sie deren Bedeutung nachschlagen.

Amboss: Harte Arbeit ist nötig, um Erfolg zu haben.
Ameisen: Verschiedene kleinere Probleme
Anker: Reisen
Auge: Pass auf!
Axt: Gefahr ist im Anzug
Baby: Neuanfang

Ball: Unruhe
Bart: Unzuverlässiger Mann
Besen: Neustart
Bienen: Geschäftige Zeiten
Blatt: Wachstum
Blumen: Wünsche werden wahr
Brücke: Uneinigkeiten werden gelöst
Buch: Studium, neu erlangtes Wissen
Dolch: Gefahr, böswillige Gerüchte
Eichel: Glück in allen Bereichen
Eichhörnchen: Botschaften
Eier: Überfluss, Ergiebigkeit und Vollendung
Elefant: Weisheit
Feder: Unbeständigkeit, Instabilität
Feuer: Zorn
Fisch: Ein sehr Glück versprechendes Vorzeichen
Flasche: schlechte Gesundheit
Fledermaus: Pech ist im Anzug
Fliege: Sorgen zuhause
Frosch: Erholung von einer Krankheit
Fuchs: Sie werden listig sein müssen
Geteilte Linie: Entscheidungen müssen getroffen werden
Glocke: Glückliche Hochzeit oder Verlobung
Grab: Fehler oder Tod
Hammer: Rücksichtslosigkeit
Handschuh: Autorität
Harfe: Glück Zuhause
Hase: Ängstlichkeit
Haus: Sicherheit
Horn: Vormundschaft
Hufeisen: Schutz
Hund: Loyale Freunde
Hut: Neue Arbeitsstelle
Käfig: Enttäuschte Erwartungen

Katze: Unabhängigkeit
Kelch: Geschenk
Kessel: Häusliche Ruhe
Klee: Glück
Klinge: Ende einer Freundschaft
Knopf: Ein neuer Freund
Knoten: Beschränkungen
Komet: Unvorhergesehene Ereignisse, Besucher
Korb: Geschenke und Gefälligkeiten
Kreuz: Leiden
Krokodil: Ein falscher Freund
Krone: Erbe
Kuh: Förderung, Wohlstand
Leiter: Fortschritt
Libelle: Hilfe aus unerwarteten Kreisen
Löffel: Eine Überraschung
Löwe: Einflussreiche Freunde
Maus: Armut
Mond: Liebe
Nagel: Ungerechtigkeit
Pfeil: Opfer
Pferd: Reisen mit einer geliebten Person
Pistole: Angriffe
Punkte: Geld
Regenschirm: Hilfe von einer Autoritätsperson
Ring: Hochzeit, Freude und Beendung
Schädel: Ende
Schere: Ende, Enttäuschung
Schlange: Glück
Schloss: Geheime Wünsche werden erfüllt
Schlüssel: Neue Möglichkeiten
Schmetterling: Vergängliche Freude
Schwan: Stürmische Zeiten nahen
Sichel: Sie ernten, was Sie gesät haben

Spaten: Harte Arbeit
Spinne: Geld
Stern: Hoffnungen und Wünsche
Stiefel: Umzug
Strumpfband: Hochzeit
Tabakpfeife: Treuloser Liebhaber
Telefon: Kommunikation
Tisch: Bau eines Hauses
Trommel: Streit
Vögel: Gute Nachrichten
Wanderstock: Glückverheißende Reise
Wiege: Ein neues Kind
Wolken: Zwangslagen
Zaun: Grenzen und Beschränkungen
Zweig: Neue Freundschaften

Annas Lughnasa-Räucherwerk

Räucherwerk besteht aus Kräutern, Hölzern und Harzen, die beim Verbrennen den Göttern duftenden Rauch zum Opfer bringen. Verschiedene Gerüche beeinflussen auch die Sinne der Magier, schaffen die nötige Stimmung und helfen, den Geist auf das Ritual zu konzentrieren. Etwas esoterischer läßt sich dies durch die Schwingung des Duftes erklären: Wenn etwas mit einer bestimmten Frequenz schwingt, passt sich jedes Objekt in dessen Umgebung dieser Schwingung an. Dieses Prinzip wird sowohl in der Magie als auch in den Heilkünsten angewandt. Jede Pflanze, jeder Stein und Kristall hat eine bestimmte Schwingung. Der Gebrauch von Räucherwerk und Duftöl dient nicht einfach dem guten Geruch: Er soll eine für die Magie geeignete Schwingung in der Atmosphäre hervorrufen.

Es gibt mehrere Arten von Räucherwerk, zum Beispiel Räucherstäbchen, Räucherkegel und Räucherkohle. Loses Räucherwerk ist am leichtesten herzustellen und für magische Rituale am besten geeignet. Alle folgenden Anleitungen sind für loses Räucherwerk gedacht.

Die Herstellung des Räucherwerks

Zuerst sollten sie die nötigen Zutaten und Hilfsmittel zusammensammeln: Stößel und Mörser, Mischlöffel, verschließbare Gläser und Etiketten.

Die Maßangaben in den folgenden Anleitungen beziehen sich nicht auf das Gewicht, sondern auf Verhältnisse. Für kleine Mengen, wie z.B. ein einzelnes Glas Räucherwerk, verwende ich als Maßeinheit einen Löffel, für größere Mengen eine Tasse.

Wenn also im Rezept steht:

3 Teile Weihrauch
½ Teil Thymian
1 Teil Myrre

bedeutet das 3 Löffel Weihrauch, ½ Löffel Thymian und 1 Löffel Myrre. Wenn Harze und Öle verwendet werden, sollten diese erst mit Stößel und Mörser vermischt werden und eine Weile ziehen, bevor dann Hölzer, Rinden und Beeren hinzugegeben werden. Erst zum Schluss sollten Sie Kräuter, Pulver und danach Blüten beifügen.

Weihung des Räucherwerks

Konzentrieren Sie sich beim Vermischen der Zutaten auf den Zweck, zu dem das Räucherwerk dienen soll und »projizieren« sie ihn auf die Mischung. Natürlich können Sie die Anfertigung auch als Ritual gestalten, zum Beispiel, indem Sie Ihre eigenen Kräuter sammeln und trocknen, alles Benötigte auf dem Altar auslegen und im Kerzenschein den Gott und die Göttin um ihre Hilfe bitten:

Gott und Göttin, geruht Euch, dieses Räucherwerk,
das ich Euch weihe,
in Eurem Namen zu segnen. Schenkt ihm die Kraft
Eurer Liebe und Schönheit.
Schenkt ihm Euren Segen.

Das Räucherwerk sollte dann in Gläsern mit Drehverschluss aufbewahrt werden.

Das Abbrennen des Räucherwerks

Loses Räucherwerk wird auf speziellen selbstentzündlichen Kohleblöcken entzündet oder direkt ins Feuer geworfen. Verwenden Sie für Ihr Räucherwerk einen Kohleblock (erhältlich in jedem gutsortierten Esoterikladen). Entzünden Sie ihn mit einem Streichholz. Der Kohleblock gibt dann Funken ab und beginnt sofort, rot zu glühen. Legen Sie ihn auf einen feuerfesten Teller, der auf einem Tischset oder Topfuntersetzer stehen sollte, da er sehr heiß wird. Sobald der Kohleblock glüht, können sie eine wenig Räucherwerk darauf streuen – Auch kleine Mengen senden über einen langen Zeitraum hinweg einen starken Duft aus.

Räucherwerk-Rezepte

Lughnasa-Räucherwerk

1 Teil Benzoe-Harz
1 Teil Myrren-Harz
1 Teil Eichenholz
½ Teil Heidekrautblüten
¼ Teil Basilikum
½ Teil Borretschblüten
2 Teile Weihrauch
Einige Tropfen Kiefernöl

Lammas-Räucherwerk

1 Teil Eichenrinde
½ Teil Kiefernharz
Einige Tropfen Eichenmoosöl
2 Teile rotes Sandelholz
1 Teil Zedernholz
Einige Tropfen Zedernöl
3 Teile Weihrauch
½ Teil Sonnenblumen-Blütenblätter

Lugh-Räucherwerk

3 Teile Weihrauch
1 Teil Eichenrinde
1 Teil Eschenholz
¼ Teil Mohnsamen
1 Teil Heidekrautblüten
Einige Tropfen Rotwein
1 Teil gestampfte Gerstenkörner

Llew Llaw Gyffes-Räucherwerk (Walisischer Sohn der Arianrhod)

½ Teil Borretschblätter und -blüten
1 Teil Haselnussholz
½ Teil Stechpalmenholz
1 Teil zerstampfte Vogelbeeren
1 Teil Eichenrinde
4 Teile Weihrauch
Einige Tropfen Eichenmoosöl
Einige Tropfen Zedernöl

Gehörnter-Gott-Räucherwerk

1 Teil Zedernholz
1 Teil Benzoe
1 Teil Kiefernharz
1 Teil Weihrauch
2 Teile gestampfte Wacholderbeeren
Einige Tropfen Eichenmoosöl

Räucherwerk für Mut

3 Teile Weihrauch
½ Teil Borretschblätter und -blüten
1 Prise Drachenblutpulver
¼ Teil Thymian
Einige Tropfen Orangenöl

Krieger-Räucherwerk

4 Teile Weihrauch
½ Teil Borretsch
¼ Teil Basilikum
¼ Teil Fenchelsamen
½ Teil Sonnenblumen-Blütenblätter
½ Teil Kapuzinerkresse-Blütenblätter
1 Teil Eschenholz
Einige Tropfen Wacholderöl

Räucherwerk für die Weihe

3 Teile Weihrauch
1 Teil Myrre
1 Teil Sandelholz
Einige Tropfen Zedernöl

Adonis-Räucherwerk (Griechischer Pflanzengott)

½ Teil Tannennadeln
1 Teil Myrre
½ Teil Anemonenblüten
2 Teile Weihrauch
1 Teil Akazienöl
Einige Tropfen Lorbeeröl
½ Teil Narzissenblüten

Aphrodite-Räucherwerk (Griechische Göttin der Liebe)

½ Teil Zypressennadeln
Einige Tropfen Zypressenöl
3 Teile Benzoe
½ Teil rote Rosenblätter
1 Teil Apfelholz
½ Teil Zimtstangen
¼ Teil Gänseblümchen
Einige Tropfen Geranienöl
¼ Teil Veilchenblüten

Arianrhod-Räucherwerk (Walisische Göttin des Mondes, der Initiation und der Wiedergeburt)

½ Teil Efeublätter und -stiele
2 Teile Eichenrinde
½ Teil Flachsblüten
2 Teile Weihrauch
2 Teile Myrre
Einige Tropfen Rosenöl (optional)

Astarte-Räucherwerk
(Kanaanitische Fruchtbarkeitsgöttin)

3 Teile Akazienharz
1 Teil Myrtenblüten
1 Teil Kiefernholz
½ Teil Kiefernöl
½ Teil Rosenblätter
Einige Tropfen Rosenöl

Attis-Räucherwerk
(Anatolischer Pflanzengott)

1 Teil Kiefernharz
2 Teile Myrre
3 Teile Kiefernholz
¼ Teil Mandelblüten
¼ Teil Narzissenblüten
½ Teil Tannennadeln
¼ Teil Heidekrautblüten
Einige Tropfen Myrrenöl

Blodeuwedd-Räucherwerk
(Walisische Blumengöttin)

1 Teil Ginsterblüten
1 Teil Bohnenblüten
1 Teil Rosskastanienblüten
1 Teil Eichenblüten
1 Teil Mädesüßblüten
1 Teil blühende Nesseln
1 Teil Pfingstrosenblüten
1 Teil Weißdornblüten
1 Teil blühende Klette
1 Teil Schwarzdornblüten
1 Teil Kornnelkenblüten

Ceres-Räucherwerk
(Römische Korngöttin)

½ Teil Lorbeerbaumblätter
½ Teil Weizenkörner
½ Teil Mohnsamen
3 Teile Weidenholz
1 Teil Mönchspfefferblätter
½ Teil Narzissenblüten
2 Teile Weihrauch
2 Teile Myrre

Crom Dubh-Räucherwerk
(Irischer Gott des Korns und der Unterwelt)

3 Teile Myrre
1 Teil Weizenkörner
1 Teil Eichenrinde
1 Teil zerstampfte getrocknete Blaubeeren oder Vogelbeeren
½ Teil Farnkraut
Einige Tropfen Zypressenöl

Demeter-Räucherwerk
(Griechische Korngöttin)

½ Teil Weizenkörner
½ Teil Rosenblätter
2 Teile Weihrauch
2 Teile Myrre
½ Teil Frauenminze
½ Teil Bohnenblüten (optional)
½ Teil Samen oder Blütenblätter von rotem Mohn
½ Teil Zypressennadeln
Einige Tropfen Rosenöl (optional)
Einige Tropfen Zypressenöl

Dionysos-Räucherwerk
(Thrakischer/griechischer Gott der Pflanzen, des Weins und der Fruchtbarkeit)

1 Teil Apfelblüten
½ Teil Efeublätter
1 Teil Kiefernharz
Einige Tropfen Kiefernöl
½ Teil Tannennadeln
½ Teil Fenchelblätter
½ Teil Weinblätter
2 Teile Myrre
Einige Tropfen Rotwein

Inanna-Räucherwerk
(Sumerische Königin des Himmels)

2 Teile gemischte Getreidekörner
1 Teil Dattelpalmenblätter
1 Teil Weinblätter
1 Teil Flachsblüten
4 Teile Myrre
Einige Tropfen Wacholderöl
3 Teile zerstampfte Wacholderbeeren
1 Prise Zimtpulver

Ishtar-Räucherwerk
(Semitische Königin des Himmels)

2 Teile Akazienharz
1 Teil gemischte Getreidekörner
½ Teil Dattelpalmenblätter
½ Teil Weinblätter
1 Teil Weihrauch
Einige Tropfen Weihrauchöl (optional)

Isis-Räucherwerk (Ägyptische Königin des Himmels)

½ Teil Heidekraut
5 Teile Myrre
½ Teil Rosenblätter
¼ Teil Eisenkraut
¼ Teil Wermuth
¼ Teil Orriswurzel
½ Teil Efeublätter
Einige Tropfen Geraniumöl
¼ Teil Andorn
¼ Teil Olivenblätter
½ Teil weiße Weidenrinde
2 Teile Zedernholz
Einige Tropfen Zedernöl
½ Teil Zypressennadeln
¼ Teil Mohnsamen oder -blüten
1 Prise Drachenblutpulver

Odin-Räucherwerk (Skandinavischer Göttervater)

3 Teile Weihrauch
2 Teile Eschenholz
½ Teil Mistelzweig
1 Teil Eichenholz
½ Teil Amaranth (optional)
½ Teil Styrax
1 Teil Ulmenholz

Osiris-Räucherwerk (Ägyptischer Pflanzengott)

3 Teile Weihrauch
2 Teile Akazienharz
1 Teil Kiefernharz

½ Teil Styrax
½ Efeublätter
1 Teil Weidenholz
2 Teile Zedernholz
½ Teil Andorn
¼ Teil Nesseln
½ Teil Dictamnus
½ Teil Heidekrautblüten
Einige Tropfen Majoranöl

Persephone/Proserpina-Räucherwerk (Griechische/Römische Göttin der Unterwelt)

4 Teile Myrre
2 Teile Weidenholz
½ Teil Blüten oder Samen von rotem Mohn
¼ Teil Zypressennadeln
Einige Tropfen Zypressenöl
½ Teil getrocknete Granatapfelschale
¼ Teil Petersilie
½ Teil Vergiß-mein-nicht-Blüten (optional)
Einige Tropfen Myrrenöl

Venus-Räucherwerk (Römische Göttin der Liebe)

1 Teil Benzoe
1 Teil Kiefernharz
4 Teile Weihrauch
4 Teile rotes Sandelholz
1 Prise Zimtpulver
1 Teil rote Rosenblätter
¼ Teil Myrtenblüten (optional)
¼ Teil Veilchenblüten
¼ Teil weiße Lilienblüten (optional)
¼ Teil Gänseblümchen

Einige Tropen Geranienöl
Einige Tropfen Rosenöl (optional)

Vulcanus-Räucherwerk (Römischer Gott der Schmiede)

½ Teil Waldaloe
1 Teil Samen oder Blüten von rotem Mohn
½ Teil Nesselblätter
4 Teile Weihrauch
¼ Teil Senfsamen
1 Teil Zedernholz
1 Prise Drachenblutpulver

Wachmach-Räucherwerk

4 Teile Myrre
¼ Teil Vergiß-mein-nicht-Blüten (optional)
¼ Teil Raute
¼ Teil Rosmarin
¼ Teil Petersilie
Einige Tropfen Zypressenöl

Pauls natürliche Färbemittel

Zu dieser Zeit des Jahres werden traditionell Naturstoffe zum Färben gesammelt. Vor der Erfindung synthetischer Färbemittel waren Pflanzen die Hauptquelle für Farben für Kleidung, Malerei und Beize. Seit den Höhlenmalereien prähistorischer Zeiten haben Menschen Pigmente aus in der Natur vorkommenden Materialien gewonnen, um sie für dekorative und rituelle Zwecke zu verwenden. Eines der bekanntesten Beispiele für diese Pflanzenfarben ist der aus Waid gewonnene Blaufarbstoff der alten Kelten. Auch die amerikanischen Ureingeborenen haben ihre Körper und Kleidung mit pflanzlichen Farbpigmenten gefärbt.

Für die alten Kelten stellte das Färben einen magischen Vorgang dar. Es galt als Kunst der Frauen und es wurde streng darauf geachtet, dass beim Färben keine Männer anwesend waren. Außerdem gab es zusätzliche Regeln, an welchen Tagen man Färben durfte. Das Färben wurde stark mit der Kräuterkunde und der Heilkunst assoziiert und viele der verwendeten Pflanzen hatten auch psychedelische oder heilende Wirkung. Das irisch-gälische Wort für Färbstoffe lautet *ruaman*, abstammend von *ruam* (»rot«), und entstand vermutlich aus der Vorliebe der Kelten für leuchtende Farben.

In den antiken Kulturen konnten nicht alle Farben hergestellt werden. Es gab viele verschiedene Wege, um verschiedene Braun- und Beigetöne zu erhalten. Die natürlichen Pigmente für Rot- und Gelbtöne sind schon seltener, und Blau und Grün kommen fast gar nicht vor. Königspurpur, das aus einer kleinen Drüse eines mediterranen Fisches hergestellt wird, war die seltenste aller Farben: 8500 Fische ergaben ein Gramm Farbstoff.

Mit Ihren Farbstoffen können Sie magische Umhänge, Kordeln und Altardecken herstellen.

Kräuterfarben

Viele Pflanzen enthalten Farbstoffe. Als Kinder hatten wir alle das eine oder andere Mal fleckige Hände von Beerensaft. Die ersten Färbemittel entstanden vermutlich genau auf diese Weise: Durch Essensflecken auf der Kleidung und der Haut. Am einfachsten kann man diese Farbstoffe extrahieren, indem man die Pflanzen in Wasser kocht. Leider wäscht sich die Farbe bei dieser Methode aber schnell aus oder verblasst. Unsere Vorfahren umgingen dieses Problem vermutlich, indem sie den Stoff über Wochen hinweg immer wieder färbten und trockneten. Einige Farben, zum Beispiel Waidblau, wurden konserviert, indem sie in abgestandenem Urin gegärt wurden – ein für unser heutiges Verständnis nicht unbedingt angenehmes Verfahren.

Heutzutage können Färbungen durch Beizen haltbarer gemacht werden. Beize steht für eine chemische, häufig metallhaltige Mischung, die Farben haltbarer macht. Diese Substanzen bringen allerdings das Problem mit sich, dass sie nur schwer naturfreundlich entsorgt werden können. Überlegen Sie sich deshalb sehr genau, ob Sie Beize verwenden möchten. Wenn antike Kulturen es geschafft haben, ohne sie auszukommen, dann können wir das auch.

Beizen

Alaun (Aluminiumpotassiumchlorid): Dies ist die vermutlich bekannteste Beize. Sie kann in Verbindung mit vielen verschiedenen Farbstoffen verwendet werden. In der Antike wurde Alaun in Minen abgebaut und für eine lebenswichtige Mineralquelle gehalten. Ein Stamm, der die Alaunversorgung kontrollierte, hatte beachtliche politische Macht. Es wird häufig in Kombination mit Weinsäure verwendet, um leuchtendere und klarere Farben herzustellen. Verwenden Sie 30 Gramm für jedes Pfund trockenen Stoff.

Eisensulfat: Eisensulfat ist als »Trübungsmittel« bekannt, weil es die Farbe stumpfer und dunkler macht. Es sollte verwendet werden, nachdem der Stoff mit Alaun behandelt wurde. Verwenden Sie 3,75 Gramm pro Pfund trockenen Stoff.

Kupfersulfat: Kupfersulfat verleiht der Farbe einen Blau-Grün-Stich. Verwenden Sie 15 Gramm, gemischt mit 250 Milliliter Essig, für jedes Pfund trockenen Stoff. **Kupfersulfat ist giftig!** Gehen Sie achtsam damit um!

Zinnchlorid: Zinn hellt Farben auf. Verwenden Sie 15 Gramm für jedes Pfund trockenen Stoff. **Zinnchlorid ist giftig!** Gehen Sie achtsam damit um!

Das Färben des Stoffes

Natürliche Färbemittel funktionieren am Besten in Verbindung mit natürlichen Stoffen wie Baumwolle, Seide und Wolle. Leinen dagegen nimmt, auch wenn es sich um einen Naturstoff handelt, nur sehr widerwillig Farben an. Viskose ist der einzige synthetische Stoff, der sich erfolgreich mit Naturfarben färben lässt.

Der Stoff sollte gründlich gewaschen und wenn nötig über Nacht eingeweicht werden, um ölige Rückstände restlos zu entfernen. Spülen Sie den Stoff am Ende noch einmal sorgfältig mit lauwarmem Wasser mit einem Esslöffel Essig darin durch. Wenn Sie eine Beize verwenden, sollte sie an diesem Punkt des Vorgangs hinzugegeben werden. Die Beize muss in ein wenig sehr heißem Wasser aufgelöst werden und dann mit insgesamt 20 Litern Wasser vermengt werden, die nach und nach dazugegeben werden. Tauchen Sie den Stoff komplett in der Flüssigkeit unter und lassen Sie sie dann für etwa eine Stunde köcheln.

Alternativ können Sie den Stoff auch für 24 Stunden in die Beizflüssigkeit einweichen. Färben Sie den Stoff sofort, wenn Sie ihn aus der Beize genommen haben.

Verwenden Sie ca. 60 Gramm der Pflanze pro 30 Gramm Stoff. Die Pflanze sollte gehackt oder zerbröselt in eine Baumwolltasche oder den Fuß einer Strumpfhose gegeben werden und mit einem halben Liter Wasser bedeckt werden. Wenn Sie Beerensaft verwenden, sollten Sie diesen direkt in das Wasser geben. Tauchen Sie dann den Stoff ein und kochen Sie das Wasser. Lassen Sie es köcheln und rühren Sie gelegentlich um, damit der Stoff gleichmäßig gefärbt wird. Nehmen Sie das Wasser von der Hitze, wenn der Stoff die richtige Farbintensität angenommen hat.

Spülen Sie den Stoff mehrfach mit jeweils ansteigender Wassertemperatur aus. Hängen Sie ihn dann zum Trocknen auf. Sie können diesen Vorgang mehrfach wiederholen, um die Farbstärke zu erhöhen und zu vermeiden, dass der Stoff schnell ausbleicht.

Geeignete Pflanzen

Die meisten Pflanzen ergeben irgendeinen Farbstoff, doch es gibt auch etablierte Farbpflanzen, die im Lateinischen als *tinctorum* bzw. *tinctoria* bezeichnet werden. Generell läßt sich sagen, dass sich mehrjährige Stauden am besten zum Färben eignen. Es gibt aber auch Ausnahmen, wie zum Beispiel Waid, eine zweijährige Pflanze.

Zum Färben können verschiedene Teile der Pflanzen verwendet werden: Rinde, Beeren, Blüten, Saft, Blätter, Sprossen oder Wurzeln, je nachdem, um welche Pflanze es sich handelt.

Die folgenden Pflanzen werden mit dem Lammasfest assoziiert und eignen sich zum Färben.

Blaubeere, Brombeere, Heidelbeere und Holunderbeere: Alle diese Beeren ergeben, wenn sie gestampft werden, einen rosa-purpurnen Farbstoff. Brombeeren eignen sich am besten, da sie am leichtesten in der gewünschten Menge gesammelt werden können. Mit den jungen Sprösslingen kann unter Verwendung von Alaun als Beize Wolle hellgrau gefärbt werden. Für die alten Kelten stellte die Brombeere eine heilige Pflanze dar. Die Beeren, deren Farbe sich im Reifungsprozess von Grün zu Schwarz wandelt, sollten die drei Aspekte der Göttin repräsentieren. Heidelbeeren ergeben, wenn sie zusammen mit Eisensulfat verwendet werden, eine blaue Farbe, die im Gälischen *Fraochán* genannt wurde, und einen Purpurton, wenn sie mit Alaun gemischt werden. Auch junge Erlenzweige können verwendet werden, um einen Grünton beizumischen.

Eiche: In Britannien tragen viele alte Eichen den Namen »Stiereiche«. Der geheiligte Stier war das Gegenstück des Tierreichs zur Eiche der Pflanzenwelt, die Herrschaft, Stärke und Männlichkeit symbolisierte. Eichenrinde und Eicheln ergeben verschiedene Farben, je nachdem, welche Beize verwendet wird. Eisensulfat ergibt Schwarz, mit dem man die Roben für die zweite Jahreshälfte färben kann. Alaun ergibt Braun, das sich ideal für die Herbsttagundnachtgleiche eignet. Mit Zinn- und Zinkbeizen entsteht Gelb für Mittsommerroben.

Erle (alnus glutinosa): Die Erle symbolisiert den Tod und die Wiederauferstehung und steht repräsentativ für den Lebensgeist des Korngottes. Aus Erle können drei Farben gewonnen werden: Braun aus den Zweigen, Grün aus den Blüten und Rot aus der Rinde. Es heißt, dass Elfen ihre grünen Kleider aus den Blüten der Erle herstellen. Die Pflanze wird stark mit dem keltischen Gott Bran assoziiert, dessen Geschichte den Lebenszyklus des geheiligten Königs wiedergibt.

Färberwaid: Färberwaid wurden seit der Antike wegen seines blauen Farbstoffes angebaut. Die Kelten bemalten damit ihre Körper, aber auch die Römer und Sachsen verwendeten ihn häufig. Vermischt mit einer Substanz namens »Färbernaht« ergab er das berühmte Lincolngrün, das der legendäre Robin Hood und seine Kumpanen trugen.

Um Färberwaidfarbe herzustellen, füllen Sie einen versiegelbaren Behälter mit Blättern. Geben Sie zwei Esslöffel Natriumcarbonat hinzu, bedecken Sie alles mit warmem Wasser und vermischen Sie die Zutaten gründlich. Verschließen Sie nun den Container und lassen Sie ihn für 24 Stunden an einem warmen Ort stehen. Seihen Sie dann die Blätter ab und drükken Sie sie sorgfältig aus, bevor Sie sie wegwerfen.

Geben Sie 250 Gramm Kleie hinzu und tauchen Sie den Stoff in die Flüssigkeit. Verschließen Sie den Behälter erneut und stellen Sie ihn nochmals für 24 Stunden an einen warmen Ort. Nehmen Sie den Stoff heraus und lüften Sie ihn für zehn bis 15 Minuten, bevor Sie ihn wieder in die Flüssigkeit geben. Wiederholen Sie den Vorgang, bis der Stoff die gewünschte Farbe angenommen hat. Spülen Sie den Stoff dann aus und lassen Sie ihn an der Luft trocknen.

Flechte: Es gibt an die 20 000 verschiedene Arten von Flechten, von denen viele seit der Antike für medizinische Zwecke und zur Herstellung von Farbstoffen verwendet werden. Flechten sind extrem langsam wachsende Organismen und es kann Hunderte von Jahren dauern, bis sich eine gedeihende Kolonie entwickelt hat. Seien Sie sorgsam, wenn Sie sie sammeln: Hinterlassen Sie genug, dass die Flechte sich regenerieren kann. Viele Kulturen haben Farben auf Flechtenbasis verwendet. Die wundervollen Decken, die die nordamerikanischen Navajo-Indianer weben, erhalten ihre satten Erdtöne meist durch Flechtenfarbe.

Flechtenfarben ergeben meistens auch ohne die Verwendung von Beize satte Farben, da sie sehr langanhaltend sind. Die Kelten sammelten die Pflanzen zumeist von Ende Juli bis Anfang August, also zur Lughnasazeit. Sie wurden zum Trocknen in der Sonne liegengelassen und dann bei niedriger Hitze in abgestandenem Urin fermentiert, teilweise über einen Zeitraum von zwei bis drei Wochen. Heute wird eher Ammoniak verwendet. Je nach Sorte können aus Flechten verschiedene Gelb-, Braun-, Rot- und Purpurtöne gewonnen werden.

Kiefer: Unter den Kelten des Nordens wurde die Kiefer mit Helden und Kriegern assoziiert. Bei den amerikanischen Ureinwohnern galt sie als heilig und sie pflanzten Kiefern, um an ihre Stammesversammlungen zu erinnern. Kieferzapfen ergeben eine rötlich-gelbe Farbe.

Maiglöckchen (convalleria magalis): Maiglöckchen sind Maja, der Mutter Merkurs, geweiht, der von den alten Römern mit Lugh gleichgestellt wurde. In der christlichen Überlieferung symbolisieren sie die Tränen, die die Jungfrau Maria bei der Kreuzigung vergoss. Aus im Frühling gepflückten Blättern lässt sich Grün, aus im Herbst gepflückten Goldgelb gewinnen. Die gehackten Blätter sollten mit Limonenwasser gemischt werden. Als Beize eignet sich Alaun. Die grüne Farbe eignet sich sehr, um Walpurgisroben zu färben.

Sonnenblume: Die Sonnenblume repräsentiert die Kriegereigenschaften Stärke, Mut und Handlungsfähigkeit. Die Samen können leicht gesammelt werden und die Pflanze wächst schnell. Aus den Blütenblättern kann gelbe Farbe gewonnen werden, mit der die rituelle Bekleidung für das Mittsommerfest gefärbt werden kann.

Anmerkungen

1 Antike Hymne für Innana
2 Michael Bayley: Caer Sidhe, 1997
3 Philippa Waring: A Dictionary of Omens and Supersticions, 1978
4 T. O. Cockayne (Hrg.): Leechdoms, Wortcunning and Starvraft of early England, 1866

Kapitel 6
Lughnasa-Spiele

Dein allein sei unsterblicher Ruhm,
der Dir gebührt für Dein glorreiches Thun,
In die Annalen gehest Du ein als Held,
Geliebter Herr, siegreich auf dem Feld![1]

Das Lughnasafest wurde auch mit Spielen und Wettbewerben gefeiert: Krieger konnten ihre Fähigkeiten vorführen und wetteiferten um Preise. Dieser Brauch wurde in der Wicca-Kultur weitergeführt. Der Gott als Mann in seinen besten Jahren wird geehrt, bevor er mit der Kornernte geopfert und getötet wird. Alle Zirkelmitglieder feiern nun ihre männliche Seite, setzen sich mit der Magie der Krieger und der Jagd auseinander und wetteifern um die Ehre, der Sieger der Göttin zu werden.[2]

Zu den Spielen unseres eigenen Zirkels zählen Ringkampf, Stockkampf und der Feuerlauf. Diese sollten aber nur von geübten Personen und unter Aufsicht ausgeübt werden. Für den Laien eignen sich die unten erklärten Spiele eher – auch sie werden von uns gespielt, machen viel Spaß und sind nicht gefährlich. Sie alle sind traditionelle Spiele, die zu Lammas und anderen ländlichen Festen und, in ähnlicher Form, auch bei der irischen Totenwache gespielt wurden.

Seien Sie gewarnt! Lammas-Spiele sind häufig recht grob und heftig, da sie aus den ehemaligen Ritterspielen hervorgegangen sind. Viele von ihnen machen großen Spaß und verleihen den Lammas-Festen eine sehr traditionelle Atmosphäre, andere aber sind einfach zu gewalttätig und sollten besser vermieden werden.

Gefängnisgitter-Spiel

Dieses traditionelle Lammas-Spiel stammt aus Shropshire in England. Zwei Mannschaften stehen sich Arm in Arm gegenüber. Ziel des Spieles ist es, die gegenüberliegende Seite des Spielfeldes zu erreichen. Wenn einer der Spieler versucht, hinüberzulaufen, darf ihn *einer* seiner Gegner jagen und versuchen, ihn aufzuhalten. Wenn mehrere Spieler jedes Teams in verschiedene Richtungen laufen, kann das Spiel etwas chaotisch werden. Es wird jeweils ein Punkt vergeben, wenn ein Gegner aufgehalten oder das gegenüberliegende Ende des Spielfeldes erreicht wird. Schwieriger wird das Spiel, wenn man seinen Gegner nur aufhalten kann, indem man ihn an einer bestimmten Stelle, etwa der Schulter, und nicht am ganzen Körper, berührt. Je länger das Spielfeld, desto anstrengender wird das Spiel.

Lammas-Spiel

Lammas ist ein altes schottisches Schulhofspiel. Es entstand aus dem Brauch, dass sich Kuhhirten bei Heuerungsmärkten Stroh in den Mund steckten, um ihren Beruf kenntlich zu machen. Für das Spiel muss sich jeder Teilnehmer einen Strohhalm zwischen Kinn und Unterlippe klemmen. Der Gewinner ist der, der am häufigsten den folgenden Reim aufsagen kann, ohne den Strohhalm zu verlieren:

Ich kaufte einen Bart auf dem Lammas-Jahrmarkt
Nur noch ein Haar ist über – nun wackelt mein Bart.

Stockheben

Dieses Spiel wurde bei irischen Totenwachen gespielt, die häufig recht lustige Angelegenheiten waren und bei denen die Toten mit Gelächter und Freude auf ihre Reise in die Unterwelt geschickt wurden.

Zwei Spieler sitzen einander mit ausgestreckten Beinen gegenüber auf dem Boden, sodass ihre Schuhsohlen sich berühren. Über die Schuhe wird ein Besenstiel gelegt, den die Spieler an je einem Ende packen. Indem sie an dem Besenstiel ziehen, versuchen sie, den anderen Spieler ein paar Zentimeter vom Boden zu heben, ohne selbst ihre Beine zu bewegen. Die Schuhsohlen sollten sich die ganze Zeit über berühren. Ziel ist es, am Boden sitzenzubleiben. Sobald einer der Spieler »abhebt«, hat der andere gewonnen.

Hufeisenheben

Für dieses Spiel benötigen Sie eine Wand und ein Hufeisen. Das Hufeisen wird etwa 8 cm von der Wand entfernt auf den Boden gelegt. Die Spieler stellen sich ca. 1 m von der Wand entfernt auf und versuchen, das Hufeisen aufzuheben, ohne die Knie zu beugen oder sich an der Wand oder am Boden abzustützen. Auch dieses Spiel wurde häufig auf irischen Totenwachen gespielt.

Pferderennen

Zu Lughnasa wurden traditionell Pferderennen veranstaltet. Vermutlich haben Sie nicht die Möglichkeit, selbst eines zu veranstalten, aber Sie können zum Beispiel mit ihrem Hexenzirkel einen Ausflug zu einer Rennbahn veranstalten.

Hufeisenwerfen

Hufeisen verschiedenster Art wurden zuerst während des 2. Jahrhunderts v. Chr. von den Nomaden der eurasischen Steppe verwendet. Die noch heute geläufigen u-förmigen Hufeisen wurden vermutlich etwa ein Jahrhundert später von den Römern erfunden. Zum ersten Mal wurde Hufeisenwerfen in Zusammenhang mit römischen Militärlagern während des frühen 2. Jahrhunderts erwähnt.

In den USA erfreute sich das Spiel lange Zeit großer Beliebtheit, bis 1914 gab es allerdings keine festgelegten Regeln. Als dann eine Gruppe von Männern Regeln und Ausrüstung bestimmte, erfuhr das Hufeisenwerfen einen weiteren Popularitätsschub. Einige Jahr später schloss sich diese Gruppe zur National Horseshoe Pitchers' Association (»Nationale Vereinigung der Hufeisenwerfer«) zusammen.

Bei dem Spiel werfen 2 bis 4 Teilnehmer Hufeisen gegen einen Pfosten. Punkte erzielt, wer sein Hufeisen um den Pfosten oder so nah wie möglich daran wirft.

Das Spiel: Hufeisen können verschiedene Größen haben. Der Fairness halber sollten Sie darauf achten, dass Sie Hufeisen mit ähnlicher Größe und ähnlichem Gewicht verwenden. Den offiziellen Regeln nach sollten sie 18,4 cm breit und 19,4 cm lang sein und nicht mehr als 1,2 kg wiegen. Zwischen den offenen Enden sollte sich ein Abstand von 8,9 cm befinden. Der Pfosten sollte etwa 40 cm hoch sein und leicht zu den Werfern hingeneigt stehen.

Die Wurfbahn sollte ca. 1,8 m breit und 15 m lang sein. Zwei ca. 40 cm hohe Metallstangen von etwa 2,5 cm Durchmesser sollten in einer Entfernung von 12 Metern mit einem Abstand von 1,8 m im Boden verankert werden. Der Untergrund sollte aus Lehm, Erde oder Sand bestehen. In diesem Bereich sollen die Hufeisen bei Spielen landen.

Bei zwei bis drei Spielern tritt jeder gegen jeden an. Bei vier Spielern werden Teams von jeweils zwei Spielern gebildet. Die Spieler werfen abwechselnd. Männer werfen aus einer Entfernung von 12 m, Frauen und Kinder und Jugendliche unter 17 Jahren aus 9 m Entfernung. Die Hufeisen werden ähnlich wie Frisbeescheiben geworfen. Den richtigen Drall verleihen ihnen die Fingerspitzen, was aber ein wenig Erfahrung bedarf.

Wertung: Ein »Ringer« erfolgt, wenn das Hufeisen so um den Pfosten liegt, das man die beiden offenen Enden mit einem Lineal verbinden könnte, ohne dass es den Pfosten berührt, und bringt drei Punkte. Wenn ein Hufeisen in bis zu 15 cm Entfernung vom Pfosten zum Liegen kommt, wird 1 Punkt gewertet. Ein »Steher« erfolgt, wenn das Hufeisen gegen den Pfosten gelehnt zum Ruhen kommt. Auch dafür wird 1 Punkt vergeben.

Es gibt zwei verschiedene Wertungssysteme. Bei dem einen besteht die Gesamtpunktzahl aus 40 Punkten. Wenn zwei Gegner nacheinander einen »Ringer« werfen oder das Eisen in gleichem Abstand zum Pfosten aufkommt, werden beide Würfe nicht gewertet. Es wird gespielt, bis einer der Spieler oder eine der Mannschaften 40 Punkte erreicht hat. Bei der anderen Variante werden 25 Runden gespielt. Alle Würfe, bei denen das Hufeisen in einem Abstand von höchstens 15 cm zum Pfosten landen, werden gewertet. Gewonnen hat, wer am Ende die meisten Punkte erzielt hat.

Rhibo

Rhibo ist ein traditionelles walisisches Lammas-Spiel. Drei Spielerpaare stehen einander gegenüber und halten einander an den Händen fest. Die übrigen Teilnehmer legen sich abwechselnd auf das »Bett« aus verschränkten Händen und werden in die Luft geworfen. Das Spiel symbolisiert das Worfeln des Korns.

Armdrücken

Dies ist ein zu Lughnasa häufig gespieltes »Kriegerspiel«, das Sie vermutlich schon kennen. Zwei Personen sitzen sich an einem schmalen Tisch gegenüber. Sie stützen ihre rechten Ellenbogen auf dem Tisch ab und packen mit der rechten Hand die ihres Gegners. Ziel des Spiels ist es, den Arm des Gegenübers auf den Tisch zu drücken. Der Ellbogen muss dabei Kontakt zur Tischplatte behalten.

Stockspringen

Dies ist ein weiteres irisches Totenwachenspiel. Die beiden Teilnehmer nehmen einen Stock von etwa 1,20 m Länge und halten ihn an beiden Enden fest. Ziel des Spieles ist, so oft wie möglich über den Stock zu springen, ohne ihn loszulassen.

Bogenschießen

Wettkämpfe in Kampfdisziplinen waren ein wichtiger Bestandteil der antiken Lughnasaspiele. Diese Tradition wurde auf den englischen Jahrmärkten über viele Jahrhunderte hinweg erhalten. Bogenschießen wurde häufig praktiziert, da die Männer ihre Schießkünste sowieso regelmäßig pflegen mussten. Einer dieser Wettbewerbe wird eindrucksvoll in der berühmten Geschichte von Robin Hood geschildert, der den Bogenschützen des Königs auf Schloss Nottingham besiegte.

Wenn Sie über die nötige Ausrüstung und Übung verfügen, können Sie Ihren eigenen Bogenschützen-Wettbewerb organisieren. Andernfalls bietet sich beispielsweise ein Dart-Turnier als Ersatz an.

Schienbeintreten

Diese bäuerliche »Sportart« war eine weitverbreitete Kampfform, die besonders bei Fuhrmännern beliebt war, um Auseinandersetzungen zu beenden (Fuhrmänner haben den Ruf, besonders ungestüm und widerspenstig zu sein). Die Gegner hielten einander am Jackenaufschlag fest und versuchten, sich mit ihren stahlbeschlagenen Stiefeln gegenseitig ins Schienbein zu treten. Verloren hatte derjenige, der zuerst zu Boden ging oder aufgab. Der Verlierer musste das abendliche Besäufnis bezahlen. Im späten neunzehnten Jahrhundert starb diese Sportart aus, und wir empfehlen eindringlich, es auch dabei zu belassen.

Blinder Hut

Dieses Spiel ähnelt dem Blindekuh-Spiel und kann drinnen und draußen gespielt werden. Im Mittelalter trugen die meisten Menschen Hüte mit abnehmbaren Schulterumhängen. Der »Blinde Hut« trägt seinen Hut tief über das Gesicht gezogen und im Nacken festgebunden, sodass er nichts mehr sehen kann. Die anderen Teilnehmer schlagen ihn mit ihren eigenen Hüten, bis der »Blinde Hut« einen von ihnen fangen und beim Namen nennen kann. Der Gefangene nimmt dann seine Stelle ein.

Händeklapsen

Für dieses mittelalterliche Spiel kniet einer der Spieler mit den Händen auf dem Rücken nieder. Die anderen Spieler versuchen, ihm Klapse auf die Hände zu geben. Wenn der Kniende erraten kann, wer ihn schlägt, muss die erratene Person seinen Platz einnehmen.

Kayles

Dieses mittelalterliche Spiel ähnelt dem Kegeln bzw. Bowling. Die Kayles sind kegelförmige Holzfiguren, die nicht mit einer rollenden Kugel, sondern mit einem geworfenen Stock umgestoßen werden müssen. Die Kayles können aus steifer, dicker Pappe gebastelt werden. Sie sollten 8 Stück anfertigen, die etwa 15 cm hoch sind. Stellen Sie sie in einem Kreis auf und werfen Sie den Stock aus einer Entfernung von etwa 3 bis 5 m. Jeder Teilnehmer hat drei Würfe. Gewonnen hat, wer die meisten Kayles umwerfen konnte.

Robin's Alight (»Robins Landung«)

Dieses Spiel stammt aus Schottland und Cornwall. Mehrere Spieler reichen eine brennende Fackel herum. Verlierer ist, wer die Fackel gerade hält, wenn sie ausgeht. Der Verlierer muss ein Pfand herausgeben. Früher wurde auf diese Weise möglicherweise der Kandidat für das Menschenopfer ausgewählt.

Sie können dieses Spiel auch mit einer brennenden Kerze spielen, sollten dabei aber sichergehen, dass sich die Kerze in einem sicheren Behälter befindet und keiner der Teilnehmer sich verbrennen oder mit heißem Wachs verletzen kann. Die Kerze muss sehr schnell herumgegeben werden, sodass der Luftzug die Flamme löschen kann. Was als Pfand dient, sollte im Vorhinein entschieden werden.

Tug-O-War

Der Name »Tug-O-War« stammt von dem altdeutschen Ausdruck *toga werra*, der »Wettkampf im Ziehen« bedeutet. Tug-O-War-Wettkämpfe sind vermutlich so alt wie das Seil selbst. Das früheste Zeugnis stammt aus Südostasien, wo Seilzieh-Wettkämpfe Teil der religiösen Zeremonien waren. In Korea wurden sie beispielsweise stark mit der Ernte assoziiert. Ähnlich wie die irischen Mannschaftsspiele wurden sie zwischen benachbarten Dörfern gespielt, um vorherzusagen, ob die Ernte gelingen würde.

Später wurde Tug-O-War ein rein körperlicher Wettkampf. Eine Wandzeichnung in einem Grab in Sakkara in Ägypten von 2000 v. Chr. zeigt einen solchen Wettkampf. Das früheste westeuropäische Zeugnis stammt aus den skandinavischen und germanischen Heldensagen um 1000 v. Chr. In Frankreich und Britannien waren Tug-O-War-Wettkämpfe im fünfzehnten Jahrhundert beliebte Ereignisse bei Turnieren.

Seit damals ist das Spiel eine beliebte Aktivität bei ländlichen Festen gewesen. Ursprünglich war es Teil der modernen Olympischen Spiele, wurde aber 1920 aus dem Programm genommen.

Das Spiel: Es existiert eine internationale Vereinigung, die die Spielregeln festlegt. Im Folgenden finden Sie eine stark vereinfachte Version dieser Regeln, die Sie auch den jeweiligen Umständen anpassen können. Kern des Spiels sind zwei Mannschaften, die an je einem Ende eines Seiles ziehen. In der offiziellen Variante des Spiels besteht jedes Team aus 8 Teilnehmern und gemischte Mannschaften sind verboten.

Das Seil sollte etwa 12,5 m lang und 10–12 cm dick sein. Es sollte keine Knoten aufweisen und an fünf Stellen mit Bändern oder ähnlichem markiert sein. Ein auffälliges Band sollte die Mitte des Seils markieren, und zwei weiße Bänder sollten jeweils 4 Meter davon entfernt angebracht werden. Die nächsten Markierungen, gewöhnlich in blau gehalten, befinden sich in 5 m Entfernung zur Mitte. Der Boden sollte grasbewachsen, eben und mit einer Mittellinie gekennzeichnet sein.

Um zu entscheiden, welches Team an welchem Ende spielt, wird eine Münze geworfen. Das Seil sollte straff und mit den Handflächen nach oben gehalten werden. Andere Griffarten sind nicht erlaubt und können zu Verletzungen führen. Die Spieler müssen ihre Füße unterhalb ihrer Knie positionieren, um sich im Gleichgewicht zu befinden. Das Seil wird hinter den blauen Markierungen gepackt. Der letzte in der Reihe jedes Teams wird als »Ankermann« bezeichnet. Das Seil sollte unter seinen Achseln hindurchführen und von hinten nach vorne diagonal über seinen Rücken über die Schulter liegen. Damit es sich nicht um die Füße des Ankermannes wickelt, sollte das lose Ende des Seils zu einer Seite weggezogen werden.

Zu Beginn des Wettkampfes ruft der Schiedsrichter »Seil aufnehmen!«. Die nächste Anweisung lautet »Ziehen!«. Wenn das Seil straff gespannt ist und sich die Mittelmarkierung über der Mittellinie des Spielfeldes befindet, ruft der Schiedsrichter »Fertig … Ziehen!«. Eine Runde ist gewonnen, wenn die weiße Markierung einer der beiden Mannschaften über die Mittellinie gezogen wurde. Insgesamt werden drei Runden gespielt. Dazwischen werden jeweils 5 bis 6 Minuten Pause gemacht und die Teams wechseln nach jeder Runde die Seiten.

Es gibt mehrere Übertretungen, die verboten sind: Sitzen, das Seil mit den Armen einklemmen, andere Griffe als der oben beschriebene, den Boden mit einem anderen Körperteil als den Füßen zu berühren oder vor Beginn des Spiels Haltestellen für die Füße in den Boden zu graben. Wenn ein Teilnehmer aus Versehen zu Boden geht, muss er sofort wieder aufstehen, oder seine Mannschaft wird disqualifiziert.

Welly Wanging (»Stiefelwerfen«)

»Welly« ist ein umgangssprachlicher britischer Ausdruck für Wellington Boots. Wellington Boots sind Lederreitstiefel, die nach dem Herzog von Wellington benannt wurden. In den USA trägt der Begriff noch immer seine ursprüngliche Bedeutung, in England steht er heutzutage aber für Gummistiefel. Beim etwas kindischen Welly Wanging, das besonders im Schulsport und bei Volksfesten beliebt ist, werfen die Teilnehmer Gummistiefel durch die Luft, und wer am weitesten geworfen hat, hat gewonnen.

Bei den antiken Tailtean-Spielen waren Weitwurfwettbewerbe, so wie das *roth-clea* (»Radwerfen«) ein wichtiger Bestandteil. Mit dem Stiefelwerfen können auch Sie diese Tradition auf eine ungefährliche und leicht zu organisierende Weise in ihr Lughnasa-Fest integrieren. Übrigens erfüllen alle Arten von kniehohen Stiefeln mit schwerer Sohle und halbwegs flexibler Oberfläche ihren Zweck – es müssen nicht unbedingt Gummistiefel sein. Wem das noch zu kompliziert ist, der kann auch einfach einen Ball verwenden.

Ehefrauen-Schleppen

Dieses Spiel war Bestandteil vieler traditioneller Versammlungen. Die Teilnehmer rennen mit ihren Ehefrauen über der Schulter um die Wette. Die Frauen werden an den Beinen festgehalten. Von allen Wettrennen, die das Tragen von Gewichten beinhalten, ist dieses wohl am leichtesten zu organisieren. Die teilnehmenden Paare müssen nicht unbedingt unterschiedlichen Geschlechts sein, es sollte nur sichergestellt werden, dass sie vom Gewicht her zusammenpassen, sodass der Wettkampf fair abläuft. Als Distanz schlagen wir 100 m vor.

Anmerkungen

1 Gruffudd Llwyd: Ode to Glyndwr, um 1400

2 In der traditionellen Wicca-Schule stellt Lughnasa den Gegenpol zu Imbolc dar. Imbolc feiert die junge Göttin und ihre Geschenke. Zu diesem Fest leben die Zirkelmitglieder ihre weibliche Seite aus.

Kapitel 7
Die Magie der Krieger

Himmel, Erde, Sonne, Mond und Meer,
Früchte der Erde und des Meeres,
Münder, Ohren, Augen, Besitztümer,
Füße, Hände, Kriegerzungen.[1]

In der traditionellen Zauberkunst wird Lughnasa als ein Fest der Kriegermagie und der männlichen Energien gefeiert. Der Krieger ist hier ein Krieger der Seele. Seine Waffen sind sein Körper, sein Verstand und seine Seele, die trainiert werden müssen, um harmonisch zusammenzuarbeiten. Der Krieger konfrontiert sich mit seinen eigenen Ängsten, entwickelt seelischen Mut und arbeitet an seiner Willenskraft.

Der Krieger kann sich physischen Extremsituationen aussetzen, um seinen Willen und sein Bewusstsein über ihre Grenzen hinauszuzwingen. Wir alle stehen vielen Ängsten gegenüber, und das Ziel des Kriegers ist es, sie alle zu erkennen und zu besiegen. Dazu muss er anerkennen, dass der Körper seine eigenen Ängste hat, Ängste vor Verletzungen, vor Schmerzen und vor physischen Gefahren, und dass diese natürlich und auch angemessen sind. Ohne diese Ängste würden wir unsere Hände ins Feuer halten, Autounfälle bauen und von Klippen springen. Der Körper verfügt über eingeschriebene Selbstschutzmechanismen. Er hängt am Leben, das ist seine Aufgabe. Der Krieger kann sich entscheiden, sich diesen Ängsten zu stellen, um seinen Willen und seine Mut weiterzuentwickeln. Angst führt zu Bewusstseinsveränderungen, und sich seinen Ängsten zu stellen, führt zu einer Weiterentwicklung der Willenskraft. Sich in Situationen zu begeben, die so gefährlich sind, dass sie zu Verletzungen oder zum Tod führen können, ist kein Teil des Weges des Kriegers, denn Wagemut stellt eine Vernachlässigung des eigenen Lebens dar.

Körperbemalungen

Die Krieger der alten Kelten bemalten ihre Körper mit Waidblaufarbe, um ihre Gegner durch ihr Aussehen einzuschüchtern. Waidblau wurde auch zum Färben von Kleidung, besonders der Gewänder, die bei den Lughnasaspielen getragen wurden, verwendet. Nachdem zu Lughnasa der geheiligte König gewählt worden war, bemalte man seinen Körper traditionell mit waidblauen Spiralmustern, bevor er die symbolische Vermählung mit dem Land einging. Waid ist eine Pflanze mit gelben Blüten, die denselben Blaufarbstoff enthalten wie Indigo, wenn auch in weitaus geringerer Konzentration. Indigo hat Waidblau heute mehr oder weniger ersetzt und wird zum Beispiel zum Färben von Jeans verwendet. Bis zur Mitte des neunzehnten Jahrhunderts wurde Waid verwendet, um Polizei- und Marineuniformen zu färben, in übertragenem Sinne ist es also lange Zeit die Farbe der Krieger geblieben.

Es ist kompliziert, Waidblau zu einer Körperfarbe zuzubereiten. Einfacher ist es, Henna zu verwenden, das eine braunrote Farbe ergibt. Unter dem Namen *mehndi* verbreiteten sich Körperbemalungen mit Henna ursprünglich vor über 3000 Jahren in Nordindien und den nordafrikanischen Wüsten. Noch heute werden bei vielen hinduistischen und islamischen Hochzeiten die Hände des Brautpaares mit rituellen Hennamustern bemalt, und bei den marokkanischen Berberfrauen dienen Mehndi-Muster zum Vertreiben böser Geister.

Mehndi ist zu einer modischen (und abwaschbaren) Alternative zu Piercings und Tätowierungen geworden, und in vielen Esoterikläden kann man fertige Sets kaufen, die alles nötige enthalten. Natürlich können Sie mit nur wenigen Zutaten auch Ihre eigene Hennafarbe anfertigen. In jedem Fall aber sollten Sie vorher einen Hauttest machen, um sicherzugehen, dass Sie nicht allergisch auf die Farbe reagieren. Kinder sollten sich ihre Mehndis nicht selbst malen, da die Farbe starke Flecken hinterläßt.

Sie brauchen die folgenden Materialien:

Schablonen oder Schablonenpapier, um ihre eigenen zu basteln
Scharfes Bastelmesser
Henna
Eukalyptusöl
Zitronensaft
Harter Pinsel oder kleiner Spachtel
Weicher Pinsel
Beidseitiges Klebeband (leicht ablösbar)

Schablonen

Zeichnen Sie keltische Knoten, Spiralen, Sonnenräder oder Totemtiere auf das Schablonenpapier. Achten Sie dabei darauf, so genannte Brückenstücke stehen zu lassen, damit das Muster nicht auseinanderfällt, wenn Sie es ausschneiden. Verwenden Sie zum Ausschneiden ein scharfes Bastel- oder Teppichmesser.

Die unten gezeigten Muster, z. B. der Keltische Knoten (Abbildung 7 und 8), die Sonnenräder (Abbildung 9 und 10), das Horusauge (Abbildung 11), Epona (Abbildung 12) und das Uffington-Pferd (Abbildung 13), sollen Ihnen ein Gefühl dafür geben, in welchem Stil die verschiedenen keltischen Muster gehalten sind.

Es gibt auch viele Bücher zum Thema, und in Tätowiermagazinen, die Sie in jeder gutsortierten Bahnhofsbuchhandlung

Abbildung 7

Abbildung 8

Abbildung 9

Abbildung 10

Abbildung 11

Abbildung 12

Abbildung 13

kaufen können, finden sich oft erstaunlich kreative und schön gearbeitete Muster, die Sie übernehmen können.

Probieren Sie herum und tragen Sie sie überall am Körper auf, wo Sie ihnen gefallen, zum Beispiel in Form verschiedener Spiralmuster auf Armen und Beinen, Spiralen und Sonnenräder um den Nabel und auf der Brust oder einer großen, stilisierten Pflanze oder eines Tieres auf dem Rücken oder der Brust. Sie können die Schablonen fixieren, indem Sie sie mit dem Klebeband festkleben. Sie können die Schablonen übrigens auch benutzen, um ihr Gesicht zu bemalen oder Ihren Totemschild zu verzieren.

Das Auftragen

Waschen Sie die Stelle, die Sie bemalen wollen, sorgfältig ab und tupfen Sie sie trocken. Vermischen Sie das Hennapulver mit Wasser, bis es eine dickflüssige Konsistenz angenommen hat und lassen Sie es etwa 30 Minuten lang ziehen. Reiben Sie die Haut mit einigen (!) Tropfen Eukalyptusöl ein und kleben Sie dann die Schablone auf. Pinseln Sie die Hennafarbe sorgfältig über die Schablone und lassen Sie sie etwa 10 Minuten lang einwirken, bis sie trocken ist. Entfernen Sie die Schablone und tupfen Sie das Bild mit Zitronensaft ab, der die Farbe fixiert. Nach 30 Minuten sollten Sie erneut Zitronensaft auftragen.

Alternativ können Sie die Bilder natürlich auch von Hand zeichnen, dann sollten Sie die Farbe aber mehrfach auftragen.

Wenn die Farbe trocknet, verhärtet sie sich. Intensität und Dauerhaftigkeit der Farbe hängen von Ihrem Hauttyp, der Qualität des Hennapulvers und der Einwirkzeit ab. Wenn Sie sehr dunkle Haut haben, sieht man die Hennafarbe leider kaum. Je nach Hauttyp sollten Sie drei bis 24 Stunden warten, bis Sie die Farbe abwaschen. Setzen Sie die bemalte Haut keinem direkten Sonnenlicht aus. Waschen Sie sie nach Ablauf der Einwirkzeit mit Wasser ab. Die Hennabilder können zwischen einigen Tagen und mehreren Wochen halten.

Zu Ihrer Sicherheit: Henna ist eigentlich eine sichere Angelegenheit, sollte aber nicht auf beschädigter Haut oder in der Nähe der Schleimhäute angewendet werden. Auch wenn Hennafarbe schon seit Tausenden von Jahren relativ unfallfrei verwendet wird, sollten Sie achtsam sein, wenn Sie sie bei Kindern auftragen. Wenn Sie Allergien oder empfindliche Haut haben, testen Sie die Farbe vorher an einer kleinen, unauffälligen Hautstelle, bevor Sie ein großes Tattoo auftragen. Henna hinterläßt starke Flecken auf Haut, Kleidung und Möbeln. Unerwünschte Flekken sollten sofort abgewaschen werden.

Gesichtsbemalungen

Seit Tausenden von Jahren werden in vielen verschiedenen Kulturen und aus den verschiedensten Gründen Gesichtsbemalungen aufgetragen: Sie können Teil religiöser Rituale sein, den Feind einschüchtern, dramatische Darbietungen unterstützen oder einfach Spaß machen. Gesichter wurden weiß und schwarz bemalt oder mit Schmutz oder Blut beschmiert. In einigen europäischen volkstümlichen Traditionen haben diese Bemalungen überlebt: Die Peterbourough-Plough-Monday-Artisten färbten ihre Gesichter mit Asche und rotem Ocker dunkel. Viele englische Moriskentänzer malen ihre Gesichter rot, gelb, schwarz, blau oder grün an. Derartige Traditionen werden permanent neu entdeckt – man betrachte nur die vielen Fußballfans, die ihre Gesichter in der Vereins- bzw. Nationalfarben anmalen, um »ihr« Team zu unterstützen.

Wie auch bei den Körperbemalungen stellen wir Ihnen hier eine etwas einfachere Variante vor als die traditionellen Waidblau-Bemalungen der alten Kelten.

Für Ihr Lammasfest können Sie Ihr Gesicht mit Stammessymbolen und keltischen Mustern oder Totemtieren bemalen, die mit dem Fest assoziiert werden. Bei den Abbildungen finden Sie einige einfache Muster, mit denen Sie anfangen können. Machen Sie sich keine Sorgen, wenn Sie künstlerisch nicht sonderlich begabt sind: Einfache Muster in den symbolischen Farben des Lammasfestes können schon große Effekte zeigen. Kinder lieben es, sich zu bemalen und sind auf diese Art einfach (und gefahrenlos) beschäftigt. Achten Sie aber bei sich und bei Ihren Kindern darauf, in der Augengegend vorsichtig mit den Farben umzugehen.

Sie brauchen die folgenden Materialien:

Wasserlösliche Körperfarben
Verschiedene Pinsel
Kosmetikschwämmchen
Glitter (optional)
Blätter, Federn, Muscheln etc. (optional)

Am besten verwenden Sie Körperfarben für Kinder. Wasserlösliche Farben können leicht aufgetragen werden und trocknen schnell. Sie reiben sich nicht ohne weiteres ab, können aber mit Wasser und Seife schnell von Gesicht und Kleidern entfernt werden. Sie können Farbsets oder einzelne Farben kaufen. Wenn Sie große Bemalungen vornehmen möchten, erweisen sich die einzelnen Farben letztlich meist als billiger.

Wenn Sie nichts anderes bekommen können, können Sie Theaterschminke verwenden, von der wir aber eigentlich abraten: Sie fühlt sich unangenehm an, ist nur schwer löslich und weil sie so schmierig und zäh ist, ist es fast unmöglich, feine Linien und Zeichnungen vorzunehmen.

Für den Anfang reicht eine Farbpalette aus Schwarz, Grau, Weiß, Rot, Orange, Gelb, Grün, Blau, Lila und Braun. Später können Sie auch Glitzer, Haargel und andere effektvolle Zutaten verwenden. Mit einem Schwamm können Sie die Farben auch auf Ihr Haar auftragen oder einfach farbiges Haarspray verwenden, wie Sie es im Faschingsbedarf kaufen können. Um den Effekt zu verstärken, können Sie Blätter, Federn, Muscheln und Ähnliches in Ihr Haar einarbeiten.

Abbildung 14

Abbildung 15

Abbildung 16

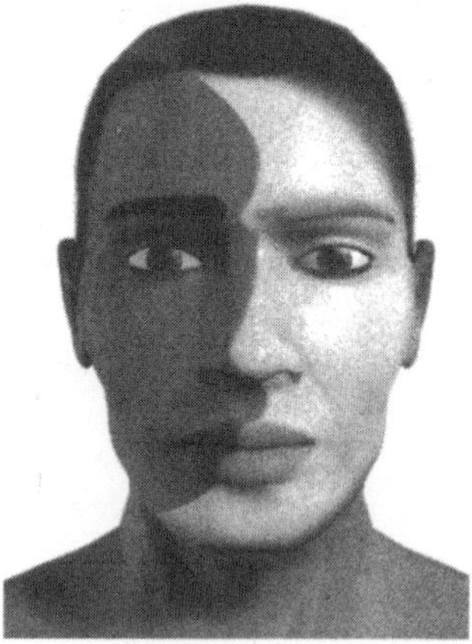

Abbildung 17

Für das Auftragen der Farben eignen sich Naturborsten- und Synthetikpinselchen. Sie müssen nicht die teuersten nehmen, aber die extrem billigen haaren meistens, was Ihre Bilder verderben könnte. Außerdem sollten Sie sich Make-up-Schwämmchen oder Babyschwämmchen zulegen, die sie in dreieckige Stückchen schneiden. So haben Sie eine feine Ecke für zarte Arbeit und eine breite Seite für große Flächen.

Fangen Sie mit den Hintergrundfarben an und verwischen Sie, wo gewünscht, die Übergänge. Zur Vervollkommnung der Zeichnungen können Sie dann feine Details mit dem Pinsel auftragen. Die Abbildungen dienen zu Ihrer Inspiration.

- Der Dachs (Abbildung 14) spielt in der keltischen Überlieferung eine große Rolle. Sie brauchen hierfür nur die Farben Schwarz und Weiß. Ihre Haare können Sie mit Talkumpuder bemalen.
- Das Horusauge (Abbildung 15) ist hauptsächlich in Schwarz und Weiß gehalten, zeigt aber größeren Effekt, wenn Sie leuchtende Farben und glitzernden Lidschatten hinzufügen.
- Für die Sonnenräder (Abbildung 16) können Sie die Schablonen von den Körperbemalungen verwenden. Am besten eignen sich hier die Farben Rot und Orange.
- Der Mond (Abbildung 17) kann auf allen Hauttypen verwendet werden, den schönsten Effekt ergibt er aber auf sehr dunkler Haut. Die Sichel sollte mit Weiß oder Hellgelb aufgetragen werden. Für die Schattenseite eignen sich entweder die natürliche Hautfarbe oder Dunkelblau bzw. Lila.

Heilige Symbole

Es gibt eine Welt hinter den Worten, und jede Zivilisation hat ihre eigenen Symbole, um das Unsagbare auszudrücken. Deswegen hat jede Kultur bestimmte Bilder, die ihren religiösen

Glauben repräsentieren. Schmücken Sie mit diesen Symbolen ihre Totemschilde, Masken und ihren Körper. Seien Sie achtsam bei der Farbwahl, denn die Farbe verändert häufig die Bedeutung eines Symbols.

Ankh: Dieses antike ägyptische Symbol steht für Leben und Lebenslust. Es diente auch als Hieroglyphe für die sexuelle Vereinigung und die Fortpflanzung. Es vereinigt in sich die Sexualsymbole der Männer und Frauen: Ein weibliches Oval um ein männliches Kreuz. Das Ankh-Zeichen trug auch den Namen »Schlüssel des Nils«, und es hieß, dass es die heilige Hochzeit zwischen dem Gott und der Göttin repräsentiere, die jedes Jahr an der Nilquelle stattfand, bevor er über seine Ufer trat. Für die Ägypter war das Zeichen ein allgemeiner Lebenszauber und stand auch für das Wort »Leben«. Hathor, die Göttin des Lebens und des Todes, trug einen Stab in Form des Ankh-Zeichens, mit dem sie den Hauch des Lebens verlieh. Ein ähnliches Symbol, bei dem der »Kopf« aber ausgefüllt ist, wurde früher im heutigen Mexiko verwendet, weshalb einige Wissenschaftler vermuten, dass es schon damals zu Kontakten zwischen der neuen Welt und den mediterranen Kulturen der Antike kam.

Kreis mit einem Punkt: Dies ist eines der ältesten Symbole und ist im Verlauf der Geschichte wohl in jeder Kultur verwendet worden. Die Bedeutung ist erstaunlicherweise immer dieselbe: Es stand für die Sonne oder etwas, das stark mit der Sonne assoziiert wurde. In der kabbalistischen Mystik repräsentierte das Symbol den Erzengel Michael, der Luzifer besiegte. Es steht also für den Kampf zwischen den Mächten des Lichts und der Finsternis und eignet sich deshalb ganz besonders als Lughnasasymbol.

Kreuz: Wir alle kennen das Kreuz als christliches Symbol, aber es war schon Jahrtausende vor Jesu Geburt ein wichtiges Zeichen. Schon vor der Bronzezeit war es in ganz Europa verbreitet. Im alten Griechenland symbolisierte es den Stab des Apollo, und schon die Griechen verlängerten einen der Arme, sodass sich das ergab, was wir heute als das lateinische Kreuz kennen. Apollo war der Sonnengott und der Sohn des Zeus. Die starke Assoziation zwischen dem Kreuzsymbol und der Sonne findet sich in vielen antiken Kulturen. In Babylon war das Kreuz das Zeichen von Anu, des Himmelsgottes. Mit der Zeit erhielt es die Bedeutungen Auferstehung, Wiedergeburt und ewiges Leben.

Horusauge: Das Horusauge wurde häufig als Amulett (*udjat*) getragen, das dem Träger Glück und Gesundheit bringen sollte. Horus war der Sohn von Isis und Osiris und in seiner Gestalt als Falke war er der Gott der Himmel, der stark mit der Sonne assoziiert wurde. Das Horusauge ist ein menschliches Auge mit der Wangenzeichnung eines Falken. Auf den Fischerbooten im Mittelmeer wird es noch häufig an den Bug gemalt, um Gefahren abzuwenden.

Es existiert ein ägyptischer Mythos, der starke Parallelen zu der Geschichte des Kampfes zwischen Lugh und Balor aufweist. Horus kämpfte mit Set um den Thron. Set riss Horus die Augen aus, zerfetzte sie und warf sie in den himmlischen Ozean. Thoth fand die Augen und setzte sie wieder zusammen. Jeder Teil der Augen repräsentierte einen der Sinne: Fühlen, Schmecken, Gehör, Denken, Sehkraft und Geruchssinn. Die Linie unterhalb des Auges stand für einen sprießenden Weizenkeim. Das Horusauge wurde vor allem als Siegelzeichen der USA berühmt. Der Entwurf war von den Freimaurern inspiriert, die noch viele andere ägyptische Symbole übernommen hatten. Wird das Auge im Zentrum einer Pyramide abgebildet, repräsentiert es den Gott in seiner »Todesperiode«, der in der Unterwelt gefangen ist, während er auf seine Wiedergeburt wartet. Das offene Auge symbolisierte, dass die Seele des Gottes noch immer wach und am Leben war.

Skarabäus: Der ägyptische Skarabäus-Käfer repräsentierte Khepera, eine Sonnengottheit. Es hieß, dass Khepera die Sonne über den Himmel rollte, so wie die Käfer ihre Dungbälle über den Boden schieben. Die alten Ägypter glaubten, dass die Dungbälle die Eier für die nächste Käfergeneration enthielten. Aus diesem Grund symbolisierten die Käfer Kheperas Fähigkeit zur Selbsterneuerung.

Spirale und Kleeblatt: Dieses dreifache Spiralensymbol stammt aus dem Neolithikum und wird auch »Spirale des Lebens« genannt. Das berühmteste Beispiel für dieses Symbol ist in den Eingangsstein der Hügelgräber von Newcombe in Irland geschnitzt. Das Zeichen besteht aus einer einzigen endlosen Linie, die das ewige Leben symbolisiert. Die dreifache Spirale ähnelt dem irischen Kleeblatt, einem Glückssymbol, das sowohl die christliche Dreifaltigkeit wie auch die Dreifaltigkeit der Göttin symbolisierte. Zuerst kam es im Osten auf. Die vorislamischen Araber nannten es *shamrakh,* die dreiblättrige Lilie oder Lotusblüte der Mondgöttin, deren Dreifaltigkeit aus Al-Lat, Kore (bzw. Q're) der Jungfrau und Al-Uzza, der Mächtigen bestand. Man kannte sie unter den Namen Manat und dreifaltiger Mond. Das *shamrakh* war ein Fruchtbarkeitssymbol und symbolisierte drei *yonis* (Vaginen). Zwischen 2300 und 1300 v. Chr. verzierte es Tonarbeiten, Stein- und Holzkunst in Mesopotamien, Kreta und Ägypten. Ein sehr ähnliches Symbol findet sich bei den alten Kelten. Heute wird es von der *alliance des pays celtes* verwendet, einer französischen Separatistengruppe, ein Beispiel für die Anziehungskraft, die die antiken Symbole noch immer auf uns ausüben.

Sonnenrad: Dies ist eines der am weitesten verbreiteten Symbole überhaupt, das in unglaublich vielen verschiedenen Variationen auftaucht. Die einfachste besteht aus einem Kreuz in einem Kreis. In den nordischen Ländern war es sehr verbreitet und findet sich noch heute in vielen Kirchen. Eine andere Variation ist das keltische Kreuz. Es repräsentierte die

Sonne, die durch die Sonnenwenden und Tagundnachtgleichen in Jahreszeiten aufgeteilt wurde. Bei den Galliern (die französischen Kelten) war die Variante am beliebtesten, bei der der Kreis von drei Linien in sechs Teile geteilt wird. Häufig war es von Strahlen umgeben. Es repräsentierte Taranis, den Donnergott. Das Hakenkreuz ist eine andere Variante des mit Strahlen umgebenen Sonnenrades. In der hinduistischen Kultur ist es noch heute weitverbreitet, im Westen wird es aus offensichtlichen Gründen aber besser vermieden. Es ist ein sehr altes Sonnensymbol, das der indoeuropäischen Kultur entspringt. Die meisten Kulturen haben es in der einen oder anderen Form als Sonnensymbol verwendet. Auch wenn ein gegen den Uhrzeigersinn laufendes Hakenkreuz eigentlich nicht viel mit »nationaler Wiedergeburt« zu tun hat, ist es düster konnotiert, seit es von Hitler missbraucht wurde.

Farbmagie

Wir reagieren auf viele verschiedene Weisen auf Farben. Einige dieser Reaktionen sind angeboren, andere kulturell erlernt. Seit Anbeginn der Geschichte haben verschiedene Farben in verschiedenen Kulturen unterschiedliche Bedeutungen gehabt. Im Mittleren Osten beispielsweise gilt Blau als Farbe des Schutzes. Manchmal haben derartige Farbsymbolismen aber auch kulturübergreifende Bedeutung. Auch die amerikanischen Ureinwohner aus dem Südosten des Landes sehen in der Farbe Blau eine Schutzfarbe und malen ihre Türen blau an, um böse Geister abzuwehren. Farben haben, je nach Kontext, oft verschiedene, teils auch widersprüchliche Bedeutungen, und verschiedene Farben können ähnliche Assoziationen hervorrufen. In den westlichen Ländern steht die Farbe Schwarz beispielsweise für Trauer und Tod, in einem anderen Kontext aber auch für Eleganz und Schönheit. Rot ist die Farbe des Blutes und symbolisiert sowohl Gewalt als auch Liebe.

Farben haben erwiesenermaßen psychologische und physiologische Wirkungen. Studien haben beispielsweise gezeigt, dass Menschen in roter Beleuchtung eher spielsüchtig werden, als wenn sie hellblauem Licht ausgesetzt sind, und rosafarbenes Licht hatte eine beruhigende Wirkung auf aggressive Gefängnisinsassen. Welche Farben wir mögen, kann von der Gegend abhängen, in der wir leben. Menschen aus sonnigem Klima bevorzugen oft leuchtende, satte Farben, während Leute aus kühlerem Klima auch kühlere Farbtöne vorziehen.

Die folgende Liste soll Ihnen helfen, die passenden Farben für die Basteleien in diesem Kapitel zu wählen. Wählen Sie die Farben so, dass sie die Bedeutung der Symbole, die Sie verwenden, unterstützen.

Rot: Rotes Licht hat die längste Wellenlänge und die größte physische energetisierende Wirkung. Es wird mit Blut und Feuer assoziiert und repräsentiert Konflikte, Mut, Energie, Fruchtbarkeit, Lust und Vitalität. Astrologen schreiben die Farbe dem Planeten Mars zu, der den Kriegsgott und den Gott des Eisens symbolisiert. In der westlichen Kultur ist es die Farbe der Gefahr. In China dagegen ist Rot die Farbe der Freude und der Feste, zum Beispiel heiraten die Chinesen traditionell in Rot. Mit Weiß zu Rosa gemischt, symbolisiert es Liebe, Freundschaft, Freude, Harmonie, Frieden und Mitgefühl. Tiefes Magenta steht für Visionen, Kreativität und tiefe Einblicke.

Orange: Orange ist die Farbe des Ehrgeizes, des Mutes, der Freude, des Optimismus, des Erfolges und der Sexualität. Es ist eine Kombination aus dem Rot der Begierde und dem Gelb der Weisheit. Während Rot den Körper stimuliert, beeinflusst Orange die Gefühle. In der ukrainischen Überlieferung steht es für Dauerhaftigkeit, Stärke und ehrsames Streben. Mit Schwarz zu Braun vermischt symbolisiert es die Erde, Sexualität, Pragmatik und Aufmerksamkeit gegenüber der Umwelt.

Gelb: Gelb ist die Farbe der Sonne und der Luft. Es wird mit dem Planeten Merkur und damit mit Geist und Intellekt assoziiert. Seine negativen Konnotationen sind übertriebene Vorsicht und Feigheit. Buddha kleidete seine Jünger in Gelb. Es ist auch die heilige Farbe der Hindus. Ihre heiligen Roben werden mit Safran gefärbt. Im Mittleren Osten repräsentiert es Freude und Wohlstand.

Grün: Als Farbe des Grünen Mannes repräsentiert es in der keltischen Mythologie Frische, Gesundheit und Glück. Es ist die Farbe der Fruchtbarkeit und der Wiedergeburt der Natur im Frühjahr. Es wird mit Liebe, Anziehungskraft, Gefühlen und dem Planeten Venus assoziiert. Grün ist auch eng mit den Künsten und der Musik verbunden. Es ist die Farbe der Veränderung und des Gleichgewichts, des Wohlstands und des Geldes. In einigen tropischen Ländern steht es für Gefahr, vermutlich, weil viele giftige Reptilien und Insekten grün sind. In China ist es die Farbe der Untreue. Ein grüner Hut steht dafür, dass ein Mann von seiner Frau betrogen wird.

Blau: Blau steht für das Wasser, Heilung, Lehre und den Planeten Jupiter. Im Mittleren Osten und bei einigen uramerikanischen Kulturen werden die Türen blau gestrichen, weil Blau die Macht haben soll, Geister und die Kräfte des Bösen abzuwehren. Es gilt als Farbe des Glücks und hat einen beruhigenden Einfluss. In China steht es für Kraft und Stärke, in Japan dagegen für Schurkerei und böse Absichten. Mit Grün zu Türkis vermischt steht es für Erfindungsgeist, Ideenreichtum und die Philosphie.

Lila und Violett: Lila ist die »ranghöchste« aller Farben und stand lange Zeit für Adel und Royalität. Es war die Farbe der Kaiser und Bischöfe. Die starke Assoziation mit Macht, Herrschaft und Status hatte vor allem wirtschaftliche Gründe: Bevor im neunzehnten Jahrhundert synthetische Farben auf den Markt kamen, waren Lilatöne schwierig herzustellen und teuer. Lila bis Violett symbolisiert auch Selbstachtung, geistige Entwicklung und okkulte Mächte. In Osteuropa steht es für Fasten, Glauben, Geduld und Vertrauen.

Indigo: Indigo ist die Farbe der Intuition, des Wahrnehmungsvermögens und der Visionen.

Weiß: Weiß symbolisiert Harmonie, Umschuld und Reinigung, aber auch seelische Entwicklung, Geist und Ruhe. Es gilt auch als Schutzfarbe und vertreibt negative Energien. Während es im Westen die Farbe der Hochzeiten ist, steht es im Osten häufig für Trauer und Tod. In Japan steht beispielsweise die weiße Nelke für den Tod.

Schwarz: Schwarz ist die Farbe des Planeten Saturn und symbolisiert den Aspekt des alten Weibes der keltischen Dreifaltigkeitsgöttin. Es steht für Vorahnungen, Destruktivität, das Ende, Geheimnisse und die Möglichkeit der Freisetzung, der Reinkarnation und des Todes. Es symbolisiert auch die Unterdrückung des eigenen Selbst. Die alten Ägypter malten ihre Osirisstatuen schwarz an, um den Samen zu symbolisieren, der in der Erde schläft.

Grau: Grau wird mit Kommunikation, Wahrsagung, Studien, Lehre und dem Planeten Merkur assoziiert.

Silber: Silber ist die Farbe des Mondes und repräsentiert Erleuchtung, Intuition, seelische Stärke und die Wahrheit. Es wird auch mit dem Ackerbau, häuslichen Angelegenheiten und der Medizin assoziiert. Die alten Inkas hielten Silber für die Tränen des Mondes.

Gold: Gold steht für Dienste für andere, Freundschaft, Heilkräfte, seelische Stärke und Vergnügen. Die alten Inkas hielten Gold für den Schweiß der Sonne.

Totemmagie

Es heißt, dass in vielen Religionen Tiere *angebetet* wurden, vor allem bei sogenannten primitiven Stämmen. Hier liegt aber eine starke Fehleinschätzung der komplexen Beziehungen vor, die bei solchen Kulturen zwischen der Umwelt, den Tieren und den Pflanzen bestehen. Es wurden nicht die Kräfte der Tiere selbst abgebetet, sondern deren Bedeutung für das Gleichgewicht der Natur und des Kosmos. In jeder Stammeskultur werden bis zum heutigen Tag bestimmten Tieren bestimmte Fähigkeiten und Eigenschaften zugesprochen.

Die keltische Kunst ist reich an Abbildungen von Tieren, und viele Stämme benannten sich nach Totemtieren, so die Epidii (Pferd), die Lugi (Rabe) und die Tochrad (Bär). Einige mythische Gestalten waren auf Gedeih und Verderb an das Schicksal bestimmter Tiere gebunden. Keltische Götter und Göttinnen hatten die Fähigkeit, sich in Tiere zu verwandeln, hatten tierische Gefährten und erlangten Weisheit, indem sie mit Tieren sprachen. Druiden wurden ähnliche Fähigkeiten zugesprochen, und die Hirten waren oft auch gleichzeitig Magier. Die keltischen Götter tauchen in den Erzählungen fast immer als Tiere oder in Begleitung von Tieren, meist Hirschen, Pferden und Hunden, auf. Der Herr der Tiere, auch Cerunnos genannt, ist eine gehörnte Figur, die von Tieren umgeben ist.

In alten Zeiten identifizierten sich die Krieger mit Tieren, um die Stärke und den Mut des Tieres in sich aufzunehmen. Später erlangten die Tiere symbolische Bedeutung und zierten zum Beispiel Wappenschilde.

Totemschilde

Zu den Lughnasaspielen versammelten sich die verschiedenen Stämme und die Krieger nahmen an verschiedenen sportlichen Wettbewerben teil. Schilde, auf denen Totemtiere abgebildet sind, können bei Ihren Lughnasaspielen als Dekoration dienen und die Start- und Ziellinien markieren.

Passende Zeichnungen finden Sie in Büchern über keltische Kunst und Wappenkunde. Wählen Sie Totemtiere und Symbole aus, die mit Lughnasa assoziiert werden.

Sie brauchen folgende Materialien:

Pappe
Bastelmesser
Metalllineal
Sprühfarbe
Haushaltsfarbe
Klebeband
Stift
Farbiges Papier
Sprühklebstoff
Kleine Nägel oder Tacker
2,5 × 2,5 cm großes Stück Holz
Handsäge
Sprühlack oder Lack in der Dose

Schneiden Sie mit dem Bastelmesser ein 45–60 cm hohes und ein 30–40 cm breites schildförmiges Stück aus der Pappe. Nutzen diesen Schild als Vorlage für weitere Schilde. Sie können auch einige runde Schilde herstellen.

Legen Sie sie auf Zeitungspapier, sprühen Sie sie grau, weiß oder silberfarben an und lassen Sie sie trocknen.

Drehen Sie die Schilde um und besprühen Sie die Vorderseite in den gewünschten Grundfarben. Trennen Sie die verschiedenen Farbfelder mit Klebeband und Altpapier ab. Auch mit einfachen Mustern können Sie eindrucksvolle Schilde anfertigen, aber besonders schön sind natürlich Schilde mit traditionellen keltischen Mustern und Symbolen, die Sie am besten auf farbiges Papier drucken oder kopieren, ausschneiden und aufkleben. Die fertigen Schilde sollten der Haltbarkeit wegen mit mehreren Schichten Klarlack überzogen werden. Mit Tintenstrahl gedruckte Symbole verwischen, wenn Sie den Lack mit dem Pinsel auftragen, deshalb sollten Sie in diesem Fall Sprühlack verwenden.

Befestigen Sie die Schilde mit Bindfaden an Wänden und Bäumen oder befestigen Sie sie an Holzstäben. Schneiden Sie die Stäbe auf ca. 20 cm Länge zu und spitzen Sie sie an einem Ende an, damit Sie sie besser in den Boden rammen können. Nageln oder tackern Sie die Schilde fest.

Masken

In früheren Zeiten war das Theaterspielen eine religiöse Angelegenheit zu Ehren der Götter. In Skandinavien spielte man zu Ehren Freys, in Griechenland für Dionysos. Die Schauspieler trugen Masken, mit denen sie den Charakter der dargestellten Figur annahmen. Während der Rituale maskierten sich viele Teilnehmer und verkleideten sich mit Gegenständen aus der Natur, so wie der Burrymann mit seinen Samenhülsen, der mit Blättern bedeckte Green Man und der Strohmann beim Mummenschanz. In Österreich wurde das Zapfenmanndl mit Fichtenzapfen und das Verschmanndl mit Flechten bedeckt.

Maskierte Personen sind nicht länger sie selbst, sondern nehmen die Persönlichkeit der Maske an. Das eigene Gesicht wird verborgen, und bei Maskenbällen und beim Karneval wurde die daraus resultierende Freiheit ausgelebt, indem die Verkleideten sich ganz anders als sonst verhielten. Auf jedem Faschingsfest wird Ihnen auffallen, dass die Maskierten anfangen, die Eigenschaften der Person zu adaptieren, die sie darstellen.

Masken dienen seit Tausenden von Jahren für rituelle Zwecke. Uralte Felsmalereien zeigen Menschen, die Tiermasken und -hörner tragen. Wenn ein Priester oder Darsteller die Maske eines Gottes aufsetzte, verwandelte er sich in den entsprechenden Gott, und wenn ein Schamane oder Krieger eine Totemtiermaske aufsetzte, wurde er zu dem Tier. Lughnasa ist die beste Zeit, um die Magie der Masken kennen zu lernen.

Pappmaché-Masken

Pappmaché ist billig und leicht zu verarbeiten. Außerdem ist sie gleichzeitig leicht und trotzdem haltbar – im neunzehnten Jahrhundert wurden sogar Möbelstücke daraus angefertigt. Leider braucht sie aber recht lange, um zu trocknen, weshalb man meistens mehrere Bastelsitzungen für ein Pappmachéobjekt veranschlagen muss. Und obwohl das Arbeiten mit Pappmaché eine ziemlich chaotische Angelegenheit ist, ist es einfach und sicher genug zu verarbeiten, um es auch mit Kindern benutzen zu können. Mit etwas Geschick und Phantasie können Sie erstaunlich effektive Masken daraus herstellen.

Sie benötigen folgende Materialien:

Alte Zeitung
Tapetenkleister
Luftballons
Kreppklebeband
Alte Pappe
Bastelmesser
Bastelfarben
Verschiedene Pinsel
Sprühfarbe (optional)
Lack
Lochverstärker
Gummibänder

Da die Masken lange zum Trocknen brauchen, empfiehlt es sich, an mehreren Masken gleichzeitig zu arbeiten. Blasen Sie einen Luftballon pro Maske auf. Auf diesen wird die Pappmaché-Masse aufgetragen. Geben Sie den Tapetenkleister in eine große Schüssel und reißen Sie die alte Zeitung in Streifen. Weichen Sie die Streifen im Kleister ein und kleben Sie sie kreuz und quer über eine Seite des Ballons, bis sich eine etwa 3 mm dicke

Schicht ergeben hat. Lassen Sie sie für mindestens 24 Stunden an einem warmen Ort trocknen (vgl. Abbildung 18).

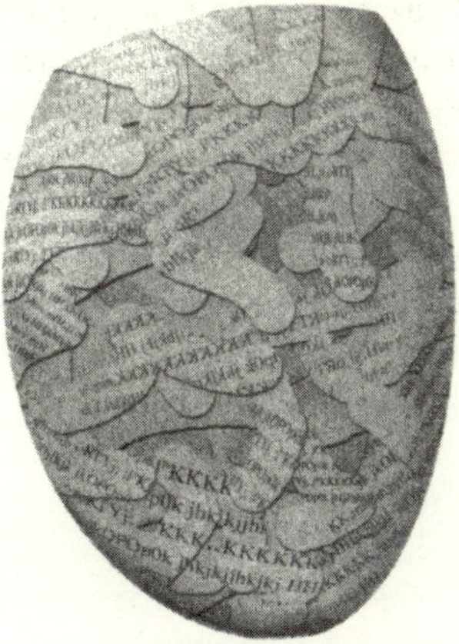

Abbildung 18

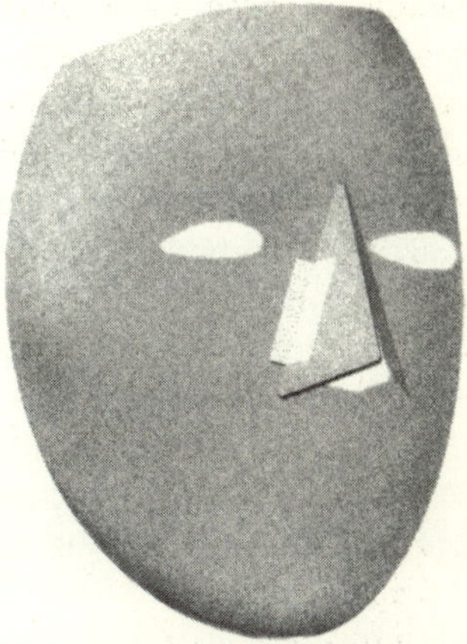

Abbildung 19

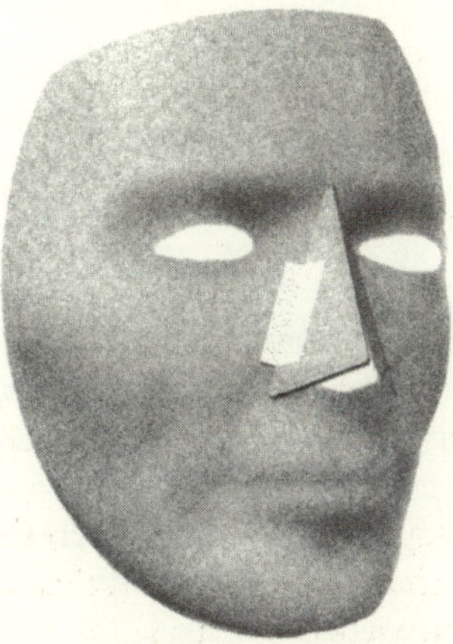

Abbildung 20

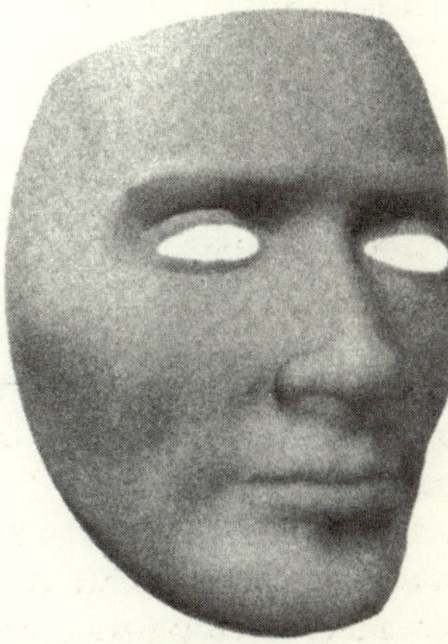

Abbildung 21

Lassen Sie die Luft aus den Ballons und entfernen Sie sie von der gehärteten Pappschicht. Schneiden Sie die Ränder der Masken mit dem Bastelmesser sorgfältig zu und markieren Sie die Stellen, an denen sich später Augen-, Nasen- und Mundlöcher befinden sollen. Schneiden Sie sie mit dem Bastelmesser aus (vg. Abbildung 19). Sie haben nun mehrere weiße Masken, auf die Sie die Gesichtzüge auftragen können.

Sie können den Masken eigentlich jede gewünschte Gestalt verleihen. Schneiden Sie die Grundlagen für Nasen, Schnäbel, Ohren etc. aus der Altpappe aus und fixieren Sie diese mit Klebeband. Bedecken Sie sie dann mit mehreren Schichten Pappmaché und arbeiten Sie die Gesichtszüge heraus.

Pappmaché kann in jede erdenkliche Form geknetet werden, sodass Sie keine Probleme haben sollten, der Maske Gesichtszüge zu verleihen (vgl. Abbildung 20). Sie können so zum Beispiel Stirn- und Wangenknochen formen. Tierschnauzen fertigen Sie am besten aus Styroporstücken an, die Sie auf die Maske kleben und dann mit Pappmaché bedecken, und für Tierhörner eignen sich kegelförmig zusammengerollte und angeklebte Pappstücke. In der Mitte durchgeschnittene Tischtennisbälle ergeben lebensechte Augäpfel – mit etwas Übung sind Ihnen keine Grenzen gesetzt.

Nun können Sie die Masken bemalen und schmücken. Am besten eignen sich PVA-Farben: Sie trocknen schnell, sind preiswert und wasserlöslich. Malen Sie die Masken mit den gewünschten Grundfarben an und fügen Sie dann mit feinen Pinseln die Details hinzu. Mit Sprühfarbe können schöne Farbübergänge erzielt werden, auch Metallic-, Neon- und Leuchtfarben ergeben schöne Effekte. Sie können die Maske auch teilweise mit Glitter bestreuen.

Überziehen Sie die Masken am Ende mit einigen Schichten Klarlack. Für einige Partien eignet sich matter Lack, andere, wie der Mund und die Augen, sehen mit Glanzlack besonders echt aus.

Machen Sie sich sorgfältige Gedanken über die Farbwahl: Studieren Sie die Kunstwerke verschiedener Kulturen und versuchen Sie zu begreifen, was für Bedeutungen die Farben jeweils haben.

Zusätzlich zu den Farben können Sie Ihre Masken auch mit Gegenständen aus der Natur verzieren. Experimentieren Sie mit Muscheln, Federn, Blättern, Zweigen, Samen und Korn!

Stechen Sie am Ende in jede Seite der Maske ein Loch und verstärken Sie die Löcher mit Lochverstärkern. Ziehen Sie dann die Gummibänder hindurch.

Die Macht der Tiergeister

Viele Krieger hatten Totemtiere oder baten die Tiere um Hilfe im Kampf: Sie riefen die Kraft des Stiers, den Mut des Ebers usw. an. Die Geschichten der nordischen Berserker sind überall bekannt. Ein Berserker ging ohne Panzer oder sonstigen Schutz in die Schlacht – er trug nichts weiter als ein Hemd aus Bärenhaut. Die Berserker waren gefürchtete Krieger, denn sie kämpften in einer Art Trance mit der Kraft der Bären und kannten keine Furcht und keinen Zweifel. Bei ihrer Initiation wurde ihnen die Kraft des Bären verliehen, und man glaubte, dass sie auch ihre Gestalt verändern konnten. Ähnlich waren ihnen die *ulfhamir*, die »Wolfshemden«, die in Wolfshaut gekleidet kämpften. Es hieß, dass sich manche keltischen Krieger in Wölfe verwandeln und ihre Gegner reißen und zerfleischen konnten.

Helme und Panzerteile wurden mit Tierbildern verziert, und in frühen Zeiten trugen die Krieger vermutlich sogar Tiermasken, wenn sie die Schlacht antraten oder initiiert wurden.

Auf der ganzen Welt arbeiten Magier und Schamanen mit Tierkräften. Die Eigenschaften der Tiere werden angerufen, um dem Zauberer bei seiner Arbeit zu helfen. So kann man das Pferd um seiner Schnelligkeit Willen anrufen, den Fuchs wegen seine Schläue oder den Falken wegen seiner Sehkraft. Ein einziges Tier kann dabei all seine Artgenossen repräsentieren und so zum Symbol für eine Eigenschaft werden. Da das Tier ein Geist ist, ist es auch ein Führer in die Anderwelt.

Es gibt verschiedene Verbindungen, die man mit den Geistern der Tiere eingehen kann:

Totem: Ein repräsentatives Totemtier kann von einer Person oder einem ganzen Stamm angenommen werden. Es entsteht eine Seelenverwandschaft, die es unter anderem verbietet, ein Tier der Spezies zu töten oder jemanden zu heiraten, dessen Totemtier mit dem eigenen verfeindet ist.

Tonal: Diese Bezeichnung stammt von den südamerikanischen Schamanen und steht für ein Tier, das die eigene Seele verkörpert, ähnlich den Tieren des chinesischen Tierkreises.

Nagual: Auch diese Bezeichnung stammt aus Südamerika und steht für ein Tier, das eine Schutz- und Dienerfunktion innehat. Ein Nagual kann aber auch das Alter Ego oder der Tierkörper eines Schamanen oder einer Hexe sein.

Familiar: Dieser englische Ausdruck hat eine ähnliche Bedeutung wie das Nagual: Es bezeichnet einen Seelendiener im Tierkörper.

Machttier: Machttier ist ein bedeutungsreicher Ausdruck, mit dem alle oben genannten Verbindungen beschrieben werden können.

Bündnistier: Ein Bündnistier ist ein geistiger Helfer aus der Welt der Tiere, der einem Schamanen oder eine Hexe hilft, Aufgaben zu bewältigen, denen er oder sie ansonsten nicht gewachsen wäre. Während andere Tiergeister selbst entscheiden, wann sie sich zu erkennen geben und einschreiten, können Bündnistiere gesucht und angerufen werden.

In der Regel muss man sich selbst darum kümmern, Hilfe von einem Tiergeist zu erhalten. Einige Tiere, wie das Tonal, begleiten uns unser Leben lang, andere kommen und gehen mit unserer persönlichen Entwicklung.

Wie Sie Ihr Tier finden

Einige Tiergeister begegnen uns bei der Pfadarbeit, beim Meditieren und in Visionen. Vielleicht haben Sie schon ein starkes Gefühl dafür, welches Tier sich für Sie am besten eignet und fühlen sich zu einem bestimmten Tier besonders hingezogen, oder Ihre Familie hat bereits ein Totemtier. Die folgende Pfadarbeit soll Ihnen dabei helfen, Ihr Totemtier zu finden.

Es gibt viele Arten der Meditation, von denen die vermutlich einfachste die Pfadarbeit darstellt. Am besten begeben Sie sich mit der Hilfe eines Erzählers auf Ihren Pfad, der Ihnen dabei hilft, sich zu entspannen und Sie dann dazu auffordert, vor Ihrem inneren Auge eine bestimmte Szene entstehen zu lassen. Sie können sich die Erzählung auch einprägen, einen Freund bitten, sie Ihnen vorzulesen oder sie auf eine Kassette aufnehmen. Achten Sie darauf, sehr langsam zu sprechen und viele Pausen zu lassen.

Am Anfang mag Ihnen der Zugang zur Pfadarbeit fehlen – vielen Leute haben anfangs Probleme mit der Visualisierung. Entspannen Sie Ihren Körper vollkommen und lassen Sie sich treiben. Versuchen Sie nicht zu verkrampft, es zu schaffen, das hat nur kontraproduktive Wirkung. Nach einigen Versuchen werden Sie merken, dass es ganz einfach und sehr wohltuend ist.

Die Totem-Pfadarbeit

Begeben Sie sich an einen bequemen, warmen Ort, an dem Sie ungestört sein können. Schalten Sie das Telefon aus. Sie können sich mit einem Kissen unter dem Kopf auf den Boden oder aufs Bett legen oder in einem bequemen Stuhl sitzen.

Strecken Sie Ihre Gliedmaßen aus und entspannen Sie Ihre Muskeln. Konzentrieren Sie sich auf Ihre Atmung. Mit jedem

Atemzug werden Sie noch entspannter. Mit jedem Mal, das sie ausatmen, lassen Sie Spannungen, die Ereignisse des Tages und ihre Probleme los.

Richten Sie Ihre Aufmerksamkeit auf Ihre Zehen. Machen Sie sie sich ganz bewusst und entspannen Sie sie. Fühlen Sie, wie die Spannung sich verflüchtigt.

Tun Sie dasselbe mit ihren ganzen Füßen, Ihren Fesseln, Schienbeinen und Waden, Ihren Knien, Oberschenkeln, Hüften, Ihrem Hintern, Ihrem Bauch, dem Rückgrat (spüren Sie hier, wie sich jeder Wirbel einzeln entspannt), der Brust (achten Sie auf die Bewegungen Ihrer Atmung), den Schultern, den Armen und Ellbogen, den Händen und Fingern, dem Nacken, dem Schädel, dem Gesicht und der Stirn. Fühlen Sie, wie sich die Muskeln um Ihren Mund, Ihre Augen, ihre Nase, ihren Kiefer und die Wangen entspannen.

Konzentrieren Sie sich nun wieder auf Ihre Atmung. Entspannen Sie sich von Atemzug zu Atemzug mehr und lassen Sie sich immer tiefer in einen Zustand warmer und angenehmer Entspannung fallen.

Stellen Sie sich vor, dass Sie durch einen wunderschönen Wald spazieren. Die Sonne schimmert durch die Zweige und streut Lichtflecken auf den Waldboden. Der Wald ist friedvoll und still, außer dem Rauschen der Blätter und dem gelegentlichen Gesang der Vögel. Sie folgen einem ausgetretenen schmalen Pfad, der sich zwischen den Bäumen hindurchschlängelt.

(Pause)

Schließlich gelangen Sie zu einer Lichtung. Neben einem Baum sitzt Cerunnos, der Gott mit dem Hirschgeweih, der Herr der Tiere. Um ihn herum ruhen die verschiedensten Tiere, große und kleine friedlich vereint. Katzen und Mäuse, Löwen und Rehe liegen ungestört nebeneinander. Sie alle sind ruhig und zufrieden. Verwundert blicken Sie die Tiere an.

(Pause)

Cerunnos winkt Sie zu sich, und als Sie auf ihn zugehen, zerstreuen sich die Tiere und verschwinden im Wald. Schnell ist kein einziges mehr zu sehen.

(Pause)

Sie sind etwas enttäuscht, doch Cerunnos lächelt. Er allein ist der Herr der Tiere, der sie alle friedvoll vereinen kann. Er weiß, dass Sie gekommen sind, um Ihr Totemtier zu finden, und nickt Ihnen langsam zu. Er wird Ihnen helfen.

(Pause)

Er erhebt seinen Arm und pfeift laut und schrill. Alle Geräusche des Waldes verstummen.

(Pause)

Dann tritt ein einzelnes Tier aus dem Wald. Es ist Ihr Totemtier. Vielleicht sind Sie überrascht, weil Sie ein anderes erwartet hatten, aber Sie müssen es akzeptieren.

(Pause)

Das Tier läuft auf Sie zu. Sie berühren es und freunden sich mit ihm an.

(Pause)

Wenn Sie fertig sind, danken Sie Cerunnos. Begleitet von Ihrem Tier gehen Sie den Waldpfad entlang zurück.

(Pause)

Lassen Sie die Szene verblassen und kommen Sie wieder zu klarem Bewusstsein.

Die Lehren der Tiere

Jedes Tier kann Ihnen etwas ganz Bestimmtes beibringen. Was das ist, können Sie herausfinden, indem Sie die Tiere beobachten oder beim Tanz ihre Bewegungen nachahmen. Sie können auch Pfadarbeit leisten, über ihre Eigenschaften meditieren oder ihre Kräfte in einem Ritual anrufen.

An dieser Stelle sind einige Tiere aufgelistet, die den keltischen Kriegern als Totemtiere dienten.

Bär: *Erneuerung und Stärke.* Der Bärenkult ist vermutlich der älteste aller Tierkulte und hat viele Veränderungen überdauert. Nur wenige Tiere auf der Welt werden in gleichem Maße angebetet und selten wurden einem Tier so enorme Kräfte zugesprochen.

Es gab zwei keltische Bärengöttinnen: Andarta (»Kraftvoller Bär«) und Artio. Das keltische Wort für Bär lautete *arthe* (Lateinisch: *artos*). Viele Ortsnamen stammen von diesem Wort ab. Auch der Name Arthur wurde von ihm abgeleitet. Bären werden mit Jagdgöttern und -göttinnen assoziiert und häufig zusammen mit dem Hirschen und dem Eber abgebildet. Sie waren Artemis/Diana geweiht und während der Rituale der Artemis-Callisto (der Mond- und Bärengöttin) in ihrem Tempel in Brauron nahe Athen tanzten als Bären verkleidete Mädchen einen Bärentanz.

Bei den Finnen, Lappen, Estländern und Litauern identifizierte sich der Schamane bzw. Zauberer mit einem Bären und nahm dessen Geist in sich auf, wenn er sein Bärengewand anlegte. Die nordeuropäischen Krieger riefen ihre Stammes- und persönlichen Totemtiere an, bevor sie in die Schlacht gingen, kleideten sich in Bärenfelle und wurden zu Berserkern. Sie riefen den Geist und den Mut der Tiere an und baten sie um Hilfe. In den Lehren der amerikanischen Ureinwohner wird der Bär mit der Welt der Träume assoziiert.

Der Bär ist ein Sonnensymbol. Im Winter hält er ebenso Winterschlaf wie die Sonne, und so, wie der Bär im Frühjahr »wiedergeboren« wird, steigt auch die Sonne nach der Wintersonnenwende erneuert und voller Kraft von Tag zu Tag länger am Himmel auf. Wenn der Bär seinen Winterschlaf antritt, begibt er sich in den Leib der Mutter Erde, in dem die Antworten auf alle Fragen und die Lösungen aller Probleme verborgen liegen.

Der Bär lehrt uns, dass Stärke von innen kommt, nicht aus dem, was Sie besitzen oder was die Leute über Sie sagen. Der Bär verschwendet keine Energie. Er bewegt sich langsam und mit Bedacht. Rufen Sie seine Stärke an und kehren Sie ein in die innere Stille, um Antworten zu finden.

Eber: *Mut.* In der skandinavischen Mythologie war der Eber das heilige Tier Freys, Freyas und Odins. Zum Julfest ritt der Gott Frey auf Gulliburstin, dem Eber mit den goldenen Stacheln, die die Sonnenstrahlen bildeten. Die skandinavischen Krieger trugen Ebermasken und -hauer auf ihren Helmen oder bemalten ihre Schilde und Rüstungen mit Ebern, um sie Freys Schutz anheimzugeben. Man legte seine Schwüre als Zeichen der Ehrenhaftigkeit im Namen des goldenen Ebers ab.

Der Eber war auch das Symbol der Fruchtbarkeit der Erde. In Deutschland hieß es, wenn der Wind über die Felder fuhr, dass der Eber durch das Korn rausche. Die letzten Ähren der Ernte trugen auch den Namen »Sau« und wurden zu Mittwinter zu einem eberförmigen Brotlaib gebacken, der den Tisch des Hauses bis zum Julfest schmückte. Dann wurde er beiseite gestellt, bis im Frühjahr gesät wurde. Ein Teil des Brotes wurde gegessen, der andere unter das Saatgut gemischt.

Der Eber spielt auch eine Rolle beim Tod des Pflanzen- und Korngottes, der getötet wird, um später wiederaufzuerstehen. In der ägyptischen Mythologie tötete Set in der Gestalt eines Ebers den Pflanzengott Osiris. In der griechischen Mythologie tötete Apollo im Leib eines Ebers den Pflanzengott Adonis/Tammuz, Liebhaber der Aphrodite. In der irischen Mythologie tötete Finn Mac Cool in der Gestalt eines Ebers Diarmuid, den Liebhaber der Grainne. Auch Attis wurde von einem Eber getötet, und bei den Kretern heißt es, dass Zeus von einem Eber zerfetzt wurde.

Die Eberjagd war sehr gefährlich und diente den Kriegern, um ihre Fähigkeiten und ihren Mut unter Beweis zu stellen. Der Eber galt als das wildeste aller Beutetiere. Er tauchte häufig auf den Schilden der Krieger auf. Die nordischen Eberkrieger kämpften zusammen in einer Formation namens *svinfylking*, die an einen Eberkopf erinnert.[2]

Die Kelten verehrten den Eber als heiliges Tier, das mit Wahrsagerei, magischen Kräften und dem Schutz der Krieger assoziiert wurde.

Stier: *Kraft.* Der Stier symbolisiert die maskulinen, fruchtbaren Kräfte der Himmelsgötter, die der Erde die befruchtende Kraft der Sonne schenken. Im Mythos wird der Stier häufig von Sonnenhelden, Sturm- und Donnergöttern geritten – verschiedene Donnergötter, wie zum Beispiel Zeus/Jupiter wurden mit dem Stier assoziiert, da das Röhren des Tieres an Donnergrollen erinnert. Viele alte Eichen wurden auch als Stiereichen bezeichnet, da sie häufiger als andere Bäume vom Blitz getroffen werden und deshalb ebenfalls mit den Donnergöttern assoziiert wurden.

Für die Druiden repräsentierte der Stier die befruchtenden Kräfte des Himmels und die Kuh den irdischen Überfluss. Die ägyptische Göttin Amaunet verwandelte sich in eine Kuh, um sich mit dem Sonnengott Amun zu vereinen, der dem kosmischen Ei entsprungen war. Auch die kaanitische Göttin Anat schlüpfte in den Körper einer Kuh, um sich mit ihrem Bruder Baal zu vereinen, der die Gestalt eines Bullen angenommen hatte.

In den keltischen Ländern erwählten die Druiden den Hochkönig durch die Tarbhfhess-Zeremonie, das so genannte Bullenfest. Ein weißer Stier wurde geopfert und der Druide speiste von seinem Fleisch, trank sein Blut und die Brühe und schlief auf seiner abgezogenen Haut, während er mit einem Wahrzeitszauber belegt wurde, damit er vom rechtmäßigen König träumen würde. Er träumte nicht nur von dem Mann, sondern konnte auch sehen, was dieser in jedem Moment tat.

In der ägyptischen Mythologie wurde Osiris mit dem Stier assoziiert. Sein Kult vermischte sich mit dem des Apisstiers, der dem Sonnengott Ra geweiht war. Der Apiskult wurde von Narmer-Menes verbreitet, einem König, der um 3000 v. Chr. Ober- und Unterägypten vereinigt hatte. In der griechisch-ägyptischen Mythologie wurde Apis zu Serapis, einem Herrn der Unterwelt.

Das Stieropfer spielte bei den alten Lughnasazeremonien eine wichtige Rolle und viele Herbstbräuche stehen in engem Zusammenhang mit dem Stier. Wenn beispielsweise ein Bauer aus Rosenheim (Bayern) verspätet erntete, stellten seine Nachbarn auf seinem Grund einen großen Strohstier auf, der mit Blumen und Blättern geschmückt war und an den Schandverse über den Bauern geheftet wurden.

Katze: *Unabhängigkeit.* Katzen rollen sich gerne am warmen Herdfeuer zusammen und schützen das Haus, indem sie die Mäuse und Ratten töten, die Krankheiten verbreiten und die Vorratskammer plündern. Katzen gelten deshalb allgemein als schutzbringende Tiere.

In der Antike galt die Katze als das Tier des Mondes und der Mondgöttin, weil ihre Augen das Wachsen und Schrumpfen des Mondes reflektieren und sie nachtaktiv ist. Nach Plinius wirft eine Katze über ihr ganzes Leben verteilt 28 Junge – so viele, wie der Mondmonat Tage hat. Da sie mehrmals im Jahr werfen können, wurden Katzen mit Fruchtbarkeit assoziiert. Außerdem jagten sie Nagetiere, Schlangen und andere Schädlinge, die die Ernte verderben konnten.

In einigen Gegenden repräsentierte die Katze den Korngeist. Wenn Kinder das Korn niedertrampelten, drohte man ihnen mit der »großen Katze«, die kommen und sie holen würde. In Frankreich wurde zum Beginn der Ernte traditionell eine Katze mit Bändern, Ähren und Blumen geschmückt, und wenn ein Erntehelfer sich mit der Sichel schnitt, musste die Wunde von einer Katze ausgeleckt werden, um die Ernte zu schützen. In anderen Teilen Frankreichs wurde eine Katze in das letzte Korn gescheucht und kam unter dem Dreschflegel zu Tode. In Frankreich nannte man das letzte Korn den »Katzenschwanz«, und in Deutschland wurden die Erntehelfer als »Katzenfänger« bezeichnet.

Eine Osirisstatue zeigt ihn mit einer Katze anstelle seiner verlorenen Genitalien. Osiris war der Vater der Bast, die eine wichtige Rolle bei der Reise ins Land der Toten spielte. Göttinnen wie Isis und Freya, die mit Katzen assoziiert werden, müssen ihre Geliebten in der Unterwelt suchen und retten. Eine Abbildung Tutenchamuns zeigt ihn, wie er auf dem Rücken einer Katze in die Unterwelt reitet. Der teutonische Gott der Unterwelt und des Todes, Hel, hatte eine Katze als Totemtier.

Die Katze ist ein unabhängiges, distanziertes und eigenständiges Tier, das weiß, was es will, und in Ruhe auf die Gelegenheit wartet, es zu bekommen, um dann zuzupacken wie der Blitz.

Kuh: *Sorgsamkeit und Wachstum.* Die Kuh ist das Symbol des Überflusses, der Nahrung und der Sorgsamkeit. Bei den Nomaden und beim Landvolk galt sie als Tier des Lebens und der Fruchtbarkeit. Milch, Nahrung und Wohlstand hingen von den Kühen ab. Die Kuh stand auch für die große Mutter in all ihren zahlreichen Erscheinungen. Bei den Hindus gilt die Zebukuh als Symbol für Prithivi, die die Erde und die allumfassende Göttin ist. Für die Ägypter waren die Kuh und die Erde die Symbole für Isis und Hathor, und der griechische Himmelsgott Zeus soll von einer Kuh gesäugt worden sein. Seine Gattin Hera wird von Homer als »die Kuhäugige« bezeichnet. In der keltischen Überlieferung wird Madron, die große Mutter, mit der Kuh assoziiert und häufig als mütterliche Frau abgebildet, die ein mit Früchten und Korn gefülltes Horn trägt. In Irland stand die Kuh für die Göttin Boanne und war außerdem der Brighid geweiht. In der nordischen Mythologie entsprang Audumla, die Urkuh, zusammen mit Ymir, dem Frostriesen, am Anbeginn der Zeit dem ewigen Eis. Ymir ernährte sich von den vier Milchflüssen, die Audumlas Eutern entsprangen.

Da die Kuh Hörner trägt, zählt sie zu den Tieren der Mondgöttin. In der griechischen Mythologie wurde Io in eine Kuh verwandelt und wechselte dabei die Farbe; von Weiß zu Rot zu Schwarz und wieder zurück – die Farben des zunehmenden, des vollen und des abnehmenden Mondes. Die Mondgöttin hat also drei Gesichter: Weiß für die Jungfrau, Rot für die Mutter und Schwarz für das alte Weib.

In einigen Teilen Deutschlands bezeichnete man den Erntehelfer, der das letzte Korn mähte, je nach Kornsorte als Gersten-, Hafer- oder Weizenkuh. Er wurde mit Stroh bedeckt und trug zwei Stöcke am Kopf, die Hörner darstellen sollten, lief an einem Strick und musste muhen.

Kranich: *Weisheit.* Der irische Gott des Meeres Manannan besaß einen magischen Sack aus Kranichhaut. Dieser enthielt sechs Schätze: Die Schere des schottischen Königs, den Helm des Königs von Lochlainn, die Knochen der Sau Assails, den Haken des Schmiedegottes Goibne, ein Hemd und einen Streifen Haut vom Rücken des großen Wales. Zusammen bildeten sie die Vokale des irischen Ogham-Alphabetes, und die Walhaut stand für den Horizont (das Meer wurde »die Walstraße« genannt), also die Linie, auf der man Ogham schrieb.

Kraniche wurden mit dem Schreiben assoziiert, weil die Bewegung ihrer langen Beine im Flug an die Buchstaben der antiken Alphabete erinnerte. Viele frühe Schriften hatten eine eckige Erscheinung, weil sie in Stein gehauen oder in Rinde geritzt wurden. Es heißt, dass der griechische Gott Hermes und der keltische Gott Ogma das Alphabet erfanden, nachdem sie Kraniche im Flug im beobachtet hatten. Der ägyptische Gott Thoth dagegen soll vom Flug der Ibisse inspiriert worden sein.

Im alten Griechenland hielt man den Paarungstanz der Kraniche für ein magisches Ritual. Zum griechischen Neujahr, also um Lammas, imitierten menschliche Tänzer ihre Bewegungen. Beim chinesischen Kranichstanz, der einem ähnlichen Zweck diente, endete der Tanz, indem die Tänzer bei lebendigem Leib begraben wurden.

Der Kranich hütet die Geheimnisse der magischen Schreibkunst. In alten Zeiten verband man sich, wenn man ein Zeichen niederschrieb, mit dem, was es bezeichnete, und erweckte es so zum Leben.

Hund: *Loyalität und Führung.* Schon früh wurde der Hund zum besten Freund des Menschen. Hunde sind loyale Freunde und bewachen tapfer Eigentum und Wohlergehen ihrer Herren.

Hunde waren nicht nur die weltlichen, sondern auch die unterweltlichen Wächter, da sie das Reich der Toten bewachten. In der griechischen Mythologie wird der Eingang in die Unterwelt von Zerberus, dem dreiköpfigen Hund, bewacht. In Altägypten führte Anubis, ein Schakal bzw. hundeköpfiger Gott, die Verstorbenen in die Unterwelt und überwachte die Mumifizierungen. In der skandinavischen Mythologie bewachte der Hund Garm die Straße in die Unterwelt, und in der keltischen Sagenwelt jagte ein Hunderudel aus der Unterwelt in stürmischen Nächten die Seelen der Toten. Mythische Hunde sind Psychopompen, die die Seelen der Toten in die Unterwelt geleiten – so auch Sirius, der Hundsstern, der die Seele des geopferten geheiligten Königs auf ihrer Reise ins Reich der Toten begleitet.

Adler: *Autorität.* Kraft und Stärke des Adlers werden mit Autorität und Herrschaft assoziiert. Der Adler war das Symbol der Könige von Babylon und Persien und der Ptolemäer. Außerdem stand er für Frankreich, Österreich, Preußen und Rußland. Schottische Stammesführer trugen an ihren Mützen drei Adlerfedern, und die Römer nutzen ihn als Zeichen für ihre imperiale Macht. In Ägypten galt der Adler als das wichtigste Symbol für die Sonne Ra und es hieß, dass bei der Krönungszeremonie ein Adler in einem Pfeil aus Licht über dem Kopf des neuen Pharaos aufstiege.

Angeblich verließ die Seele des geheiligten Königs seinen Körper in Form eines Adlers, während die Seelen weniger wichtiger Menschen die Form von Schmetterlingen annahmen. Ein römischer Krieger glaubte gesehen zu haben, dass die Seele von Kaiser Augustus als Adler aus seiner Leiche entstieg und von seiner Witwe Livia empfangen wurde. Ganymed stieg in Form eines Adlers in den Himmel auf. Einer anderen Geschichte nach trug ihn ein Adler zu Zeus, dessen Mundschenk er wurde. Auch Llews Seele nahm die Gestalt eines Adlers an und ließ sich auf einer Eiche nieder.

Der Adler repräsentiert häufig die himmlischen Mächte, die sich im Kampf mit den Mächten der Unterwelt befinden, welche wiederum von der Schlange symbolisiert werden. Die Azteken sahen in der aufgehenden Sonne einen Adler, der die Mächte des Dunkels verschlingt. In der nordischen Mythologie sitzt ein Adler in der Krone Yggdrasils, des Weltenbaums, und kämpft mit der Schlange, die sich in den Wurzeln des Baumes verbirgt. Der hinduistische Gott Vishnu reitet auf einem Adler, als er gegen die Nagas, die Schlangengeister, kämpft. Der Krieg zwischen Adler und Schlange symbolisiert allgemein die Spannungen zwischen Himmel und Unterwelt, Sommer und Winter und Licht und Dunkel.

Fuchs: *Schläue.* Der Fuchs ist der archetypische Gauner, schlau, listig, humorvoll und charmant. Er jagt weit entfernt von seinem eigenen Bau, um die Schuld anderen Füchsen in die Schuhe schieben zu können. Er ist bekannt für seine durchtriebene Weisheit. Er trägt auch den Namen Reinhard, der von einem Gedicht aus dem vierzehnten Jahrhundert abstammt, in dem er als *raginohart*, »der, der die listigen Ratschläge gibt«, bezeichnet wird.

In vielen alten Kulturen war der Fuchs ein heiliges Tier, das mit dem Wissen und der Macht der Unterwelt assoziiert wurde, da er in Bauten unter der Erde lebt. Die Christen hielten ihn deswegen für einen Boten des Teufels. Sein Ruf war so schlecht, dass man seinen Biss für tödlich hielt – es hieß, sieben Jahre später werde man sterben. Der Fuchs war eines der Tiere, in deren Form die Hexen am häufigsten schlüpften.

Ziege: *Fruchtbarkeit.* Da die Sonne nach der Wintersonnenwende im Zeichen des Steinbocks geboren wird und man dachte, dass sie von der Steinziege genährt werde, kam der Ziegenmilch große mythologische Bedeutung zu. Zeus' Amme war eine Ziegennymphe. In der nordischen Mythologie ernährte die Ziege Heidrun (»Himmel«) mit ihrer Milch ganz Walhalla.

Im fünften Jahrhundert v. Chr. schrieb Herodot, dass die Mendes-Bevölkerung im Nildelta alle Ziegen, besonders aber männliche, verehre. Für die Griechen und Römer symbolisierte der Ziegenbock Männlichkeit. Ziegen sind fruchtbar und voller Lebenskraft und haben deshalb in den Naturreligionen eine besonders große Bedeutung. Der griechische Gott des Wildes, Pan, war der Sohn Amaltheas, der »Ziege«. Pan und seine Satyren hatten Ziegenbeine, -hörner und -bärte.

In der irischen Mythologie tauchen die »Ziegenköpfe« auf, böse Geister, die mit Kobolden und den Formorianern assoziiert wurden und die auf einen urzeitlichen Ziegenkult hinweisen. Bucca, Puck, Phooka und einigen weiteren keltischen Gottheiten wurden Ziegen geopfert.

In der jüdischen Tradition wurde ein Sündenbock mit den Sünden der Sippe beladen und in die Wildnis gejagt, so wie Christus die Sünden der Welt auf sich nahm.

In Deutschland durfte man auf eine gute Ernte hoffen, wenn die »Ziegen durch das Korn brausten«, also der Wind die Ähren zum Rauschen brachte. In anderen Teilen Deutschlands setzte man der letzten Korngarbe Hörner auf und bezeichnete sie als die »gehörnte Ziege«. In der Schweiz schmückte man eine Ziege mit Bändern und Blumen und ließ sie auf einem Feld los. Sie wurde eingefangen, geköpft und zum Erntefestmahl gegessen. Die Haut wurde zu einem Umhang verarbeitet, den der Bauer trug, wenn Regen oder Sturm die Ernte bedrohten.

Hase: *Fruchtbarkeit.* Der Hase wird mit Lust, Sexualität und Fortpflanzung assoziiert. Der Hase war Aphrodite, der griechischen Göttin der Liebe, und ihrem Sohn Eros (römisch: Venus und Cupido) geweiht.

Die keltischen Jagd- und Mondgöttinnen wurden mit ihm assoziiert und häufig mit Hasen im Arm abgebildet. Hasen zu töten oder zu essen war verboten, und es hieß, wer dieses Gebot bräche, würde zum Feigling werden. Nur zu Walpurgis durften die Kelten auf ritualisierte Weise Hasen jagen. Auch die Angelsachsen verehrten den Hasen. Bei ihnen war die Hasenjagd ein Ritual zum Frühlingsfest der Göttin Eostra, die oft hasenköpfig abgebildet wird. Ihr Hase legte das Ei des neuen Lebens, um die Wiedergeburt des Jahres zu verkünden. Aus diesem Kult entstanden die noch heute praktizierten Osterbräuche.

Der Hase wird mit der aufgehenden Sonne, dem Osten und der Auferstehung assoziiert. In der Überlieferung der amerikanischen Urvölker ist der große Hase der Held des Sonnenaufgangs. In Ägypten wurde er häufig bei der Begrüßung der Morgensonne abgebildet. Die auferstandenen Götter Osiris, Christus, Hermes, Merkur und Thoth werden mit dem Hasen assoziiert.

In Europa symbolisierte der Hase auch den Korngott. Hasen verstecken sich bis zur letzten Ernte, die auch »das Töten, Köpfen oder Schneiden des Hasen« genannt wurde, in den Kornfeldern.

Der Hase wurde der Legende nach vom göttlichen Wahnsinn berührt und besiegt so dogmatische Traditionen und Beschränkungen und steht für neue Gedanken und Inspiration.

Pferd: *Manneskraft, Stärke und Schnelligkeit.* Der Pferdekult entstand in Britannien und Irland lange vor der Ankunft der Kelten, und das Pferd war das beliebteste Totemtier der Stämme der Eisen- und Bronzezeit. Häufig repräsentierte das Pferd die Herrschaftsgöttin. Bei der Krönungszeremonie des irischen Königs musste der neue König, wie Giraldus Cambrensis aufzeichnete, nackt auf eine weiße Stute steigen und sich, vermutlich symbolisch, mit ihr vereinigen. Dann wurde sie getötet und in einem Kessel gekocht. Wenn der Kessel abgekühlt war, musste der König hineinsteigen, von der Brühe (dem Blut der Göttin) trinken und von dem Fleisch (dem Fleisch der Göttin) essen. Anschließend stellte er sich auf einen Stein und drehte sich mit einem weißen Stab in der Hand zu Ehren der dreifaltigen Göttin dreimal in Richtung der Sonne und dreimal entgegen der Sonne. Auch in nordischen und indischen Quellen findet sich dieser Zusammenhang zwischen Pferden und Königtum – die Stute symbolisiert in diesem Zusammenhang das Land.[3] In Griechenland verehrte man die pferdeköpfige Demeter und auf Kreta Leukippe, die weiße Stute. Zur Zeit der Römer verbreitete sich der Kult der gallischen Pferdegöttin Epona (»das göttliche Pferd«) und vermischte sich mit dem der walisischen Rhiannon und der irischen Macha.

Die Kelten glaubten, dass die Seelen auf einem Pferd in die Unterwelt reisten. Auch viele Schamanen visualisieren ihre Reise in die Anderwelt als Ritt auf einem Geisterpferd. Das rhythmische Trommeln, das ihre Trance begleitet, symbolisierte das Huftrappeln.

Löwe: *Herrschaft.* Auch wenn der Löwe von einem anderen Kontinent stammt, hat er in der britischen und irischen Mythologie große Bedeutung erlangt. Er repräsentiert Mut und Herrschaft und ist das Wappentier Englands und Schottlands. Größe, Wuchs, Stärke und Pracht des Löwen assoziieren ihn mit Göttlichkeit und Königstum. Noch heute wird er als König der Tiere bezeichnet. An den afrikanischen Flüssen Kongo und Zambesi glaubte man, dass sich die Seelen der verstorbenen Stammesführer in Löwenkörpern niederließen.

Die Kelten assoziierten Großkatzen mit Lugh, dessen Totemtier *lug*, der Berglöwe, war. Der goldene Löwe stand schon früh für den englischen König. Der rote Löwe auf dem Wappen repräsentierte Schottland und die vier silbernen standen für Wales.

Der Löwe wird mit mehreren Göttinnen assoziiert. Im alten Ägypten war Sekhmet die löwenköpfige Göttin der Zeit und Gefährtin Ptahs, des Bullen von Memphis. In Syracus, Sizilien, führte ein Löwe die Prozessionen zu Ehren der Jagdgöttin Artemis an.

Der Löwe ist ein Sonnensymbol, das mit dem Einhorn kämpft, das für den Mond steht. Manchmal repräsentiert er auch den Sommer und das Einhorn steht für den Frühling. Als der schottische König James des englischen Thron übernahm, nahm er sie beide in sein Wappen auf: Das Einhorn für Schottland und den Löwen für England.

Otter: *Beweglichkeit.* In der irischen Tradition war der Otter dem Meeresgott Manannan geweiht, der der Herr der Magie war. Otterhaut war ein begehrtes Gut, auch, da sie wasserfest war. Die Fischer jagten Otter mit dreizackigen Speeren, die den Wassergott symbolisierten. Die keltische Harfe wurde in Otterhaut aufbewahrt, und man säumte die Schilde der Krieger mit ihnen. Bei den Ureinwohnern Nordamerikas gilt der Otter als das Tier der weiblichen Heilmagie, weshalb die dortigen Medizinfrauen ihre Geräte in Otterhauttaschen aufbewahren.

Viele Gestaltwandler verwandelten sich in Otter, und auch Ceridwen schlüpfte bei ihrem Kampf gegen Taliesin in den Körper eines Otters. In der nordischen Mythologie stießen Odin, Loki und Honir auf einen schlafenden Otter, neben dem ein frisch erlegter Lachs lag. Loki erschlug den Otter mit einem Stein, doch es stellte sich heraus, dass das Tier eigentlich der Sohn des

Zauberers Hreidmar gewesen war, der Ausgleich forderte. Loki musste einen aus der Otterhaut gefertigten Beutel mit Rotgold füllen.

Der Otter fängt den Lachs der Weisheit mit Schnelligkeit und Beweglichkeit, nicht mit Ernst und Schwerfälligkeit.

Eule: *Magie.* Die weise alte Eule repräsentiert in der europäischen Mythologie die Hexen. In vielen Geschichten verwandeln sich Hexen in Eulen. Im alten Griechenland war die Eule eines der Totemtiere der Hexengöttin Hekate. Sie wird mit dem Sonnenuntergang, der Zeit der Hexen, assoziiert, dessen schummeriges Licht auch »Eulenlicht« genannt wird. Zu dieser Tageszeit schlüpfen die Hexen in die Anderwelt hinüber.

Eulentotems werden angerufen, um die Geheimnisse der Magie zu erlernen, die vor allem von der Göttin in ihrem Aspekt als altes Weib vermittelt werden. Es ist das Wissen der Nacht, der Dunkelheit und des Winters, der Anderwelt, des Verfalls und des Todes. Ein uraltes Wissen lehrt uns, dass alles Leben im Dunkel entsteht, dass das Licht der Finsternis entspringt und die Ordnung aus dem Chaos entsteht. In Athen wurde die Eule mit Athene, der Göttin der Weisheit, assoziiert. Sie war das Wappentier der Stadt und zierte auch die Münzen. Die Eule steht auch für andere Göttinnen der Weisheit, wie zum Beispiel Minerva und Sulis.

Eulen werden mit dem Tod des Jahres, also mit Herbst und Winter, assoziiert. Im November hört man ihren Ruf besonders häufig, dann verstummen sie bis Februar.

Schaf und Schafbock: *Innere Stärke und Reinheit.* Das Bild des Schäfergottes ist sehr alt und taucht schon in der sumerischen, iranischen, orphischen, hermetischen, pythagoreischen und tibetanischen Tradition auf. Ra war der »Schäfer aller Menschen«, Tammuz der Schäfer und Beschützer der Herden und der iranische Yima trug den Titel »Guter Schäfer«. Auch die hinduistischen Götter Shiva und Krishna waren beide Schäfer, und der tibetanische Chenerzig, der sich im Dalai Lama inkarniert, trug den Namen »der allgnädige gute Schäfer«.

Das Schaf wird gelegentlich mit dem Gott der Toten assoziiert und gilt auch als Retter und Begleiter der Seelen auf ihrem Weg in die Unterwelt. Sowohl der Schäfer als auch der Gott der Unterwelt haben einen Stock bzw. Hirtenstab zum Symbol.

Das Lamm repräsentiert Unschuld und Reinheit, und Christus trug den Beinamen »das makellose Lamm«. Als Opferlamm nahm er die Sünden der Welt auf sich und wurde gekreuzigt. Lammfell wird mit dem Fett der Tiere gleichgesetzt und deshalb mit Lebenskraft und Ernährung assoziiert. Der gehörnte Gott Cerunnos wird mit einer bocksköpfigen Schlange abgebildet. Die Schlange steht für das sterbende Jahr und die Mächte der Unterwelt. Der Bockskopf symbolisiert das zunehmende Jahr und die damit wachsende Kraft der Sonne.

Rabe: *Verborgenes Wissen.* Der Rabe ist der Lehrer und Beschützer der Seher. Er soll der Prophet unter den Tieren und der Botschafter der Götter sein, der Lugh vor der Invasion der Formorianer warnte.

Der Rabe wird mit dem keltischen Gott Bran (vom slawischen *branu*: »Rabe«) assoziiert. Brans Kopf wurde nach White Mount in London gebracht, wo er Prophezeiungen tätigte und Britannien vor Invasionen bewahrte. König Arthur ließ den Kopf dann entfernen, um zu zeigen, dass er beim Schutz Britanniens keine Hilfe nötig hätte. Heute befindet sich an dieser Stelle der Tower of London, der noch immer von Raben bevölkert wird. Es heißt, dass Britannien erobert wird, falls sie den Turm jemals verlassen sollten. Die gallische Stadt Lyon trug den weißen Raben Lugos als Wappentier.

Raben sind Aasvögel und werden als Todes- und Kriegsomen angesehen. Sie werden mit den Kriegsgöttinnen Morrigan, Badbh und Nemain assoziiert, die alle die Gestalt eines Raben annehmen konnten.

Rotkehlchen: *Opfer.* Das Rotkehlchen überwacht Feuer- und Initiationsrituale, die unter Zuhilfenahme von Feuer durchgeführt werden. Es steht für die Ausdauer des Geistes und des Lichts im Dunkel und die Notwendigkeit, das Eine zu opfern, um das Andere zu erhalten.

Es heißt, das Rotkehlchen habe sich die Brust verbrannt, indem es den Zaunkönig rettete, als dieser in Flammen aufging, als er den Menschen das Feuer brachte. Die walisische Bezeichnung für das Rotkehlchen, *bronrhuddyn*, bedeutet »verbrannte Brust«. Anderen Quellen zufolge war das Rotkehlchen einer der Vögel, die den Menschen das Feuer der Sonne brachten. Es kam zu nah an die Flammen und verbrannte sich dabei die Brust.

Hahn: *Heilung.* Der Schrei des Hahns bei Sonnenaufgang markiert das Ende der Nacht und den Beginn des Tages. Bei den Griechen war der Hahn dem Sonnengott Apollo und seinem Sohn, dem Heilungsgott Asklepius, geweiht, da er mit der Sonne und ihren lebensgebenden Kräften assoziiert wurde. Kornpuppen in Form eines Hahnes wurden auf die Dächer von Heuschobern gesetzt, um sie zu schützen. Da er das Böse und die Dunkelheit vertrieb, sprach man dem Hahn heilende Kräfte zu. In einigen Gegenden glaubte man, dass Medizin wirkungsvoller sei, wenn man sie beim Krähen des Hahnes einnahm.

Der Hahn symbolisiert die aufgehende Sonne und führt uns auf dem Weg aus dem Reich der Dunkelheit ins Licht.

Lachs: *Weisheit.* In der irischen Mythologie war die Conla-Quelle der Ursprung poetischer Inspiration. In der Quelle lebten mehrere große Lachse, die sich von den Haselnüssen ernährten, die in das Wasser hinabfielen. Jede Nuss vergrößerte ihre Weisheit und wurde zu einem weiteren roten Fleck auf ihrem Rücken. Wenn ein Mensch einen dieser Lachse fing und aß, übertrug sich diese Weisheit auf ihn. Fische gelten noch heute als »Gehirnfutter«. Die Kelten hielten den Lachs für den Hüter alten Wissens und zählten ihn zu den fünf ältesten Tieren. Die Gründungsväter des Christentums werden als *pisciuli* bezeichnet und das Fischzeichen stand für die zum Christentum übergetretenen Heiden. Christus wurde als Fisch abgebildet. Drei ineinandergreifende Fische symbolisierten die Dreifaltigkeit, und die Mitra, die Kopfbedeckung der Bischöfe, hat die Form eines Fischkopfes. Dieser Brauch wurde dem sumero-semitischen Ea-Oannes-Kult (»Herr der Tiefen«) entliehen, dessen Priester eine ähnliche Kopfbedeckung trug. Am Freitag, dem Tag der Muttergöttin, wird traditionell Fisch gegessen. Fisch war in den Mysterienreligionen eine Opferspeise für die Mondgöttin des Wassers und die Götter der Unterwelt. Außerdem gilt der Fisch als Fruchtbarkeitssymbol.

Der Lachs kann sowohl in Salz-, als auch in Süßwasser leben und zeigt auf dem Weg in seine Laichgewässer große Beharrlichkeit und Ausdauer. Seine pure Willenskraft hilft ihm, viele Hindernisse zu überwinden. Der Lachs ist weise: Anstatt gegen die Strömung auf der Wasseroberfläche zu kämpfen, nutzt er die gegenläufige Strömung darunter, um sein Ziel zu erreichen. Der irische Held Cuchulainn soll den »Lachssprung« beherrscht haben, mit dem er über hohe Hindernisse springen konnte. Manchmal ist es nötig, einen großen Sprung ins Unbekannte zu wagen, um Wissen zu erlangen.

Schlange: *Veränderung.* In alten Zeiten war die Schlange kein Symbol des Bösen, sondern repräsentierte den Gott und die Göttin, deren gemeinsame Fruchtbarkeit das Leben auf der Erde erschuf. Sie war ein Symbol der Prophezeiungen, des Schutzes und der Führung und verband die drei Reiche miteinander.

Zumeist lebt die Schlange unter der Erde im Leib der Mutter. Früher war sie ein Symbol für die jungfräuliche Göttin, die den Kosmos ohne männliche Hilfe gebar. Die zusammengerollte Schlange symbolisierte ihre Vagina.

Die Schlange stand auch für das Wasser. Ihre Bewegungen

sind wellenförmig und geschmeidig wie der Verlauf eines Flusses. Schlangen standen in enger Verbindung zu vielen Wasserkulten und wurden häufig mit den Göttinnen und Göttern heiliger Quellen abgebildet.

Wegen ihrer phallischen Form und Fruchtbarkeit symbolisiert die Schlange außerdem das männliche Prinzip.

Da die Schlange jedes Jahr ihre Haut abstreift, wurde sie für unsterblich gehalten. Schlangen waren dem Schutzpatron der Heiler Asklepios geweiht, der die Römer während einer Seuche in Gestalt einer Schlange geheilt haben soll. Der Heroldstab, das Symbol der Medizin und Heilung, zeigt zwei ineinander verschlungene Schlangen.

Sau: *Glück.* Die Sau galt lange als Fruchtbarkeits- und Glückssymbol und ist der Mondgöttin geweiht. In Ägypten schlachtete man Schweine wegen ihrer Fruchtbarkeit zu Hochzeiten. Auch den Göttern des Ackerbaus wurden Schweine geopfert, weil man glaubte, dass sie den Menschen das Pflügen gelehrt hatten.

Schweine können weiß, rot und schwarz sein – die drei Farben der Mondphasen. Das Weiß des zunehmenden Mondes steht für die Jungfrau, das Rot des Vollmondes für die menstruierende fruchtbare Frau und das Schwarz des abnehmenden Mondes für die Frau nach den Wechseljahren. Auch hier findet sich also die dreifaltige Göttin. Schweine fressen Aas und manchmal sogar ihre eigenen Jungen, womit sie auch für die Göttin der Auflösung und Zerstörung stehen. Ihre Hauer sind nach oben gerichtet wie der aufgehende Mond.

Hirsch: *Kraft und Opferung.* Der Hirsch war bei den Kelten eines der heiligsten Tiere und spielt in der Mythologie vieler Völker eine wichtige Rolle. Die frühesten Abbildungen eines Hirschgottes stammen von etwa 12 000 v. Chr. Gehörnte Tiere galten allgemein als heilig, da sie Fruchtbarkeit symbolisierten. Geweihe gehörten zu den ersten Werkzeugen, um den Boden aufzugraben und gemahlene Geweihe sind einer der besten Dünger, die es gibt.

Der Hirsch wird sehr stark mit dem gallischen Gott Cerunnos assoziiert, der ein Hirschgeweih trug. Er ist nicht nur der Herr der Tiere, sondern auch der Gott des Winters und des Sommers, des Himmels und der Unterwelt sowie des Todes und der Auferstehung. Zu Lammas reinigen die Hirsche ihr neues Geweih, indem die Schutzschicht, die das Horn umgibt, an Zweigen abreiben. Dann beginnt die Brunftzeit – ein weiterer Grund, aus dem Lughnasa mit Kämpfen assoziiert wird.

Schwan: *Poesie.* Es hieß, dass der stumme Schwan nur ein einziges Mal im Leben singen würde, nämlich kurz vor seinem Tod. Sein Lied wird mit Apollo, dem griechischen Gott der Musik, assoziiert. In dessen Leier waren ein Schwanenhals, -kopf, -füße und -federn eingeschnitzt, und seine Seele verwandelte sich nach seinem Tod in einen Schwan. Auch der Barde Orpheus soll nach seinem Tod zu einem Schwan geworden sein. Die Umhänge der keltischen Dichter wurden aus Schwanenhaut und -federn gefertigt. In einigen Geschichten besitzt der Gesang der Schwäne magische Fähigkeiten und hat eine einschläfernde Wirkung auf Menschen. Der Schwan ist das Tier der Poeten und symbolisiert die Einsamkeit und Zurückgezogenheit, die manchmal nötig sind, um etwas Neues zu erschaffen.

Schwäne werden mit Weissagung assoziiert, da sie den Zeitpunkt ihres eigenen Todes kennen, und stehen auch für das Wissen aus der Anderwelt. In den Überlieferungen verwandeln sich Helden, Jungfern, Elfen und Prinzen häufig in Schwäne und sind nur noch durch die goldene Kette um ihren Hals zu erkennen. Die nordischen Wallküren, die die Seelen der gefallenen Krieger nach Walhalla brachten, waren Schwanenfrauen. Schwäne ziehen auch des Nachts die Sonnebarke über das Meer der Unterwelt.

Wolf: *Lehre und Kriegerschaft.* Wölfe wurden für außerordentlich weise gehalten und es hieß, sie hätten die Fähigkeit, diese Weisheit auch mit den Menschen zu teilen. Der Druide Boboran begegnete einst dem weißen Wolf Emhain Abhlac. Er warf drei Vogelbeeren in die Luft, drei auf den Wolf und drei in seinen eigenen Mund, um in die Seele des Wolfes blicken zu können. Bei den amerikanischen Ureinwohnern wird das Wolfstotem durch Sirius, den Hundsstern, symbolisiert, der in alten Zeiten das Heim der Lehrer gewesen sein soll. Die Wolfsleute sind der Clan der Lehrmeister.

Wölfe wurden mehrfach als den Menschen wohlgeneigte Kreaturen beschrieben, die große Helden und Könige aufzogen und säugten. In Rom feierte man das Lupercalia-Fest zu Ehren der Wölfin Lupa, die die Zwillinge Romulus und Remus gesäugt hatte. Auch König Cormac von Irland wurde von Wölfen großgezogen und sein Leben lang begleitet. Merlin zog sich für mehrere Jahre in die Wälder zurück und wählte als Begleiter einen uralten Wolf. Franz von Assisi soll den wilden Wolf von Gubbio gezähmt haben, und Odin wird von den beiden Wölfen Freki und Geri begleitet.

Auf der anderen Seite kennt man Wölfe auch als wilde Jäger. Viele sächsische und dänische Könige gaben sich den Beinamen »Wolf«, um ihre Grausamkeit zu unterstreichen. Einige schottische Clans, wie zum Beispiel Mac Lennan (»Sohn des Wolfes«) und Mac Millan (»Sohn des Wolfsdieners«) werden mit Wölfen assoziiert. Bei den Römern symbolisierte der Wolf den Kriegsgott Mars. Es hieß, egal wer den Krieg verlöre, der Wolf würde immer gewinnen, da er sich von den Leichen der Gefallenen ernährte. In der nordischen Mythologie ritten die Wallküren auf Wölfen über die Schlachtfelder und sammelten die Seelen der Gefallenen ein, um sie in die ewigen Hallen Walhallas zu geleiten.

Anmerkungen

1 Die Lammas-Versammlung. Ein alter irisch-heidnischer Zauber, zitiert nach: Nigel Pennick: The God Year

2 Nigel Pennick: Crossing the Boarderlines. 1998

3 Giraldus Cambrensis: The Historical Works

Kapitel 8

Rezepte für Lammas

Lughnasa verbreitet die Kunde von seinen Gaben,
In jedem noch so fernen Jahr:
Koste all die wunderbaren Früchte,
und die Kräuterspeisen am Lammastag.[1]

Zu Lammas, wenn die Korn- und Weinernte beginnt, bescheren uns die reifen Früchte des Sommers eine Zeit des Überflusses. Einige der folgenden Rezepte mögen teuer oder schwer wirken, aber so speiste man früher nun einmal zu besonderen Anlässen. Außerdem waren einige der Lebensmittel, die heutzutage recht kostspielig sind, ganz alltägliche Erzeugnisse – so beschwerten sich die Londoner Lehrlinge in alten Zeiten häufig, wenn es zu oft Austern oder Lachs zu essen gab.

Einigen Nahrungsmitteln und Kräutern, zum Beispiel Äpfeln, Basilikum, Chicorée, Bockshornklee, Fenchel, Trauben, Geißblatt, Kapuzinerkresse, Mohnsamen und Weinblättern, kommt zu Lammas eine wichtige rituelle Bedeutung zu. Auch Brot, Bier und Wein haben einen besonderen Stellenwert.

In den folgenden Rezepten finden sich bei einigen Zutaten, zum Beispiel im Falle von Salz, Pfeffer und Kräutern, keine genauen Maßangaben, da sie vom persönlichen Geschmack abhängig sind.

Brote

Da Lammas den Beginn der Kornernte kennzeichnet, fangen wir mit einigen Brotrezepten an.

Sodabrot

Dieses traditionelle irische Rezept ergibt einen schönen Brotlaib, der aber recht schnell gegessen werden muss, da Sodabrot innerhalb kürzester Zeit trocken und krümelig wird. Eigentlich sollte das aber kein Problem sein, da es so lecker schmeckt.

225 g Vollkornmehl
225 g weißes Mehl
1 Teelöffel Salz
3 Teelöffel Backpulver
1 Teelöffel Natron
1 Ei
400 ml Buttermilch (notfalls auch eine Mischung aus
$^2/_3$ Naturjoghurt und $^1/_3$ Wasser)

Vermischen Sie alle trockenen Zutaten in einer großen Schüssel. Mischen Sie das Ei und die Buttermilch unter. Rollen Sie dann den Teig auf einer mit Mehl bestäubten Fläche aus und kneten Sie ihn gleichmäßig durch. Teilen Sie den Teig nun in mehrere runde Stücke und legen Sie sie auf ein eingefettetes Backblech oder in eingefettete Brotformen (die runde Form ist traditioneller). Achten Sie in jedem Fall darauf, ein tiefes Kreuz in den Teig zu kerben, das die vier Hauptfeste des keltischen Kalenders symbolisiert und außerdem als Aufgehhilfe für den Teig dient.

Backen Sie die Brote für 40 bis 45 Minuten bei einer Hitze von 190 °C (Gas Stufe 5). Für eine weichere Kruste können Sie das Brot in ein sauberes Handtuch einschlagen, nachdem es abgekühlt ist.

Brotzopf

Dieses zu einem Zopf geformte Weißbrot repräsentiert den Herren und den Geist des Korns.

3 Teelöffel Hefe (frisch oder trocken)
1 Teelöffel Zucker
150 ml warme Milch
675 g weißes Mehl
2 Teelöffel Salz
25 g Butter
150 ml warmes Wasser
1 geschlagenes Ei
Sesamsamen

Vermengen Sie die Hefe mit dem Zucker und der warmen Milch und lassen Sie sie für 10 bis 20 Minuten an einem warmen Platz stehen, bis sie schaumig geworden ist. Sieben Sie das Mehl und das Salz zusammen in eine Schüssel und mischen Sie mit den Händen die Butter unter, bis die Masse die Konsistenz von feinen Brotkrumen hat. Fügen Sie die Hefemischung hinzu und geben Sie nach und nach das warme Wasser dazu, bis der Teig eine ebenmäßige, elastische Konsistenz hat. Rollen Sie dann den Teig auf einer mit Mehl bestäubten Fläche aus und kneten Sie ihn durch. Geben Sie ihn nun in eine eingefettete Schüssel, decken Sie ihn mit einem sauberen Tuch ab und lassen Sie ihn für 1–2 Stunden an einem warmen Platz aufgehen.

Rollen Sie den Teig nun erneut aus und kneten Sie ihn für etwa 5 Minuten durch. Rollen Sie ihn dann zu einem langen, dünnen Zylinder. Falten Sie ihn in der Mitte und legen Sie die beiden Stränge übereinander, sodass ein Zopf entsteht. Legen

Sie den Zopf auf ein eingefettetes Backblech, bepinseln Sie ihn mit der Eimasse und streuen Sie die Sesamkörner darauf. Lassen Sie ihn erneut für eine Stunde ruhen und backen Sie ihn dann für 30–40 Minuten bei einer Temperatur von 190 °C (Gas Stufe 5).

St. Oswalds Lebkuchen-Ecken

In dem englischen Dorf Grasmere wird an dem Samstag, der dem St.-Oswald-Tag am fünften August am nächsten liegt, traditionell Lebkuchen gegessen. Die Dorfkinder bekommen Lebkuchenstücke, auf denen der Name des Heiligen steht, und eine glänzende Münze. Bei Besuchern des Dorfes ist St. Oswalds Lebkuchen sehr beliebt: Selbst Berühmtheiten wie Tom Cruise und Nicole Kidman waren schon in der örtlichen Bäckerei und haben ihn probiert. Das Hausrezept ist ein streng gehütetes Geheimnis, aber unsere Variante ist sogar noch besser:

675 g weißes Mehl
40 g gemahlener Ingwer
1 Teelöffel Zimtpulver
1 Teelöffel Backpulver
225 g brauner Zucker
40 g kandierter Ingwer
225 g Butter
450 g Melasse
150 ml Brandy oder dunkler Rum
1 geschlagenes Ei
Milch-Eigelbmischung zum Glasieren

Sieben Sie das Mehl, die Gewürze und das Backpulver zusammen in eine Schüssel und fügen Sie den kandierten Ingwer hinzu. Schmelzen Sie die Butter zusammen mit der Melasse in einer Pfanne und geben Sie die Mischung zu den anderen Zutaten in die Schüssel. Rühren Sie dann den Brandy bzw. Rum und das geschlagene Ei dazu, damit der Teig geschmeidig wird.

Fetten Sie ein großes Backblech ein und legen Sie es mit Backpapier aus. Geben Sie den Teig darauf und backen Sie die Lebkuchen 70 bis 80 Minuten bei 180 °C (Gas Stufe 4). Nehmen Sie sie aus dem Ofen und bepinseln Sie sie mit der Milch-Eigelb-Mischung. Geben Sie sie dann für weitere 10 Minuten in den Ofen.

Lassen Sie die Lebkuchen für 10 bis 15 Minuten abkühlen. Schneiden Sie die Masse dann in Rechtecke und verwahren Sie sie in einer luftdicht verschlossenen Dose.

Bannocks

Bannocks, gälisch *aran corca*, sind traditionelle schottische Haferkekse. Zu Mariä Himmelfahrt opferten die Schotten den Moilean Moire, den ersten Bannock, der aus dem neuen Korn gebacken wurde, der Jungfrau Maria. Bannocks können süß oder salzig sein und mit Fisch, Käse, Honig und vielen weiteren Beilagen gereicht werden.

Ursprünglich wurden sie auf *greadeal*, heißen Steinen, und später dann auf Kuchenblechen gebacken, die die irischen und schottischen Siedler in Kanada und den Vereinigten Staaten einführten, weshalb auch einige amerikanische Eingeborenenstämme Bannocks backen.

Hafermehl-Bannocks

Dies ist eine sehr traditionelle Bannock-Variante, die in einer Pfanne oder auf einem Kuchenblech über einem Feuer oder auf dem Grill gebacken werden kann.

125 g mittelfein gemahlenes Hafermehl
Prise Salz
Prise Backpulver
30 g geschmolzene Butter
50 ml warmes Wasser

Vermengen Sie Mehl, Salz und Backpulver in einer Schüssel und rühren Sie die geschmolzene Butter unter. Geben Sie so viel warmes Wasser dazu, dass der Teig eine steife Konsistenz bekommt. Formen Sie ihn zu einer Kugel und kneten Sie ihn auf einer mit Hafermehl bestäubten Arbeitsfläche durch. Rollen Sie den Teig aus, bis er 7 cm dick ist und bringen Sie ihn unter Zuhilfenahme eines Tellers in eine runde Form. Bestreuen Sie ihn mit etwas Hafermehl und schneiden Sie ihn in Viertel. Backen Sie ihn auf einem warmen, leicht eingefetteten Kuchenblech, bis die Ränder anfangen, sich zu kräuseln, Drehen Sie den Bannock dann um und backen Sie die andere Seite. Bannocks können kalt oder warm serviert werden.

Selkirk-Bannocks

Es gibt Hunderte von Bannock-Rezepten. Diese Variante ist ein flacher, runder Laib mit Hefe und Trockenfrüchten. Erstmals wurden die Selkirk-Bannocks 1859 von Robbie Douglas in seiner Bäckerei in Selkirk (Schottland) angefertigt und gehörten zu Königin Victorias Lieblingsspeisen, wenn sie das schottische Hochland besuchte.

80 g Butter
80 g Schmalz
200 ml warme Milch
1 Teelöffel Hefe
1 Teelöffel Zucker (für die Hefe)
900 g Mehl
180 g Zucker

450 g Sultaninen oder Rosinen
Warme Milch und Zucker (für die Glasur)

Schmelzen Sie die Butter und den Schmalz, bis beides weich, aber nicht ölig ist. Fügen Sie dann die warme Milch hinzu. Vermengen Sie die Hefe mit dem Teelöffel Zucker und fügen Sie beides hinzu. Sieben Sie dann das Mehl in eine Schüssel, bohren Sie eine Vertiefung in die Mitte und füllen Sie die Flüssigkeit hinein. Vermischen Sie alles gründlich, decken Sie die Schüssel mit einem Tuch ab und lassen Sie den Teig für etwa eine Stunde aufgehen, bis er sein Volumen verdoppelt hat.

Kneten Sie den Teig auf einer mit Mehl bestäubten Arbeitsfläche durch, bis er eine glatte, elastische Konsistenz hat. Fügen Sie die 180 g Zucker und die Rosinen hinzu und kneten Sie den Teig weitere fünf Minuten. Formen Sie ihn dann zu einem Kreis von etwa 25 cm Durchmesser. Legen Sie ihn auf ein mit Butter bestrichenes Backblech und lassen Sie ihn für etwa 45 Minuten aufgehen. Backen Sie ihn dann bei 180 °C (Gas Stufe 5) für 45 Minuten. Nehmen Sie ihn aus dem Ofen und bestreichen Sie ihn mit etwas warmer Milch und Zucker. Geben Sie den Bannock wieder in den Ofen und backen Sie ihn, bis er sich golden färbt. Wenn er gar ist, sollte es hohl klingen, wenn man auf den Boden des Laibes klopft.

Kartoffeln

Das frühere Haupterzeugnis der irischen Kleinbauern war der Weizen. Schließlich wurde er aber von der Kartoffel abgelöst, weil er, wie viele andere Produkte, den abwesenden Grundherren als Pacht gezahlt und exportiert werden musste. Die Kartoffelernte war entscheidend für das Überleben der Bauern.

Boxty Scones (Teegebäck auf Kartoffelbasis)

Boxty Scones wurden traditionell an Lughnasa und am St.-Brigitten-Abend (Imbolc) gegessen. Dieses Rezept ist eine Abwandlung des irischen Originalrezeptes, bei dem die Scones dünner sind und in Speckfett frittiert werden.

225 g gepellte und gewürfelte Kartoffeln
225 Mehl (selbstaufgehend)
Prise Salz und schwarzer Pfeffer
60 g Butter
25 ml Milch

Kochen und zerdrücken Sie die Kartoffeln und lassen Sie sie abkühlen. Geben Sie das Salz und den Pfeffer zum Mehl und mischen Sie die Butter unter. Fügen Sie dann die zerdrückten Kartoffeln und genug Milch hinzu, sodass der Teig weich, aber nicht zu feucht wird. Wenden Sie den Teig auf einer mit Mehl bestäubten Arbeitsfläche und rollen Sie ihn auf eine Dicke von etwa 1,5 cm aus. Schneiden Sie Kreise mit einem Durchmesser von etwa 8 cm aus dem Teig und legen Sie diese auf ein leicht eingefettetes Backblech. Backen Sie die Scones für 20 bis 30 Minuten bei einer Temperatur von 200 °C (Gas Stufe 6). Boxty Scones werden warm und mit Butter bestrichen gegessen.

Ergibt 9–10 Scones.

Colcannon

Auch hierbei handelt es sich um ein irisches Kartoffelrezept. Heutzutage wird Colcannon das ganze Jahr über, besonders am St.-Patricks-Tag und an Halloween, gegessen, im achtzehnten und neunzehnten Jahrhundert aber war es eines der beliebtesten traditionellen Lughnasa-Rezepte.

450 g fein gehackter Weiß- oder Grünkohl
200 ml Milch oder Sahne
2 kleine Stangen Lauch oder Frühlingszwiebeln
900 g gewürfelte Kartoffeln
Prise Salz und schwarzer Pfeffer
1 Prise Muskat
80 g geschmolzene Butter

Kochen Sie den Kohl, bis er weich ist, seihen Sie ihn ab und halten Sie ihn warm. Erhitzen Sie die Milch bzw. Sahne zusammen mit dem Lauch bzw. den Frühlingszwiebeln und lassen Sie sie leicht köcheln, bis das Gemüse weich ist. Kochen Sie die Kartoffeln weich, gießen Sie das Wasser ab und zerdrücken Sie sie. Mischen Sie den Kohl und die Milch bzw. Sahne mit den Zwiebeln bzw. dem Lauch dazu und würzen Sie die Masse mit Salz, Pfeffer und Muskat. Geben Sie die geschmolzene Butter darüber und servieren Sie das Colcannon.

Suppen und Salate

Drei-Schwestern-Suppe

Die drei Schwestern Bohnen, Mais und Kürbis wurden bei den amerikanischen Ureinwohnern in vielen Gegenden Nordamerikas in Mischbepflanzung angebaut. Diese nützlichen Mini-Ökosysteme wurden von den Haudenasaunee, dem Volk des langen Hauses, erfunden.

Wir pflanzen sie zusammen, drei verschiedene Samen in ein Loch.
Sie wollen zusammensein, so wie auch wir Indianer zusammensein wollen.
Solange die drei Schwestern bei uns sind, wissen wir, dass wir niemals werden hungern müssen.

Der Schöpfer schickt sie uns jedes Jahr, und nun feiern wir sie.
Wir danken ihm für das Geschenk,
das er uns heute und jeden Tag macht.
– Häuptling Louis Farmer der Onondaga

40 g Butter
1 Knoblauchzehe, gerieben
1 l Brühe
Prise Salz und schwarzer Pfeffer
Prise Muskat
450 g Stangenbohnen, in feine Streifen geschnitten
450 g Kürbis, fein gewürfelt
450 g Mais

Schmelzen Sie die Butter in einer großen Pfanne und braten Sie den Knoblauch leicht darin an. Geben Sie die Brühe dazu und würzen Sie sie mit Salz, Pfeffer und Muskat. Geben Sie das Gemüse hinzu und lassen Sie es köcheln, bis es weich ist.

Lughnasa-Salat

Dieser farbenfrohe Salat enthält viele der Kräuter und Pflanzen, die mit Lughnasa assoziiert werden. Neben essbaren Blumen besteht er auch aus Kapuzinerkresse und Borretsch, die Sie in Töpfen im Garten oder auf dem Balkon selbst ziehen können.

Kapuzinerkresse wird, passend zu Lughnasa, mit der Sonne und Manneskraft assoziiert. Ihr lateinischer Name *tropaeoleum* bedeutet »Trophäe«. Es hieß, dass die Blüten den goldenen Helm und die Blätter den Rundschild der trojanischen Krieger symbolisierten. Auch Borretsch wird mit Kriegern assoziiert und zählte zu den magischen Kräutern der alten Kelten. Sein Name stammt vermutlich von dem keltischen Wort *borrach*, »mutige Person«, ab. Im Mittelalter wurde Borretsch fast überall angebaut, und es hieß, dass »ein Garten ohne Borretsch wie ein Herz ohne Mut ist«.

1 Esslöffel Olivenöl
225 g gekochter Mais
60 g Erbsen
60 g schwarze Oliven, halbiert und entsteint
1 großer Apfel, gewürfelt
1 Esslöffel feingehackte frische Kräuter
(Basilikum, Borretschblätter, Fenchel)
Prise schwarzer Pfeffer
½ Gurke, fein gehackt
Kapuzinerkresseblüten
1 Esslöffel Borretschblüten

Wenden Sie alle Zutaten außer den Blüten in dem Olivenöl und geben Sie sie dann in eine Schüssel. Dekorieren Sie den Salat mit den Kapuzierkresseblüten und streuen Sie die Borretschblüten darüber. Die Kapuzinerkresseblüten haben einen pfeffrigen, brunnenkresseähnlichen Geschmack. Insgesamt ist der Salat sehr kräftig im Geschmack, es bietet sich deshalb an, ihn mit Brot zu servieren, das milde im Geschmack ist.

Fisch und Meeresfrüchte

Überbackene Austern

Lammas war nicht nur der Beginn der Kornernte, sondern auch der Anfang der »Meeresernte«. Traditionell begann die Austernernte am St.-James-Tag, dem 25. Juli. Dem alten Kalender nach war der St.-James-Tag kurz nach Lammas, am heutigen 5. August.

12 Austern
12 g Butter
12 g Mehl
20 ml Sahne

Prise Salz und Pfeffer
50 g Semmelbrösel
50 g geschmolzene Butter

Öffnen Sie die Austern vorsichtig und lösen Sie sie aus der Schale. Bewahren Sie die Flüssigkeit auf. Entfernen Sie die Fäden von den Austern und köcheln Sie die Austern für etwa 10 Minuten in ihrem eigenen Sud und etwas Wasser. Gießen Sie dann die Flüssigkeit ab und stellen Sie sie beiseite. Legen Sie die Austern auf einen Teller. Schmelzen Sie die Butter in einer Pfanne, geben Sie das Mehl und den Austernsud hinzu und kochen Sie die Flüssigkeit unter ständigem Rühren für 2 bis 3 Minuten. Geben Sie die Sahne und die Austern dazu und würzen Sie alles nach Belieben mit Salz und Pfeffer. Bestreichen Sie die leeren Austernschalen mit Butter und geben Sie die Austern und Sauce hinein. Bestreuen Sie die Muscheln mit Semmelbröseln und gießen Sie etwas geschmolzene Butter darüber. Backen Sie die Austern bei einer Temperatur von 200 °C (Gas Stufe 6) für 15 bis 20 Minuten, bis sie gebräunt sind und brutzeln.

Gebackener Lachs mit Sahne und Haselnüssen

Teil der irischen Mythologie ist Fintan, der Lachs des Wissens. Eigentlich ein Mensch, erlangte er Weisheit, indem er Haselnüsse aß. Jede Nuss verlieh ihm einen roten Fleck auf dem Rücken und mehr Weisheit. Die Haselnuss ist der keltische Baum der Weisheit, und seine Nüsse symbolisieren das Wissen in seiner konzentriertesten Form. Schließlich wurde der Lachs des Wissens von dem legendären Helden Fionn mac Cumhal gegessen. Fionn brannte seinen Daumen in den magischen Lachs ein und konnte von da an, wenn er seinen Daumen in den Mund nahm, die Zukunft voraussagen. Leider können wir ihnen nicht versprechen, dass dieses Rezept bei Ihnen ähnliche Wirkung zeigt, aber wer weiß! Einen Versuch ist es jedenfalls wert. Am besten wird dieses Rezept mit frischgefangenem Flusslachs gekocht, aber auch Zuchtlachs oder Forelle eignen sich.

900–1500 g frischer Lachs, ausgenommen und entschuppt.
60 g Butter
Prise Salz und schwarzer Pfeffer
300 ml Creme Fraiche
25 g geschmolzene Butter
1 Esslöffel frische Petersilie, gehackt
Saft einer Zitrone
55 g gehackte Haselnüsse

Putzen Sie den Fisch und reiben Sie ihn mit Butter ein. Legen Sie ihn in eine feuerfeste Schüssel und würzen Sie ihn mit Salz und Pfeffer. Geben Sie die Creme Fraiche um den Fisch und decken Sie die Schüssel mit Alufolie ab. Backen Sie ihn bei 180 °C (Gas Stufe 4) für 30 bis 45 Minuten (abhängig von der Größe des Fisches).

Nehmen Sie die Schüssel aus dem Ofen und geben Sie mehr Butter darauf. Rühren Sie die Petersilie und die Hälfte des Zitronensaftes in die Sauce und streuen Sie die Haselnüsse über den Fisch. Lassen Sie die Schüssel ohne Abdeckung für etwa 10 Minuten im Ofen und geben Sie dann den restlichen Zitronensaft über den Fisch.

Ergibt 4–6 Portionen.

Fischerkuchen

Dieses Gericht eignet sich für den St.-James-Tag am 25. Juli, der den Fischern gewidmet war, deren Boote an diesem Tag traditionell gesegnet wurden. Das Rezept vereint die Bräuche des irischen Lughnasafestes mit dem Fest des Grünen Mais der amerikanischen Ureinwohner, da es sowohl Kartoffeln als auch Mais enthält.

450 g Dorsch, Kabeljau, Seelachs oder ähnlicher Fisch
Saft einer Zitrone
Prise Salz und schwarzer Pfeffer
225 g Mais
180 g Cheddarkäse, gerieben
Prise Senfpulver
4 hartgekochte grob gehackte Eier
450 g gekochte und zerdrückte Kartoffeln (mit etwas Milch, Salz, Pfeffer und Butter)

Sauce:
50 g Butter
50 g Mehl
25 g fein gehackte Petersilie
500 ml Milch
Prise Salz und Pfeffer

Für die Sauce: Schmelzen Sie bei geringer Hitze die Butter in einer Pfanne. Rühren Sie das Mehl ein kochen Sie die Flüssigkeit für einige Minuten. Geben Sie dann die Petersilie und etwas von der Milch hinzu. Fügen Sie nach und nach unter ständigem Rühren die Milch hinzu, bis die Sauce kocht. Fügen Sie nun Salz und Pfeffer hinzu.

Geben Sie den Fisch auf eine mit Butter eingepinselte feuerfeste Platte und würzen Sie ihn mit Zitronensaft, Salz und Pfeffer. Bedecken Sie die Platte mit Alufolie und dämpfen Sie den Fisch für 10 bis 15 Minuten über einem Topf mit kochendem Wasser, bis er flockig ist. Gießen Sie die entstandene Flüssigkeit zu der Sauce und geben Sie auch den Mais dazu. Mischen Sie den Käse und das Senfpulver unter und erhitzen Sie die Sauce langsam. Zerzupfen Sie den Fisch und geben Sie ihn zusammen mit den Eiern in eine feuerfeste Schüssel. Fügen Sie die Sauce hinzu und füllen Sie die zerdrückten Kartoffeln darüber. Backen Sie den Kuchen für etwa 20 Minuten bei einer Temperatur von 200 °C (Gas Stufe 6), bis er sich golden färbt.

Beeren und Früchte

Apfelgelee

Äpfel oder Holzäpfel
Wasser
Zucker

Schälen und entkernen Sie die Äpfel (Sie können so viele verwenden wie Sie möchten). Hacken Sie sie grob und geben Sie sie in eine große Pfanne. Fügen Sie soviel Wasser hinzu, dass sie bedeckt sind. Lassen Sie sie für 10 bis 15 Minuten köcheln, bis die Früchte weich sind, und nehmen Sie sie dann von der Platte. Seihen Sie die Flüssigkeit ab, indem Sie die Masse durch ein Baumwolltäschchen gießen (Sie können auch den zugeknoteten Ärmel eines alten T-Shirts verwenden). Lassen Sie die Äpfel wenn möglich über Nacht abtropfen, damit sie soviel Flüssigkeit wie möglich abgeben. Drücken Sie das Täschchen nicht, da dadurch auch feste Stückchen austreten könnten, die das Gelee trüben.

Entfernen Sie am nächsten Tag das Fruchtfleisch und messen Sie die Flüssigkeit, die sich angesammelt hat. Geben Sie sie wieder in die Pfanne und fügen Sie pro 500 ml Flüssigkeit 500 g Zucker hinzu. Kochen Sie das Gelee kurz auf, bis es sich verfestigt. Um den genauen Zeitpunkt nicht zu verpassen, können Sie ein Zuckerthermometer verwenden oder einen Tropfen der heißen Flüssigkeit auf einen Teller geben. Wenn es abgekühlt ist und sich runzelt, wenn es berührt wird, ist das Gelee fertig. Nehmen Sie das Gelee von der Kochplatte und füllen Sie das in angewärmte, saubere Einmachgläser ab. Wenn Sie statt normalen Äpfeln Holzäpfel verwenden, nimmt das Gelee einen leuchtend pinken Farbton an.

Sommerpudding

Dieses einfache englische Rezept aus dem neunzehnten Jahrhundert eignet sich hervorragend für Lammas, da es sowohl Brot als auch Sommerbeeren enthält, die traditionell an Lughnasa gesammelt werden.

Der Lughnasa-Sonntag ist in vielen Gegenden Irlands als »Blaubeeren-Sonntag« bekannt, und das hier beschriebene Rezept schmeckt besonders gut, wenn es diese Früchte enthält. Je nach Wohnort könnte sich das für Sie natürlich schwierig gestalten – deshalb können Sie auch andere kleine Beeren in den Pudding geben, die sie in Ihrer Gegend selbst pflücken können. So erhalten Sie die Symbolik des Rezeptes und seine Traditionalität am Leben. Versuchen Sie, importierte Massenware zu vermeiden. Trotz – oder vielleicht gerade wegen – seiner Einfachheit ist dieses Rezept besonders schön. Auch vielen Kindern macht es übrigens Spaß, hier zur Hand zu gehen.

1 kg Heidelbeeren, Brombeeren, Blaubeeren,
schwarze Johannisbeeren, Preiselbeeren, Himbeeren,
rote Johannisbeeren und Ähnliches
180 g Zucker
Reichhaltiges Weißbrot, 1–2 Tage alt

Waschen Sie die Früchte und geben Sie sie zusammen mit dem Zucker über Nacht in eine Schüssel. Füllen Sie sie am nächsten Tag in eine Pfanne und bringen Sie sie zum Kochen. Lassen Sie die Früchte für 2–3 Minuten köcheln, bis sich eine ausreichende Menge Saft ergeben hat.

Schneiden Sie den Brotlaib in etwa 1 cm dicke Scheiben und entfernen Sie die Rinde. Schneiden Sie aus einer der Brotscheiben einen Kreis aus, der ein wenig größer sein sollte als der Boden einer Schüssel mit 1 l Fassungsvermögen, und legen Sie ihn in die Schüssel. Bedecken Sie dann auch den Rand der Schüssel mit Brotstücken, bis keine Lücken übrig sind. Füllen Sie nun die

Hälfte der Beeren und des Saftes darauf und bedecken Sie den Pudding mit einer weiteren Schicht Brot. Geben Sie ein zweites »Stockwerk« aus Beeren und Saft darauf und schmücken Sie den Pudding mit zugeschnittenen Brotstückchen.

Decken Sie die Schüssel mit einem Teller ab und stellen Sie zum Beschweren einige Konservendosen darauf. Lassen Sie den Pudding für 1–2 Tage, mindestens aber über Nacht, im Kühlschrank stehen. Sollten nicht alle Brotstücke mit Saft getränkt sein, können Sie ein paar weitere Beeren kochen und darüber füllen.

Wenn Sie den Pudding aus dem Kühlschrank genommen haben, fahren Sie mit einem scharfen Messer zwischen Pudding und Schüssel entlang, um ihn abzulösen. Legen Sie dann einen großen Teller oder eine Platte verkehrt herum auf die Schüssel und kippen Sie den Pudding schnell darauf. Servieren Sie den Pudding mit viel Schlagsahne, da er sehr geschmacksintensiv ist.

Reicht für 6–8 Personen (oder eine Anna Franklin).

Yelloman-Bonbons

Yellowman ist ein klebriges, honiggetränktes Sahnebonbon, das traditionell auf Jahrmärkten angeboten wird.

500 g Maissirup
250 g brauner Zucker
50 g Butter
25 ml Essig
1 Teelöffel Natron

Geben Sie alle Zutaten bis auf das Natron zusammen in eine große Pfanne und zerlassen Sie sie vorsichtig. Kochen Sie sie, bis ein in kaltes Wasser gegebener Tropfen hart wird oder bis das Zuckerthermometer eine Temperatur von 190 °C anzeigt. Rühren Sie dann das Natron unter. Die Masse schäumt auf, da durch den Essig Gas aus dem Natron freigesetzt wird. Geben Sie sie dann in eine mit Butter ausgepinselte Dose. Wenn die Masse kühl genug ist, um sie anzufassen, falten Sie die Ecken zur Mitte hin und ziehen Sie sie lang, bis sie eine blassgelbe Farbe angenommen hat. Lassen Sie die Masse dann abkühlen und hart werden und brechen Sie sie am Schluss mit einem Hämmerchen in kleine Stücke.

Getränke

Der Kriegerpokal

Dieses Getränk wird während der Lughnasaspiele oder des Rituals gereicht. Es enthält Borretsch, dessen englischer Name »borage« von dem keltischen Wort *borrach* abstammt, das »mutige Person« bedeutet.[2] Außerdem wird Borretsch mit Kriegern assoziiert und zählte zu den magischen Kräutern der alten Kelten: Sie ließen zum Beispiel Borretschblätter in Wein ziehen und verordneten den Sud zur Steigerung des Adrenalingehaltes im Blut. Die Kreuzfahrer tranken bei ihrer Abreise Abschiedstrünke, die Borretsch enthielten, um sich Mut zu machen. Es heißt auch, dass es Mut macht, Borretschblüten bei sich zu tragen.

200 ml Weißwein
3 frische Borretschblätter
Borretschblüten zur Dekoration

Lassen Sie die Borretschblätter für 4 Stunden in dem Wein ziehen. Gießen Sie sie ab und dekorieren Sie das Getränk mit einigen Blüten.

Borretsch-Tee

2 Borretschblätter
200 ml kochendes Wasser

Lassen Sie die Borretschblätter für zehn Minuten im heißen Wasser ziehen und gießen Sie den Tee ab.

Goldrutenwein

4 l Wasser
4 l Goldrutenblüten
1,5 kg Zucker
2 Orangen samt geraspelter Rinde
2 Zitronen samt geraspelter Rinde
200 kalten schwarzen Tee
Hefe (Verwendung nach Angaben des Herstellers)
Hefenährstoffe (Verwendung nach Angaben des Herstellers)

Kochen Sie das Wasser auf. Geben Sie die Blüten in eine Baumwolltasche oder einen Baumwollkissenbezug. Knoten Sie ihn zu, geben Sie ihn in das Wasser und lassen Sie ihn 20 Minuten lang darin köcheln. Nehmen Sie den Topf von der Herdplatte und nehmen Sie die Blüten heraus, sobald das Wasser kühl genug ist. Drücken Sie sorgfältig alle Flüssigkeit aus der Tasche. Lösen Sie den Zucker in dem Sud auf und fügen Sie dann den Saft der Früchte und die geriebenen Schalen hinzu. Geben Sie das Ganze dann in einen Plastikbehälter mit fest verschließbarem Deckel. Wenn der Sud auf etwa 20 °C abgekühlt ist, können Sie den Tee, die Hefe und die Hefenährstoffe hinzufügen. Verschließen Sie den Behälter wieder und lassen Sie den Sud für 3 Tage an einem warmen Ort ziehen. Rühren Sie ihn täglich um. Seihen Sie ihn danach in ein 4-l-Einmachglas ab und versiegeln Sie es luftdicht. Bewahren Sie das Glas für 2 Monate an einem warmen Ort auf. Seihen Sie den Wein dann in ein frisches Einmachglas ab und lassen Sie ihn an einem kühleren Ort für weitere 6 Monate ziehen.

Bier

Hefe (Verwendung nach Angaben des Herstellers)
1 l Hopfen
500 g Zucker
500 g Malz
8 l Wasser

Lassen Sie die Hefe treiben. Geben Sie den Hopfen in eine große Pfanne und bedecken Sie ihn mit Wasser. Kochen Sie ihn für 15 Minuten und seihen Sie die Flüssigkeit in einen Plastikbehälter mit fest verschließbarem Deckel. Geben Sie den Zucker und den Malz dazu und rühren Sie, bis sich beides aufgelöst hat. Geben Sie das restliche Wasser dazu. Wenn die Flüssigkeit auf etwa 20 °C abgekühlt ist, fügen Sie die Hefe hinzu. Verschließen Sie den Behälter und lassen Sie das Bier für 5 Tage ziehen. Füllen Sie es dann in Flaschen mit Drehverschluss und lassen Sie es weitere 7 Tage ziehen, bevor Sie es trinken.

»Lammas-Wolle«

Zu Lughnasa, der Zeit der Kraft und Fruchtbarkeit, in der sich der Gott auf seinen Niedergang und Tod zu Herfest vorbereitet, beginnt die Apfelernte. Der Gott wird mit der sogenannten Lammas-Wool (Lammas-Wolle) geehrt, einem heißen, würzigen Getränk aus Apfelwein, Ale und Apfelstückchen. Jeder Anwesende nimmt ein Stückchen heraus und wünscht allen anderen Teilnehmern des Festes Glück, bevor er es isst und den Becher weiterreicht.

4 große Kochäpfel
30 g Honig
1 Teelöffel Muskatpulver
2 l Dunkelbier (oder Bier aus dem obigen Rezept)

Entkernen Sie die Äpfel und füllen Sie sie mit Honig. Geben Sie das Muskatpulver darüber und backen Sie sie in einer tiefen Backform für 40 Minuten. Nehmen Sie sie aus dem Ofen und gießen Sie das Dunkelbier darüber. Erhitzen Sie das Ganze für einige Minuten und geben Sie dabei immer wieder löffelweise das Bier über die Äpfel. Seihen Sie die Flüssigkeit ab und servieren Sie sie sofort.

»Yard of Flannel«

1 l Dunkelbier
75 ml Rum
130 g Zucker
4 Eier
½ Teelöffel Muskatpulver
½ Teelöffel Zimt

Erwärmen Sie das Dunkelbier bei geringer Hitze. Rühren Sie in einer Schüssel die übrigen Zutaten zusammen. Geben Sie unter konstantem Rühren langsam das Bier dazu. Wenn die Mischung cremig ist, füllen Sie sie in vorgewärmte Becher.

Anmerkungen

1 Meyer, K.: Hibernica Minora, 1894
2 Franklin, Anna und Philips, Sue: Pagan Feasts, 1998

Kapitel 9

Lammas- und Lughnasarituale

O hört, wie ihr von neuem binden mögt
In eine Garbe dies zerstreute Korn,
In einen Körper die zerstückten Glieder.[1]

Vorbereitungen für Rituale im Haus

Aus dem Raum, in dem Sie Ihre Rituale vollziehen möchten, sollten möglichst alle Möbel entfernt werden. Er sollte außerdem gründlich geputzt und mit reinigendem Räucherwerk wie Rosmarin oder Weihrauch ausgeräuchert werden.

Der Altar

Als Altar können Sie einen niedrigen Tisch oder Kasten verwenden. Er sollte an der Nordseite des Raumes aufgestellt werden, die Sie mit Hilfe eines Kompasses finden können. Bedecken Sie ihn mit einem weißen Stück Stoff und stellen Sie Gegenstände ihrer Wahl darauf, die die Göttin und den Gott repräsentieren. Wenn Sie keine Statuen besitzen, machen Sie sich Gedanken darüber, welche Gegenstände aus der Natur in ihren Augen für die Götter stehen. Ich selbst besitze ein Hirschgeweih, das den Gott repräsentiert, aber Sie können ebenso gut einen Kiefernzapfen, eine spitzen Stein oder ähnliches verwenden – ganz, wie es Ihrer Phantasie entspricht. Als Repräsentation für die Göttin könnten Sie beispielsweise eine Muschel, einen hohlen Stein oder einen Spiegel verwenden. Das Abbild der Göttin wird auf der linken, das des Gottes auf der rechten Seite aufgestellt.

Stellen Sie drei Kerzen in Leuchtern auf den Altar. Ich verwende eine weiße, eine rote und eine schwarze, um die drei Phasen der Göttin; die Jungfrau, die Mutter und das alte Weib, zu symbolisieren, aber Sie können genauso gut Farben wählen, die zum Anlass passen. Im Fall von Lammas sind das Orange, Violett und Braun.

An der Vorderseite des Tisches werden ein Teller mit Salz und eine Schüssel Wasser aufgestellt. Auf die eine Seite des Tisches kommen dann ein Korb mit Brot oder Kuchen und eine offene Flasche oder eine Kanne voll Wein. Außerdem sollte ein Kelch oder eine Tasse vorhanden sein, um den Wein daraus zu trinken. Einige Leute halten auch ein Lehm- oder Kupfer-Pentagramm für unerläßlich. Sie benötigen auch ein Messer für rituelle Zwecke (Athame). Früher verwendete man einfach die beste Tasse im Haus und ein ganz gewöhnliches Messer, das für diesen Zweck aufbewahrt wurde. Heutzutage kaufen die meisten Leute

spezielle Gegenstände oder stellen sie selbst her, was aber nicht unbedingt nötig ist.

Sie können den Altar nun ganz nach Belieben mit Mais und Körnern, Äpfeln, Trauben, Blaubeeren und Brombeeren schmükken. Stellen Sie zum Schluss einen Teller mit Räucherwerk darauf.

Die Himmelsrichtungen

In jeder der vier Himmelsrichtungen wird eine Kerze aufgestellt. Die Farben der Kerzen unterstützen die spezifischen Schwingungen der jeweiligen Himmelsrichtung: Grün für den Norden (Erde), Gelb für den Osten (Luft), Rot für den Süden (Feuer) und Blau für den Westen (Wasser). Falls Sie keine farbigen Kerzen zur Hand haben, können Sie natürlich auch weiße verwenden, aber je mehr Sie die Symbolik verstärken, desto leichter wird Ihnen die für das Ritual notwendige Visualisierung fallen. Manche Leute verstärken den Effekt, indem sie Repräsentationen der Himmelsrichtungen aufstellen: Einen irdenen Teller im Norden, Räucherwerk im Osten, eine Flamme im Süden und eine Schüssel voll Wasser im Westen.

Überprüfen Sie vor dem Beginn des Rituals, ob der Kreis alles Notwendige enthält (Streichhölzer nicht vergessen!), da Sie den Kreis, sobald er gezogen ist, nicht mehr verlassen sollten.

Das Ziehen des Kreises für Rituale im Haus

Entzünden Sie das Räucherwerk. Zuerst müssen die Grenzen des Kreises festgelegt werden. Nehmen Sie ein Messer zur Hand und ziehen Sie, im Norden beginnend, den Kreis um den Raum herum. Die Linie, entlang der die Messerspitze den Boden berührt, wird die Außenlinie des Kreises sein. Nehmen Sie all die Dinge und Menschen in den Kreis auf, die am Ritual teilhaben sollen.

Tauchen Sie die Spitze des Messers in das Salz und sprechen Sie:

Dieses Salz sei geweiht der Herrin und dem Herrn,
auf dass sie das Böse
Von uns abhalten und uns beschützen.

Tauchen Sie die Spitze des Messers nun in das Wasser und sprechen Sie:

Dieses Wasser sei geweiht der Herrin und dem Herrn,
auf dass sie die Gefahren
Von uns abwenden und diesen Ort reinigen.

Gießen Sie das Wasser auf das Salz und vermengen Sie beides. Tröpfeln Sie die Mischung im Uhrzeigersinn um den Kreis herum auf den Boden und sprechen Sie.

Mögen aus uns fließen das Böse und das Dunkel,
die Schlechtigkeit und Bosheit.
Mögen wir zu dem werden, was wir im Angesicht der Herrin
und des Herrn sein müssen.
Mögen wir niemandem Böses wünschen und rein sein,
innen wie außen,
sodass wir vor ihnen bestehen können.

Besprengen Sie nun jede anwesende Person.

Stellen Sie dann eine Verbindung zwischen dem Kreis und den drei Reichen her. Nehmen Sie das Messer zur Hand und stellen Sie sich in die Mitte des Kreises. Deuten Sie mit dem Messer nach oben und sprechen Sie:

Mächte der oberen Welten, ich rufe Euch an,
schützt unseren Kreis und seid Zeugen unseres Rituals.

Führen Sie nun mit einer geraden Bewegung des Arms das Messer nach unten, zeigen Sie mit der Spitze auf den Boden und sprechen Sie:

Mächte der unteren Welten, ich rufe Euch an,
schützt unseren Kreis und seid Zeugen unseres Rituals.

Nun wird der Kreis, beginnend im Norden, endgültig gezogen. Da die Macht von Norden nach Süden fließt, stellen Sie so sicher, dass das Tor der Macht geöffnet ist. Einige Hexen beginnen erst mit der Anrufung, wenn Sie im Osten angelangt sind, da der Osten die Richtung der Vokalisierung ist.

Zeichnen Sie in östlicher Richtung ein Pentagramm und sprechen Sie:

Oh mächtige Kräfte des Ostens, ich rufe Euch an,
schützt unseren Kreis und seid Zeugen unseres Rituals.

Wiederholen Sie dies in Süden, Westen und Norden. Kehren Sie zum Altar zurück und segnen Sie die Altarkerzen mit den Worten:

Sei mir des Mondes Feuer,
Sei mir das Feuer der Nacht,
Sei mir das Feuer der Freude,
das mir das Licht gebracht,
Bei der Kühle der Jungfrau,
Bei der Mutter Mut,
Bei der Hag, alt und schlau,
Beim dem Mond, den sie hegen,
Dir sei Weihe und Segen.

Zünden Sie die Kerzen an und benutzen Sie eine von Ihnen, um die Himmelsrichtungskerzen zu erleuchten. Nach Belieben können Sie auch den Teller mit dem Räucherwerk um den Kreis herumtragen.

Nun werden der Gott und die Göttin angerufen:

(Name der Göttin[2]) *ich rufe Dich an,*
dreifaltige Göttin des Mondes,
(Name der Göttin), *Königin des Mondlichts und des Meeres,*
schöner als die Nacht
und gekleidet in Silber, ich rufe Dich an.
Mutter des Mondes und der stillen Wasser,
lass Dein Licht auf uns scheinen, denn Dein Haar ist ein Meer
aus Sternen im Dunkel.
Ich rufe Dich an, Witwe des abnehmenden Mondes,
deren Kinder Dich
und Deine Sorgen verlassen haben. Führe uns,
während wir lernen und versprich
uns einen Platz in Deinem dunklen Mantel des Verstehens.
Ich rufe Dich an.
Steig herab, ich flehe Dich an, und sei mit uns.

Nun wird der Gott angerufen:

(Name des Gottes) *Herr des Himmels und Macht der Sonne.*
Herr der Jagd und der Wälder. Ich rufe Dich an
bei Deinem geheimen Namen (Name des Gottes).
Komm zu uns und ehre unseren Kreis, wir flehen Dich an.
Machtvoller Herr, die Ehre sei Dir, Gefährte der Göttin.
Komm, ich rufe Dich an. Steig herab, ich flehe Dich an,
und sei mit uns.

Danach wird der Zweck des Rituals festgelegt:

Herr und Herrin, Gott und Göttin, gesegnetes Paar,
das seit dem Anbeginn der Zeit

mit uns ist und es sein soll bis zu ihrem Ende,
höret und bezeuget nun den Zweck dieses Rituals.
(Benennen Sie den Zweck, der
in diesem Fall das Feiern des Lammas-Festes ist).

Nun wird der Zirkeltanz aufgeführt, um die Kraft des Kreises zu erhöhen:

Dreimal schreite ich um den Altar.
Eins für die Jungfrau, uns so nah,
eins für des Vollmonds sanfte Kraft,
eins für des Neumonds kalte Macht,
Um den Altar dreimal ich geh'
Darauf das Ritual ich begeh'.

Nun wird das Ritual durchgeführt.

Kuchen- und Weinzeremonie

Nach der Beendigung des Rituals werden Kuchen und Wein gesegnet und zwischen den Teilnehmern aufgeteilt. Gießen Sie den Wein in den Becher und sprechen Sie:

Herr und Herrin, ich rufe Euch an, segnet diesen Wein,
das Blut der Erde.
Während wir von Dir trinken,
lernen wir von der Weisheit der Göttin.

Der Wein wird nun im Uhrzeigersinn herumgereicht. Segnen Sie nun die Kuchen:

Herr und Herrin, ich rufe Euch an, segnet diese Kuchen,
die Leibesfrucht der Göttin, ohne die wir nicht leben könnten.
Während wir von Dir essen,
lernen wir von der Liebe der Göttin.

Die Kuchen werden herumgereicht, und jeder Teilnehmer isst einen von ihnen.

Die Auflösung des Kreises

Wenn das Ritual und die Zeremonie beendet sind, wird der Kreis aufgelöst. Schneiden Sie mit dem Messer in östlicher Richtung durch die Kreislinie und sprechen Sie:

Machtvolle Kräfte des Ostens,
Dank sei Euch für den Schutz unseres Kreises
Und für Euer Zeugnis über unser Ritual.
Ich segne euch im Namen der Herrin und des Herrn.

Wiederholen Sie diesen Vorgang in jeder der vier Himmelsrichtungen. Schneiden Sie dann mit dem Messer durch die Mitte des Kreises und danken Sie den oberen und unteren Mächten. Der Herr und die Herrin werden nicht in dieser Weise entlassen, doch man dankt ihnen, indem man spricht:

Gefährten, wir haben uns in dieser Nacht versammelt,
um Lammas zu feiern.
Gemeinsam haben wir unseren Zwecken gedient.
Der Gott und die Göttin
Waren Zeugen unserer Arbeit und nur sie
können unsere Absichten und
Unsere Herzen bewerten. Gemeinsam haben wir
um die Kraft gebeten, unsere
Arbeit zu vollenden, aber es ist nicht an uns,
jene zu befehligen, die wir anbeten.
Wir können sie nicht entlassen. Stattdessen bitte ich
den Herrn und die Herrin
(Name des Gottes und der Göttin), uns an jedem Tage
zu begleiten und zu
führen und unseren Lebensweg zu erhellen. Ich bitte sie,

im Leben wie im Tode
mit uns zu sein, sie, die unsere wahren Eltern sind,
so wie wir ihre Kinder.
Der Kreis ist aufgelöst,
doch unser heutiges Werk nicht vergessen.
Die Kerzen sind gelöscht, doch was wir lernten,
ist nicht vergessen.
Das Ritual ist nun vorüber, und wir werden uns wiedersehen.
Vor dem Herr und der Herrin
(Name des Gottes und der Göttin),
Gott und Göttin, das Ritual ist vorüber. Seid gesegnet.

Löschen Sie die Kerzen und bedecken Sie den Altar.

Rituale in der freien Natur

Bei Ritualen in geschlossenen Räumen sind aufwändige Vorbereitungen nötig, um eine angemessene Atmosphäre zu schaffen. In der freien Natur ist es sehr viel leichter, die Verbindung mit dem Netz zu spüren, und meistens sind die Rituale unter diesen Umständen um einiges einfacher und effektvoller.

Als Altar kann ein einfaches Stück Stoff über einem Baumstumpf, einem Stein oder auf dem Boden dienen. Auf dem Altar und in jeder der vier Himmelsrichtungen können Sie außerdem Kerzen in Gläsern aufstellen. Die Kerzen werden entzündet und die *axis mundi* angerufen (siehe oben). Der Kreis wird mit dem Messer gezogen und die vier Himmelsrichtungen werden, wie bereits erläutert, angerufen. Dann werden der Herr und die Herrin angerufen und der Zweck des Rituals bestimmt. Um ein Feuer oder einen Kessel in der Mitte des Kreises wird der Zirkeltanz aufgeführt. Nun ist das Ritual vorüber und die Kuchen- und Weinzeremonie kann beginnen. Am Schluss muss der Kreis aufgelöst werden.

Denken Sie daran, alles wieder einzusammeln und mitzunehmen – Ich persönlich hinterlasse nur ein Stück Kuchen für die Wald- und Wiesengeister und gieße einen Schluck Wein auf den Grund.

Lughnasa-Ritual

In einigen Richtungen der traditionellen Hexenkunst wird Lammas als Fest des Gottes gefeiert, der auf der Höhe seiner Kraft mit dem Schneiden des Korns sterben muss. Als Gegenpol zum Imbolc-Fest, das von den Frauen des Zirkels als Fest der Göttin gefeiert wird, wird Lammas von den Männern als Fest des Gottes gefeiert. Natürlich können sich die Männer auch entscheiden, die Frauen teilhaben zu lassen. Diese müssen dann allerdings als Kriegerinnen an den recht groben Spielen teilnehmen, die einen Teil des Rituals darstellen. Höhepunkt dieser Spiele ist die Ernennung des Siegers, der den geheiligten König symbolisiert und die Göttin des Landes heiratet. Er wird mit einer meist aus Henna gefertigten Tätowierung versehen, die bis zum Erntefest am 21. September anhält, und verspricht, sich selbst zum Wohle des Landes zu opfern. Er opfert letztlich John Gerstenkorn, wenn er zum Erntefest das Brot bricht, doch Verpflichtung und Ehre seiner Rolle sind sehr real: Kann er sein Versprechen nicht halten, werden der Zirkel und das Land leiden.

Die Männer finden sich am Ort des Rituals ein und stellen sich ohne die Frauen in einem Kreis auf. Wenn Sie möchten, können Sie sich mit Hennatätowierungen, Tiertotemmasken oder Schilden als Krieger verkleiden. Der Priester, der eine Hirschmaske trägt, eröffnet den Kreis und spricht:

Herr der Sonne, der Jagd und des Feuers …[3]*, sei mit uns,*
bevor Du gehen musst.

Wir rufen Dich heute Nacht an, denn die Zeit des Rituals
ist gekommen.
Wir bitten Dich, komm zu uns und ehre unseren Kreis.
Komm, bevor Du
Gehen musst, und segne dieses Ritual.

Die Männer praktizieren nun die Magie, die sie miteinander teilen möchten. Sie können beispielsweise die Geheimnisse der Jagdmagie, Geschichten über den Gott und Totemmagie austauschen, Tänze aufführen und Trommeln. Dann tritt der Priester vor und spricht:

Dies ist das Fest der Männer, der Jagd und der Ernte,
die uns in der Zeit
Der Dunkelheit nährt. Der Gott ist nun allein, verlassen
von seiner Gefährtin.
Sie betrauert sein Fortgehen und muss ihn
an dunkle Orte führen.
Die Frauen waren heute Nacht ausgeschlossen.
Was meint Ihr, Diener des …[4]*, sollen wir ihnen*
Einlass gewähren?

Wenn die Männer sich entscheiden, die Frauen einzulassen, muss jede Frau, bevor sie den Zirkel betreten darf, die Frage beantworten, welche Fähigkeiten sie beizutragen hat. Ihre Antwort muss den Tatsachen entsprechen, so wie »Ich bin Dichterin«, »Ich bin Künstlerin« oder »Ich bewache das Herdfeuer«. Wenn sie beispielsweise Polizistin oder Soldatin ist oder eine Kampfkunst beherrscht, kann sie antworten »Ich bin eine Kriegerin«. Wenn sich die Männer entscheiden, die Frauen nicht teilhaben zu lassen, was aber äußerst selten vorkommt, müssen die Männer ihr Ritual allein durchführen.

Nun wird der Kriegerpokal (das Rezept finden Sie in Kapitel 8) herumgereicht und es werden Spiele veranstaltet (einige

Anregungen hierzu finden Sie in Kapitel 6), die von anfeuernden Rufen und Getrommel untermalt werden. Wenn der Sieger feststeht, wird die Atmosphäre wieder ruhiger.

Der Sieger wird zum Ritualstein[5] des Zirkels geführt und setzt sich darauf oder legt seine Hände auf ihn. Dann wird er mit einem Kranz gekrönt und schwört:

Meinen Sieg widme ich der Göttin des Landes.
Mit meiner Stärke
Und meinem Mut werde ich das Land und alles,
was Teil von ihm ist,
beschützen. Mit meinen Begabungen und meinem Wissen
werde ich meine
Brüder und Schwestern der Kunst schützen und leiten.
All dies schwöre ich
Im Namen der Göttin. Und ich schwöre auch,
dass ich zurückkehren und das Opfer bringen werde,
wenn die Mächte des Lichts und des Dunkels im
Gleichgewicht stehen.

Priester:
Bezeugt nun, dass unser Gott stirbt, aber wisset,
dass er mit seinem Tod
Seine Stärke dem Korn und sein Leben der Ernte schenkt.

Nun nimmt der Priester das Brot, bricht es und spricht:
Das Jahr verlief, es kam des Frühlings Stund'
Begraben lag unser Herr im Grund
Bis sein Bett ward benetzt vom Regen
Und langsam ließ ihn den Kopf erheben
Hoch wuchs er bis zum Mittsommertag
Als bei seiner Blumenbraut er lag.
Doch das Jahr verläuft weiter und sterben muss er
Denn ein neuer Samen im Boden muss her

Mit der scharfen Sichel mähen wir ihn nieder
So kommt sein Tod, und sein Blut fließt wieder.
Wir ziehen ihm die Haut vom Leib
Auf dass die Ernte wohl gedeiht.
Den Kopf verlor unser Herr und sein Leben
Doch nur sein Tod kann Brot uns geben.

Der Priester nimmt vier Stückchen Brot, legt jeweils eines in jede der vier Himmelsrichtungen und spricht jedes Mal:

Herr, nimm' uns unter Deinen Schutz.

Jeder der Anwesenden isst dann ein Stück des Brotes. Ein Becher mit Wein wird geweiht und im Kreis herumgereicht.

Der Kreis wird nun geschlossen, es folgt ein Festmahl und es werden Geschichten erzählt.

Hexenritual für den Lammasabend

Der Versammlungsort wird mit Eschenzweigen, Äpfeln, Brombeeren, Trauben und Weinranken geschmückt. Die Mitglieder des Zirkels sollten auf traditionellen Reitstöcken oder Steckenpferden zum Ritual reiten. Vor dem Ritual liest man Gedichte und singt Lieder über Opfer, betrogene Liebe, Abschied und Tod. Musik und Tanz sollten langsam und ruhig erfolgen. Traditionell finden Spiele, Ringen, Fechten und Wettläufe statt. Der Gewinner wird von der Maid gekrönt.

Dann zieht die Priesterin den Kreis. Mit ausgestreckten Armen spricht sie, im Norden stehend:

Oh Göttin, Freundin und Schwester der Frauen, Gattin und Mutter der Männer,
Du, die Du alle Frauen bist, sei mit uns, während wir Dich anbeten.

Sie senkt ihre Arme und empfängt den Priester.

Dieser spricht:

In dieser Welt und in allen anderen, in den
seltsamen Welten der Wassergeister,
Nymphen und Waldelfen, bei den Kreaturen der Erde
und des Feuers, in all unseren
Leben und in den Leben der anderen, in der Macht des Wissens
und in der Magie zahlreicher Jahrhunderte ist das Wissen
enthalten, dass alles Sein zyklisch verläuft.
Königreiche entstehen und vergehen,
und wieder neue Reiche entstehen.
Land entsteht aus dem Meer und nach Jahren über Jahren
versinken die Berge wieder
Im Meer. Und immer ist die Geschichte dieselbe,
und in ihr liegt die größte
Aller Wahrheiten und der mächtigste aller Zauber.

Nun kehren die Mitglieder des Zirkels in sich, um über den Kreislauf des Lebens nachzudenken.

Priester:

Die Sagen dieses Festes sind die von Isis, Osiris und Set,
von Iduna, Bragi und Loki, die von Blodeuwedd, Lugh, Gronw
und vielen anderen,
und sie sind in dieser Zeit des Jahres und in allen Dingen.

Priesterin:

Nun wendet die Göttin ihr Antlitz ab von dem neugeborenen
König mit
Dem goldenen Haupt, dem schönen, lachenden, der heute
stirbt, und lächelt
Stattdessen seinem düsteren Bruder zu, dem stillen,
harten und klugen König der Nacht.

Priester:

Jahreszeit folgt auf Jahreszeit,
so wie der Schnee dem Sommer folgt,
und so wie alles sich verändern muss,
folgt auf das Licht das Dunkel.

Priesterin:

So wie die Herrin Ishtar das Schicksal des Tammuz besiegelte,
so fordert
Die Herrin der Blumen das Leben des lächelnden Königs,
und aus seinem Blute
Wachsen rote Blumen, während seine sterbliche Seele fortreist.

Priester:

Rechtzeitig wird er zur Mitte
des Winters zurückkehren,
in seiner Tiefen Liebe zur Herrin erblühen,
und das Schicksal seines Bruders
Besiegeln. Wie der Tag auf die Nacht folgt,
so muss dies kommen.
Alle Dinge entstehen und vergehen,
und nur der Name der Göttin
Bleibt immer gleich.

Nun erfolgt die Kuchen- und Weinzeremonie und der Mond wird angerufen.

Der Kreis wird geschlossen.

Sächsisches Lammafest

Alle eintreffenden Teilnehmer werden mit einem Kelch voller Met vom Metträger begrüßt. Der Altar wird in nördlicher Richtung aufgestellt und mit einem Tuch bedeckt.

Die Zeremonie beginnt mit der Hammerweihe, die gleichbedeutend mit dem Ziehen des Kreises mit dem Athame-Messer bei der Wiccanern ist. Mit Thors Hammer, einem Symbol in der Form eines umgedrehten T, wird der Kreis gezogen und der Ort des Rituals geweiht. Zuerst wird der Kreis mit dem Hammer auf den Boden gezeichnet. Er muss natürlich groß genug sein, um alle Anwesenden aufnehmen zu können. Normalerweise beginnt man damit im Osten und schreitet im Uhrzeigersinn fort. Besprengt und gereinigt wird der Kreis dann mit einem in Wasser getauchten Zweig.

Dann ruft der *gothi* (»Priester«) mit dem Hammer die vier Himmelsrichtungen an:

Osten:

Ich rufe Austri, den Wächter des Ostens, an.
Willkommen, Geister des Windes.

Süden:

Ich rufe Sudri, den Wächter des Südens, an.
Willkommen, Geister des Feuers.

Westen:

Ich rufe Westri, den Wächter des Westens, an.
Willkommen, Geister der Flüsse und des Meeres.

Norden:

Ich rufe Nordri, den Wächter des Nordens, an.
Willkommen, Geister der Erde.

Der Priester tritt in die Mitte des Kreises, legt den Hammer dort nieder und spricht:

Ich erschaffe hier eine Verbindung zu Yggdrasil
und den neun Welten.
Seid Willkommen hier, ihr Götter.
Seid Willkommen hier, Männer und Frauen.

Sei dieser Ort, geweiht mit Thors Zeichen und geschützt
vom Donnerer, ungestört.

Priesterin:

Ich heiße die Geister dieses Landes an diesem Lammasabend
willkommen.

Sie gießt ein Metopfer für die Geister des Landes auf den Boden.

Priester:

Nun ist die Zeit gekommen, da Lokis Brandzeichen
jeden Morgen mit der Sonne
Am Himmel aufsteigt. Die Hitze der Hundstage ist
über uns gekommen und
Das Korn trocknet und reift in ihrem Licht.
Sifs Haar ist golden und reif,
geschnitten zu werden.

Priesterin:

Erce, Erce, Erce, Erdmutter,
Möge der allmächtige ewige Herr
Deinen Feldern Wachstum und Gedeih schenken
Gesundheit und reiche Früchte,
leuchtende Ernten von Hirse
und Mengen an Gerste.
Heil Dir, Erdmutter der Menschen,
In der Umarmung des Gottes
Bringe den Menschen das Gute.

Priester:

Dies ist die Zeit des Opfers, da das Korn stirbt,
damit wir Brot haben.
Dies ist die Zeit, da der sterbende Gott am Baum hängt,

um in den Abgrund zu blicken und mit neuer Weisheit zurückzukehren.
Odin hing am großen Eschenbaum Yggdrasil
für neun Tage und Nächte,
durchbohrt von einem Speer. Er verlor eines seiner Augen,
um die Geheimnisse der Runen zu erfahren.

Skalde:

Ich verkünde, ich hing am windigen Baum
Neun volle Tage und Nächte.
Vom Speer durchbohrt und dem Odin geopfert
Ganz auf mich allein gestellt.
Hoch auf dem Baum, von dem niemand weiß,
aus welchen Wurzeln er stammet.

Niemand reichte mir Speis oder Trank
Als hinab in die Tiefe ich starrte
Laut schreiend entdeckte dort ich die Runen
Und fiel dann zurück aus der Tiefe

Neun machtvolle Lieder lehrte mich nun
Der große Sohn des Bale-thorn.
Ich trank einen Schluck des seltsamen Met,
Ward übergossen vom Seelenwasser.

Ich trug lange Zeit Früchte und gedieh sehr gut
Ich wuchs und erlangte Weisheit,
Wort auf Wort, Ich fand mir Worte,
Tat auf Tat, ich fertigte Taten.

Verborgene Runen sollst Du suchen und lesen,
Symbole der Macht und Kraft,
Erschaffen vom Sänger und großen Mächten
Geschnitzt vom Verkünder des Gottes.

Die Götter schnitzte Odin, die Elfen Daïn,
Dwalin der Müßiggänger die Zwerge,
Jötuns das Allwissen und ich selbst,
ich schnitzte einige der Söhne der Menschen.

Wie schreib ich's, wie les ich's?
Wie mal ich's, wie beweis ich's?
Wie frag ich's, wie biet ich es an?
Wie geb ich es weiter, wie geb ich's hinaus?

Bitte besser um zu wenig als zu viel anzubieten,
Denn das Geschenk sollte ein Segen sein.
Gib besser nichts, als zu viel zu geben.

Als Odin schnitzte, begann die Welt.
Dann erhob er sich aus den Tiefen und kehrte wieder.

Nun wird das Trinkhorn gefüllt und erneut herumgereicht. Beim Trinken können die Mitglieder die Jahreszeit, das Opfer oder die Runen preisen.

Priesterin:

An diesem Lammasabend danken wir den Göttern
für die ersten Früchte der Ernte.
Wir brechen dieses Brot und bieten es ihnen an.

Priester:

Thor, der Donnerer, wir danken Dir für Deinen Schutz.

Priesterin:

Sif, die Goldhaarige, wir danken Dir für die Kornernte.

Priester:

Frey, wir danken Dir für die Wildtiere auf den Feldern.

Priesterin:

Freya, wir danken Dir für Deine Liebe und Freundlichkeit.

Priester:

Odin, unser Vater, schenke uns Weisheit und Gerechtigkeit.

Priesterin:

Frigga, unsere Mutter, schenke uns ein fruchtbares Leben.

Priester:

Ihr Mächte des Guten, segnet uns!

Bei jedem der Danksprüche wird ein Stück Brot in den Wind geworfen. Danach essen die Anwesenden das übrige Brot feierlich auf. Daraufhin spricht die Priesterin:

Das Ritual ist zu Ende. Lasst das Festmahl beginnen!

Druidisches Lughnasaritual des Zirkels des silbernen Rades

Diese Zeremonie sollte tagsüber durchgeführt werden, am besten auf einem Hügel oder neben einer heiligen Quelle.

Der Hauptdruide oder die Hauptdruidin und der Barde, dem auch das Hornblasen und Trommeln obliegt, leiten das Ritual. Ein Mann in königspurpurfarbenen Gewändern und einer Kornmaske repräsentiert den Korngott. Eine Frau in roten Gewändern und mit einem Kranz aus Ähren, Mohn und Kornblumen auf dem Kopf repräsentiert die Erntegöttin. Sie trägt eine Sichel bei sich.

Um den Altar wird ein Kreis gezogen und die Haupthimmelsrichtungen werden markiert. Der Ort wird mit Grünzeug, Korn, reifen Beeren, Äpfeln, Trauben und Ähnlichem dekoriert.

Alle Anwesenden schreiten, geführt vom Druiden, dreimal um den Kreis und halten dann in nordöstlicher Richtung an, wo sich der »Eingang« befindet.

Der Druide spricht:

Ich frage die hier Versammelten:
Seid ihr bereit, den heiligen Tempel zu errichten
Und die Rituale des Lughnasafestes zu zelebrieren?

Alle:

Wir sind bereit.

Gemeinsam betreten die Feiernden nun den Kreis und stellen sich um den Altar herum auf. Während er die Kreislinie mit dem Zeremonieschwert nachfährt, spricht der Druide:

Ich beschwöre Dich, Kreis der Macht,
sei ein Ort der Liebe, der Freude und
Der Wahrheit, ein Schild gegen das Böse und das Übel,
ein Bollwerk, das all die
Kräfte bewahren soll, die wir in ihm erzeugen.
So sei es im Namen der Götter
und der Göttinnen, die wir anbeten.

Barde:

Ihr Geister dieses Ortes, hört uns an!
Ihr Geister dieses Ortes,
wir ehren Euch und bitten Euch,
unseren Ritualen beizuwohnen.

Alle:

Seid mit uns!

Druide:

Wir haben uns hier versammelt,
um das Lughnasaritual zu feiern, da die Zeit
Der Ernte gekommen ist.
Die Felder werden golden in der Sonne und die
Kornähren reifen. Dies ist eine Zeit der Freude,
denn nun ernten wir die Früchte
Unserer Mühen. Dies ist auch eine Zeit der Gefahr,
denn der Wind und der Regen
Könnten das ungeschnittene Korn noch immer zerstören.
Es ist auch
Eine Zeit des Todes, denn der Korngott opfert sich
für unser Brot.

Barde:

Willkommen, oh Korngott,
Goldhaariger Sohn der Mutter Erde und des Himmelsvaters,
Geliebter der Göttin des Landes,
Geheiligter König, der an der Hand der Königin
dem Tod begegnet.

Der Mann, der den Korngott repräsentiert, tritt in die Mitte des Kreises.

Druide:

Komm, große Göttin,
Geist der Erde, deren Körper uns Leben schenkt,
Mutter des Universums, deren Milch die Sterne sind,
Spinnerin des Schicksals, die unser Leben webt und misst,
Herrin des Todes, die den Faden durchschneidet,
Sei willkommen als Königin des Herbstes.

Die Frau, die die Korngöttin repräsentiert, tritt vor und stellt sich dem Korngott gegenüber. Sie schwingt die Sichel über seinem

Kopf und er fällt zu Boden. Der Druide hebt seine Maske auf und singt:

Jeder Berggrat, jede Ebene, jedes Feld,
jede Sichel, geschwungen, kalt und scharf,
Jede Ähre und jede Garbe,
Jede Ähre und jede Garbe.
Jeden Maid, jeden Knaben,
Jede Frau und jedes Kind,
Segne und schütze sie unter Deinem Schild
Führe sie ins Haus der Heiligen
Führe sie ins Haus der Heiligen.

Leite jede Ziege, jedes Schaf oder Lamm,
Die Kühe, die Pferde und das Vieh,
Umgebe die Herden und Rudel
Und hege sie in diesem Pferch,
Hege sie in diesem Pferch.

Im Namen Llews, des Vielbegabten,
Im Namen Rhiannons, des Zweigs der Anmut,
im Namen Arianrhods, der weißen Locke,
im Namen der Gräber Gwyn ap Nudds.
Im Namen der Gräber Gwyn ap Nudds.[6]

Die Maske wird im Kreis herumgereicht und jeder der Anwesenden hält sie sich für einen Moment vor sein Gesicht und denkt über das Wesen des Opfers nach. Der Mann, der den Korngott repräsentierte, erhebt sich wieder und wird zum normalen Mitglied des Zirkels.

Der Druide bietet der Erntegöttin den Brotlaib an. Diese berührt ihn mit der Sichel, um ihn zu segnen und zu symbolisieren, dass sie ihn annimmt.

Der Barde spricht:

Mutter der Erde,
Du gabst uns neues Korn,
Das in der Sonne trocknete,
entledigt der Schale,
in der Mühle gemahlen,
Gebacken im Ofen
Nährt es Dein Volk.

Wir schreiten um den Kreis
In Deinem Namen, große Mutter,
Wir bitten um Deinen Schutz,
in Frieden, gemeinsam
Und aufrichtigen Herzens.

Schenke uns Liebe, Arbeit,
Weisheit und Gnade
Für das Wohl Deines Herren
Der mit der Ernte stirbt
Bis er eines Tages wiederkehrt.

Große Mutter, beschütze uns!
Große Mutter, beschütze uns!

Der Druide führt nun in Laufrichtung der Sonne die Prozession dreimal um den Kreis herum. Nur die Frau, die die Herbstgöttin repräsentiert, bleibt still in der Mitte stehen.

Nun bricht der Druide das Brot und teilt es mit allen Anwesenden. Ein Kelch voller Wein oder Met wird herumgereicht.

Der Druide ruft:

Seid gesegnet!

Alle:

Seid gesegnet!

Es folgen Weissagungen, Geschichtenerzählen, Tanz und Gesang.

Wenn alles vorüber ist, bringt der Druide der Erdmutter ein Trankopfer dar und spricht:

Wir danken der großen Mutter der Erde, Mutter, gib uns
Deinen Segen. Geleite unser Leben,
wie Du es für die Alten tatest.
Schenke uns Liebe und Deinen Segen. Segne uns!

Großer Herr und Gefährte der Göttin, gib diesem Land
Deinen Segen und
Schütze uns vor den Mächten der Zerstörung und des Bösen.
Geleite unser
Leben, wie Du es für die Alten tatest.
Schenke uns Deine Weisheit.
Segne uns!

Alle:

Segne uns!

Der Druide schreitet mit seinem Schwert gegen den Uhrzeigersinn um den Kreis herum, um ihn zu schließen und die Mächte zu beruhigen.

Dann spricht er:

Möge Frieden im Norden sein,
möge Frieden im Osten sein,
Möge Frieden im Süden sein,
möge Frieden im Westen sein.

Alle:

Möge der Frieden überall herrschen!

Druide:

Wir, meine Brüder und Schwestern, haben uns versammelt,
um das Lughnasaritual zu zelebrieren.
Wir waren Zeugen der Kornernte
und der Opferung des Korngottes. Wir haben den Herrn
und die Herrin geehrt.
Das Ritual ist vorüber, lasst uns in Frieden gehen,
bis wir uns wiedersehen.

Alle:

Geht in Frieden!

Anmerkungen

1 William Shakespeare: Titus Andronicus
2 Setzen Sie an dieser Stelle den Namen der Göttin ein, die in Ihrem Zirkel verehrt wird oder der Sie sich am nächsten fühlen.
3 Setzen Sie den Namen der Göttlichkeit ein, die Ihr Zirkel verehrt.
4 Setzen Sie den Namen der Göttlichkeit ein, die Ihr Zirkel verehrt.
5 Ein gesegneter Stein, der im Kreis in nördlicher Richtung aufgestellt wird.
6 Eine gälische Version könnte zum Beispiel folgendermaßen aussehen:
Im Namen Lughs, des Vielbegabten,
Im Namen Machas, des Zweigs der Anmut,
Im Namen Tailtius, der weißen Locke,
Im Namen der Gräber Crom Dubhs,
Im Namen der Gräber Crom Dubhs.

Anhang 1

Lughnasa-Kalender

15. Juli

- Griechisches olympisches Neujahr
- Fest der Rauni. Rauni ist die finnische Göttin der Eberesche und wird mit Zaubersprüchen und Runen assoziiert.
- St.-Swithins-Tag. Die Überlieferung besagt, dass es 40 Tage lang regnen wird, wenn das Wetter an diesem Tag schlecht ist:

St. Swithings-Tag, bei Sonnenschein
Wird's vierzig Tage sonnig sein.
St. Swithings-Tag, wenn Du bringst Regen
vierzig Tage wird's ihn geben.

Die Bauern beobachteten besorgt den Himmel, da ein Übermaß an Regen zu dieser Jahreszeit den Verlust der Ernte bedeuten konnte. St. Swithin war ein englischer Bischof aus dem neunzehnten Jahrhundert. Als seine Gebeine vom Friedhof in die Kathedrale gebracht wurden, brach ein Wirbelsturm aus, der vierzig Tage lang anhielt. Es heißt, dass er in seinem Grab weinte und tobte.

16. Juli

- Der ägyptischen Überlieferung nach die Geburt des Gottes Seth

18. Juli

- Die Geburt von Nepthys, der ägyptischen Todesgöttin

19. Juli

- Hochzeit von Isis und Osiris (Ägypten)
- Fest der Mut (Ägypten)
- Fest der Astarte (Kanaan)
- Hochzeit von Aphrodite und Adonis (Griechenland)

20. Juli

- St. Margarethen-Tag. Margarethe war eine Schäferin, die zur Heiligen erklärt wurde. In früheren Zeiten wurde in Gloucestershire an diesem Tag zu ihren Ehren *Heg Peg Dump*, ein Rosinenkuchen, gereicht.
- Fest der Freya (Skandinavien)
- Fest der Inanna (Sumer)
- Fest der Carman (Irland)

21. Juli

- Neujahrsfest der Maya

22. Juli

- Choctaw-Fest (amerikanische Ureinwohner)
- Festtag der La Maddelaine

23. Juli

- Im alten Rom wurde ein Fest zu Ehren der Salacia, der Göttin des Salzwassers und der Mineralquellen, gefeiert.
- Fest der Sul (auch Sulis), der Schutzgöttin der berühmten Mineralquellen in Bath/England. Derartige Quellen verfügen über Heilkräfte.
- Römisches Neptunfest
- Fest der Sophis
- Fest der Athene (Griechenland)

24. Juli

- Ein Fest zu Ehren der Isis (Neith)
- Im ägyptischen Sais wurde ein Lichterfest mit Lampenprozessionen um das Grab von Osiris, dem Korngott, gefeiert.

25. Juli

- St.-James-Tag
- Fest des Heiligen Christophorus, Schutzpatron der Reisenden
- In Pondreveda wurden dem Gott Santiago die ersten Trauben und Kornähren geopfert.
- Fest des hinduistischen Schlangengottes Naga Panchami
- Fest der Salacia
- Fest der römischen Göttin Furina, der Schutzgöttin der Trinkwasserquellen. Sie wurde angefleht, zu verhindern, dass zu dieser trockenen und heißen Jahreszeit das Wasser versiegt.

26. Juli

- St.-Annen-Tag. In der christlichen Überlieferung die Mutter der Jungfrau Maria.
- In Santiago de Querétaro wird das Santa-Ana-Fest mit einem Markt und traditionellen spanischen Stierkämpfen gefeiert.
- Fest des Sleipnir, des schamanischen Pferdes Odins.[1] Pferde sind bei Lughnasa-Festen ein häufiges Thema.

27. Juli

- Beginn der Hundstage

28. Juli

- St.-Botvids-Tag

29. Juli

- St.-Marthen-Tag. Zusammen mit ihrer Schwester Maria diente sie Jesus Christus.
- Fest von Thor, dem Donnergott (Skandinavien), der auch die

Eigenschaften eines Ackerbaugottes innehat. Er soll Fruchtbarkeit und gutes Wetter für die Ernte gewähren.

- St.-Olafs-Tag
- Fest des Ra (Ägypten)
- Fest des Merkur (Rom)
- Fest des Pan (Griechenland)
- Fest des Tammuz (Arkadien)

30. Juli

- Micmac-Fest (amerikanische Ureinwohner)

31. Juli

- Heutzutage Lammas- bzw. Lughnasa-Abend
- Loki, dem Lügengott, und seiner Frau Sigyn geweiht, die, anders als ihr Mann, für ihre Beständigkeit bekannt war.
- St.-Neots-Tag: Im Cornwall gilt St. Neot als der Schutzpatron des Fischfangs.

1. August

- Heutzutage Lammas- bzw. Lughnasa-Fest
- Fest der Tailtiu: Erdgöttin und Ziehmutter von Lugh (Irland).
- Fest der Göttin Carman (Irland).
- Fest der Macha mit dem goldenen Haar (Irland).
- Fest der Blodeuwedd, der Göttin der blühenden Erde (von der modernen Wicca-Kultur begründetes Fest)
- Fest der Demeter (Griechenland) und der Ceres (Rom), der Göttin des Korns und der Ernte, die im Zentrum des ganzen Monats August steht.
- In der skandinavischen Überlieferung ist der Monat August Sif mit dem goldenen Haar (das für das Korn steht) gewidmet.
- In der Überlieferung der brytonischen Kelten ist Ceridwen die Göttin der Ernte.
- Ehrung der britischen Rhiannon, der großen Königin (entspricht der gälischen Macha).

- Der Monat August ist nach dem römischen Herrscher Augustus benannt, der das römische Heidentum reformierte.[2]
- Ursprünglich war dies das Fest der heiligen Katharina, das auf den 25. November verlegt wurde. Wie auch andere christliche Heilige ist sie entweder eine getarnte heidnische Göttin oder hat die Eigenschaften einer älteren Göttin angenommen.
- Fest des Crom Dubh, eines keltischen oder vorkeltischen Gottes der Hügel. Er ist dafür verantwortlich, dass zu Lughnasa die Kornähren reifen.
- Aztekisches Fest des Xiuhtecuhtli, des Feuergottes und Herrschers des Jahres, dem zu Ehren Menschenopfer auf dem Feuer dargebracht wurden.

2. August
- In einigen Gegenden wurde heute Lammas gefeiert. An diesem Tag soll William Rufus, der vermutlich letzte geheiligte König Englands, bei einer Ritualjagd getötet worden sein.
- St.-Sidwells-Tag. Dieser Tag erinnert an eine Heilige, deren Kapelle sich in Exeter befunden haben soll. Es heißt, dass sie auf Anweisung ihrer Stiefmutter ermordet wurde, die Sidwell um ihre Ländereien beneidete und deshalb Mörder anheuerte. Wie auch im Falle von Sir Bevercote (vgl. Anhang 4, Absatz über St. Catherine) tat sich plötzlich eine Quelle auf. Da der Name Sidwell vermutlich von den Worten »scythe« (Sense) und »well« (Quelle) abgeleitet wurde, ist davon auszugehen, dass es sich bei der »Heiligen« um eine christianisierte Legende über die geheiligten Opfer der Ernterituale handelt.
- Fest der Herrin der Engel (Costa Rica)

3. August
- Fest der Diana
- Fest der Brighid
- Fest der Minerva

- Fest der Sybille
- Fest der Artemis

4. August
- Fest der Aphrodite
- Fest der Ishtar
- Fest der Isis
- Fest der Inanna
- Fest der Heiligen Maria (europäischer Katholizismus)

5. August
- Beginn des schoschonischen Bannockfestes (amerikanische Ureinwohner)
- Fest der Tiamat
- Fest der Ishtar
- Fest der Venus
- Ehemaliger St.-James-Tag

6. August
- In England ist dies der Tag des Tan-Hill-Volksfestes, das in Gedenken des heiligen Feuers abgehalten wird, das die Kelten *teinne*[3] nannten.
- Fest des Thoth (Ägypten)
- Grüner-Mais-Tanz der Cherokee (amerikanische Ureinwohner)

7. August
- Fest der Hathor (Ägypten)
- Fest der Neith (Ägypten)
- Fest der Yemaya
- Russisches Zaziuki-Fest. Die erste Kornähre (*zazhinochnyl* oder *zazhinnyi*) wurde ins Haus gebracht und getrennt von den anderen gedroschen. In einigen Gegenden wurde sie gesegnet und unter das Saatgut gemischt.

8. August

- Ende des schoschonischen Bannocks (amerikanische Ureinwohner)

9. August

- Chinesisches Milchstraßenfest
- Vinalia Rustica, das römische Weinfest
- Fest der Venus

10. August

- St.-Laurentius-Tag. St. Laurentius wurde gefoltert, indem man ihn auf einem Bratrost röstete. Seine letzten Worte lauteten »Diese Seite ist gar, also dreh mich weiter, Tyrann, und sieh, ob mein Fleisch roh oder geröstet besser schmeckt!«. Mit seinem schwarzen Humor wurde er, passend zu Lammas, der Schutzpatron der Köche und Bäcker.
- Fest der Nuit
- Fest der Hathor
- Fest der Sothis

11. August

- Ehemaliger Lammas-Abend

12. August

- Altes Lammas- bzw. Lughnasafest
- Ende der Hundstage
- Fest der Heiligen Klara von Assisi

13. August

- In einigen Gegenden ehemaliges Lammasfest
- Fest der Hekate. Das griechische Fest diente dazu, Hekates Schutz vor dem Verderben der Ernte durch Stürme zu erbitten. In Rom war der 13. August der Feiertag der Sklaven, an dem die Frauen in den Dianentempel in Aricia pilgerten, um eben-

falls um Schutz vor Stürmen zu bitten. Man krönte die besten Jagdhunde und die jungen Leute wurden Reinigungsritualen unterzogen. Ein Festmahl, bestehend aus auf Blättern servierten Kuchen, Äpfeln am Zweig und Ziegenkitzen, wurde gereicht.

- Fest des Vertumnus, Gott der Herbstwinde (Rom)
- Laut der skandinavischen Überlieferung war dieser Tag den Göttern der Stabilität und Ordnung geweiht.

14. August

- Fest der Hathor
- Fest der Hera
- Fest der Selene
- Mariä Himmelfahrt (Spanien und Portugal)

15. August

- Mariä Himmelfahrt
- Fest der Diana (Rom)
- Geburt der Isis
- Fest der Sophia

16. August

- Fest der Chan-go, der chinesischen Mondgöttin

17. August

- Beginn der Marter Odins am Baum Yggdrasil
- Fest des Amenartus
- Fest der Isis
- Fest der Ishtar
- Fest der Selene

18. August

- Fest der heiligen Helene. Sie wurde im dreizehnten Jahrhundert geboren und war die Mutter Konstantins, des ersten zum

Christentum bekehrten römischen Imperators. Viele Quellen sind nach ihr benannt, weshalb sie möglicherweise eine christianisierte Version der keltischen Heidengöttin Elen darstellt.
- Fest des Zeus (höchster Gott der Griechen)
- Fest des Thor (skandinavischer Donnergott)
- Fest des Jupiter (höchster Gott der Römer)

19. August
- Rustica Vinalia. Bei diesem römischen Fest wurden Venus und Minerva als Schutzheilige der Gärten und Olivenhaine angerufen. Das Fest war ein Feiertag für Gemüsegärtner.

20. August
- Flötenzeremonie der Spinnenfrau der Hopi

21. August
- Heraklia (griechisches Fest zu Ehren des Herakles)
- Fest der Inanna
- Fest der Beltis
- Fest der Ishtar
- Fest der Isis
- Fest der Kore

22. August
- Fest der Isis
- Fest der Tara
- Montufest (Ägypten)

23. August
- Fest der Juturna
- Fest der Nemesis, der griechischen Göttin der göttlichen Rache. In früheren Zeiten war sie möglicherweise eine Göttin des Jahresrades.
- Fest der Moira, der griechischen Schicksalsgöttin

24. August

- Fest der Ceres
- Fest der Nuit

25. August

- St.-Maelrbha-Fest. Der irische Heilige wurde vermutlich mit dem keltischen Gott Mourie, einem Wassergott, der mit dem Loch Maree und der darinliegenden heiligen Insel assoziiert wurde, verwechselt. Wahrscheinlich handelt es sich bei dem Fest um eine Zeremonie der ersten Früchte. Wer vom Wahnsinn geheilt werden möchte, sollte die heilige Insel an Lughnasa besuchen, zum dortigen Wunschbaum und der darunterliegenden Orakelquelle gehen und Opfer darbringen.[4]
- Ende der Marter Odins. Enthüllung der Runen.
- Fest der Ops
- Fest der Nuit

Anmerkungen

1 Pennick, Nigel und Field, Helen: The God Year, 1996
2 Ebd.
3 Ebd.
4 Clarke, David: A Guide to Britain's Pagan Heritage, 1995

Anhang 2
Namen des Festes

Im modernen Irisch hat sich der Name des alten Festes in dem gälischen Wort für August, *Lúnasa*, erhalten. Das Fest wird zumeist Lughnasa genannt, obwohl auch eine ältere Schreibweise existiert: *Lughnasadh*.

Im schottischen Gälisch heißt es *Lughnasair*, auf Manx dagegen *Lhuanystag*.

Dem gallisch-keltischen Coligny-Kalender zufolge fiel Lughnasa in den Monat Elembios (»Zeit der Ansprüche«), was sich vermutlich auf die zu dieser Zeit stattfindenden Stammesversammlungen bezieht, auf denen konkurrierende Anrechte geklärt wurden. Dem heutigen Kalender folgend erstreckt sich Elembios von Ende Juli bis Anfang August.

In Angelsachsen wird das Fest, ausgehend von dem Ausdruck *hlaef-mass* (»Masse von Laiben«), Lammas genannt. Die Sachsen nannten den Monat August nach den zu dieser Zeit des Jahres schnell wachsenden Gräsern *woedmonath* den Grasmonat.

Im mittelalterlichen England nannte man das Fest »The Gule of August«. Die Bezeichnung bereitet den Linguisten einiges Kopfzerbrechen. Einige gehen davon aus, dass das Fest ursprünglich »Yule of August« (August-Julfest) hieß, wahrscheinlicher ist aber, dass es sich um eine Anglisierung des walisischen Wortes *gwyl* handelt, was »Fest« bedeutet. »The Gule of August« fand zwischen *Hey Monath* (dem Heumonat Juli) und *Barn Monath* (dem Erntemonat August) statt.

Im Walisischen heißt August *awst*, und der erste August wird *gwyl aust*, »das Augustfest«, genannt.

Der Monat August erhielt seinen Namen zu Ehren des römischen Imperators Augustus (63 v. Chr.–14 n. Chr.).

Im Irischen trägt das alte Fest, das über die Jahrhunderte überlebt hat, je nach Region verschiedene Namen:

- Domhnach Chrom Dubh (Crom-Dubh-Sonntag)
- Domhnach Lughnasa (Lughnasa-Sonntag)
- Garland Sunday (Girlandensonntag)
- Garlic Sunday (Knoblauchsonntag)
- Garden Sunday (Gartensonntag)
- Sunday of the New Potatoes (Sonntag der neuen Kartoffeln)
- Colcannon Sunday
- First Sunday in August (Erster Sonntag im August)
- Harvest Sunday (Erntesonntag)
- First Sunday of the Harvest (Erster Sonntag der Ernte)
- Donagfh Sunday
- Last Sunday of Summer (Letzter Sonntag des Sommers)
- Last Day of Summer (Letzter Tag des Sommers)
- Bilberry Sunday (Heidelbeersonntag)
- Blueberry Sunday (Blaubeersonntag)
- Mulberry Sunday (Maulbeersonntag)
- Whort Sunday (Krautsonntag)
- Hurt Sunday (Sonntag des Schmerzes)
- Fraughan Sunday
- Big Sunday (Großer Sonntag)
- Mountain Sunday (Bergsonntag)
- Height Sunday (Höhensonntag)
- Rock Sunday (Felsensonntag)
- Lough Sunday (Seensonntag)
- Glen Sunday (Tälersonntag)
- Wood Sunday (Waldsonntag)
- Pilgrimage Sunday (Pilgersonntag)

- Pattern Sunday (Sonntag der Muster)
- Papish Sunday (Papistensonntag)
- Cullen Well Day
- Owna Day
- Peakeen Sunday
- Rann Sunday
- Reek Sunday (Rauchsonntag)
- Skein Sunday (Sonntag der Scharen)
- Skelp Sunday
- Steeple Sunday (Kirchturmsonntag)
- Scabby Friday (Schäbiger Freitag)

Im Deutschen finden sich unter anderem folgende Namen:
- Schnitterfest
- Schnitterinnenfest
- Mondfest
- Erntefest
- Kornfest

Anhang 3

Lughnasa-Symbole

Farben
Braun (für die Erde)
Gold und Gelb
(für das reifende Korn)
Purpur
Rot (für Blut)

Pflanzen
Apfel
Basilikum
Binsen
Borretsch
Calla
Eiche
Erle
Esche
Fenchel
Gänseblümchen
Geißblatt
Getreide
Ginster
Haselnuss
Heidekraut
Mohn
Schilf
Waid
Wein

Edelsteine
Bernstein
Rötlicher Quartz
Tigerauge

Werkzeuge
Daube
Dreschflegel
Messstock
Sichel

Elementare Energien
Erlösung
Erneuerung
Ernte
Opfer
Schutz
Tod
Trauer

Anhang 4

Lughnasa-Gottheiten

Adonis: Sein Name bedeutet »Herr«, außerdem wird er auch »Christos« und »der Gesalbte« genannt. Er war ein Gott der Pflanzen und wurde während der Hundstage angerufen, in deren Hitze die Pflanzen verblühten und abstarben.

Anu/Ana: (irisch) Ein Wörterbuch aus dem neunzehnten Jahrhundert beschreibt Anu als »die Mutter der irischen Götter«, wobei es sich offensichtlich um eine Verwechslung mit der Wassergöttin Danu handelt. Die Bezeichnung »Anu« ist von dem alten gälischen Wort *anai* abgeleitet, das »Wohlstand« bedeutet. Somit steht Anu in engem Zusammenhang mit der Erde und ihren Nährstoffen. Viele Orte in Irland sind ihr geweiht, und ein früher Text bezeichnet das Land als *iath nAnnan*, das Land der Anu. Die wohl berühmteste Anu geweihte Stätte sind die zwei Bergspitzen nahe Killarny namens *Dá Chich nAnnan*, die auch heute noch als »The Two Paps of Anu« bekannt sind.

Arianrhod: Diese keltische Göttin, deren Name »Silberrad« bedeutet, ist die Mutter Llews (siehe auch Kapitel 3) und lebt im Schloss des silbernen Rades, in das die Seelen nach dem Tode einziehen und das von Dichtern in Trance zur Initiation bereist wird. Sie steht unter anderem für den Mond, die Initiation und die spinnende Frau.

Artemis: Die griechische jugendliche Göttin der Jagd und des Mondes. Sie zieht in Begleitung ihrer Hunde mit ihrem Silberbogen durch die Wälder.

Aset: vgl. Isis

Attis: Auch: »der Gesalbte« (Christos). Ein Gott der Pflanzen, der starke Parallelen zu Adonis aufweist.

Blodeuwedd: (walisisch) Zwei Zauberer erschufen aus Blumen diese Göttin als Braut für Llew. Ihr Name bedeutet »Blumengesicht«. Sie betrog Llew, indem sie sich in Gronw verliebte, mit dem zusammen sie Llews Ermordung plante. Als der Mordversuch fehlschlug und Llew zurückkehrte, floh sie vor ihm und wurde zur Strafe in eine Eule verwandelt. Sie ist die Göttin des Sommers und der blühenden Erde, repräsentiert aber als altes Weib und in Form der Eule auch den Winter.

Bran: Der Riese Bran (»Rabe«) ist der Beschützer der Briten. Als er die Misshandlung seiner Schwester in Irland rächte, wurde Bran vergiftet und wusste, dass er sterben müsse. Er wies seine Begleiter an, ihm den Kopf, der weitersprechen würde, abzuschneiden und mit nach Hause zu nehmen. Schließlich kamen sie zum weißen Berg, wo sein Kopf begraben wurde und durch Magie die Briten auch weiterhin vor Angriffen schützt. Heute steht an derselben Stelle der Tower of London. Noch heute tummeln sich um den Turm viele Raben, die Totemvögel des Gottes, die bis zum heutigen Tag liebevoll umsorgt werden. Es heißt, dass England, solange die Raben den Turm bevölkern, vor Angriffen sicher sein wird. Sollten sie ihn aber verlassen, werde ein Unglück geschehen. Bran wird mit der Erle assoziiert. Im Ogham, dem keltischen Baumalphabet, steht die Erle für *fearn*, oder, auf brytonisch: *gwern* – Der Name von Brans Neffen. Brans singender Kopf könnte eine Anspielung auf den obersten Zweig der Erle darstellen, der »der Kopf« genannt wird und verwendet wurde, um magische Flöten und Pfeifen herzustellen, durch die der Gott angeblich sprach. Eine der veralteten Bezeichnungen für die Erle lautet *whistlewood* (»Flötenholz«), da sich ihre obersten Zweige bei Wind bewegen und die Blätter dabei einem Gesang ähnlich rascheln.

Carman: (irisch) Es heißt, dass die Göttin Carman mit ihren drei Söhnen aus dem griechischen Athen in das irische Wexford kam. Ihr zu Ehren wurde in Carman/Leinster alle drei Jahre ein Fest abgehalten, dessen Besucher mit Wohlstand, Fülle, Korn, Milch und Früchten gesegnet sein sollten.[1] Auf dem Fest spielten die Frauen eine wichtige Rolle und trafen sich zu Versammlungen, bei denen Frauenangelegenheiten diskutiert wurden.

Ceres: Die römische Göttin der Feldfrüchte. Äquivalent zu der griechischen Göttin Demeter.

Ceridwen: Die britische Erntegöttin, die auch die Mondgöttin, das alte Weib und die Initiation verkörpert.

Chicomecoatl: Die aztekische Maisgöttin des Überflusses, auch bekannt als »Siebenschlange«.

Cotys: Thrakische Fruchtbarkeitsgöttin, die in nächtliche Orgien angebetet wurde.

Crom Dubh: Der irische Gott wird auch »The Black Crooked One« (»der schwarze Gekrümmte«), »The Black Bowed One« (»der schwarze Gebeugte«) und »Crom Cruach« bzw. »Cenn Cruaich« (»der Gebeugte vom Hügel«) genannt. Er war ein Opfergott, der mit dem Beginn des Monats August assoziiert wurde. Im »Book of Leinster« aus dem elften Jahrhundert steht geschrieben: »In einer Reihe standen zwölf Götterbilder aus Stein. Und um die Menschen zu bezaubern, war das Abbild des Crom gemacht aus Gold.« Vermutlich bezieht sich diese Aussage auf den Steinkreis in Magh Sléacht in der Nähe von Killycluggin, auf der Tullyhaw-Ebene im Bezirk Cavan. Vielleicht wurden hier in alten Zeiten Menschenopfer dargebracht, die durch Spiele ausgewählt wurden. Es wird angenommen, dass Crom Dubh Teil der antiken irischen Religion war, die vor der Zeit der keltischen Eroberer praktiziert wurde. Seine erste schriftliche Erwähnung bezieht sich auf ein Götzenbild in Magh Sléacht, das von König Tignermas und seinem Gefolge angebetet wurde und dem auch Menschenopfer dargebracht wurden. Die Statue soll, nachdem sie von St. Patrick zerstört wurde, im Boden versunken sein, und in der Tat sind von dem Steinkreis nur noch Ruinen zu sehen. Im größten Teil der Überlieferungen wird er Crom Dubh genannt, der »dunkle Kauernde« oder »der alte Gebeugte«, und mit dem Teufel gleichgesetzt. Man glaubte, dass die geopferten Menschen nach ihrem Tod zu einem Teil von ihm würden. Auch sie waren nun »Gebeugte«, und man glaubte, dass sie, regiert vom König der Toten, die Hügel bewohnten.

Damara: Britische Fruchtbarkeitsgöttin.

Dana: Gattin Balors, manchmal auch Ceithlenn genannt.

Danae: Vorgriechische Göttin der Gerste. Im klassischen Mythos wurde sie von Zeus verführt, der dafür die Gestalt eines Goldregens angenommen hatte.

Danu: Keltische Göttermutter, die in der gesamten antiken keltischen Welt angebetet wurde. Mehrere europäische Flüsse, wie z. B. die Danube, sind nach ihr benannt. Ihr walisisches Äquivalent heißt Dôn, die in mittelalterlichen Quellen als die Mutter einer Familie mythischer Zauberer dargestellt wird. In der mittelalterlichen irischen Literatur wird Danu mit Anu gleichgesetzt. Der Name Danu wird sehr häufig im Zusammenhang mit Beschreibungen der Tuatha Dé Dannan (»das Volk der Göttin Danu«) genannt, die sie als die Mutter aller Götter bezeichnen.

Demeter: Griechische Göttin des Korns und der Ernte. Demeter ist möglicherweise eine dreifaltige Göttin: Kore oder Core stellen ihren Jungfrauenaspekt dar und Persephone den der Königin der Unterwelt. Den Geschichten zufolge wurde Kore (bzw. Persephone) von Hades, dem König der Unterwelt, entführt, als sie gerade Mohn pflückte. Er nahm sie mit sich in sein Reich und zwang sie, bei ihm zu bleiben. Demeter suchte das ganze Land nach ihr ab, das in Kores Abwesenheit öde und unfruchtbar wurde und dem Winter anheimfiel. Schließlich setzte sie sich ermüdet für neun Tage und Nächte nieder.

Die Götter ließen um ihre Füße herum Mohnblumen sprießen. Der einschläfernde Duft tat seine Wirkung, und so schlief sie ein. Die Götter entschieden unterdessen, dass Kore zu ihrer Mutter zurückkehren könne, gesetzt den Fall, sie habe in der Unterwelt keine Nahrung zu sich genommen. Unglücklicherweise aber hatte sie sechs Granatapfelkerne gegessen, und so musste sie von nun an sechs Monate im Jahr in der Unterwelt verbringen, womit der Winter erklärt wurde. Wenn sie zur Erde zurückkehrt, ist ihre Mutter glücklich und die Erde erblüht. Mohn, der zusammen mit dem Korn wächst, ist das Symbol der Erntegöttin Demeter, und Kore ist das Samenkorn in der Erde, das im Frühling wächst und zur Ernte in die Unterwelt zurückkehrt.

Diana: Römische Göttin des Mondes und der Jagd, gleichzusetzen mit der griechischen Artemis.

Dionysos: Griechischer Gott des Weins. Die Traubenernte beginnt zu Lammas. Dionysos ist ein Heiland mit den Beinamen Christos (»der Gesalbte«), Dendrites (»Gott des Baumes«) und, in seiner Funktion als Sündenbock, Melanaigis (»Gott der schwarzen Ziegenhaut«).

Dôn: Walisische Muttergöttin, die mit der irischen Göttin Danu gleichzusetzen ist. Sie ist die Großmutter Llews.

Einer anderen Lughnasa-Legende nach wurde Crom Dubh drei Tage lang bis zum Hals eingegraben und erst freigelassen, wenn die Erntefrüchte sicher verwahrt waren. Crom, als alter Gott des Ackerbaus und der Erde, der für das Reifen des Korns sorgte, steht in engem Zusammenhang mit den alten Hügeln, so wie auch die *sidhe* (»das Volk der Hügel«) oder die Elfen der keltischen Überlieferung, die als Abkömmlinge solcher Gottheiten gelten und denen regelmäßige Opfer in Form von Milch erbracht werden mussten. Crom ist vermutlich ein Gott der Unterwelt, wie auch der griechische Hades (römisch: Pluto), der Persephone (römisch: Proserpina) raubte. Hades bzw. Pluto war sowohl der Wächter des Schatzes der Unterwelt, also der Nährstoffe der Erde, als auch des Korns, das in der Unterwelt keimt.

Elen: Elen ist die brytonische Schutzgöttin der Quellen, Pfade und Ströme. Sie steht auch in Verbindung mit einigen bekannten Ley-Linien und anderen paranormalen Phänomenen. In einigen Gegenden ist Elen unter ihrem Kosenamen Nell bekannt. »Peg o'Nell« ist ein häufiger Name für Wassergeister oder -elfen. Elen war eine der Schutzgöttinnen (»genius loci«) Londons. Viele ihrer Stätten wurden von der christlichen Heiligen Helena übernommen. Elen/Helena/Nell wird mit einigen Quellen entlang des Flusses Fleet in London assoziiert. Sowohl Nell als auch Elen wurden als schöne junge Frauen mit einem jungen Hund und einem Korb voller Früchten dargestellt. Nell hat angeblich in der Nähe der Bagnigge-Quellen in London gelebt, was auf einen Zusammenhang zwischen der keltischen Wassergottheit und den Quellen hinweist, die im achtzehnten Jahrhundert ein beliebter Versammlungsort waren. Ihre Vergangenheit ist aber alles andere als heilig: Es heißt, die Quellen seien häufiger Schauplatz amouröser Treffen gewesen, bei denen »die Söhne unsittlicher Lust zusammenkamen, sich abwechselnd den käuflichen Dirnen hinzugeben«.

Epona: Gallische Göttin der Herrschaft. Als eine der wichtigsten gallischen Gottheiten wird Epona immer mit Pferden abgebildet, entweder im Damensattel reitend oder zwischen mindestens zwei Pferden stehend oder sitzend. Sie steht in engem Zusammenhang mit einigen der wichtigsten Themen des Lughnasa-Festes. Symbolisch für Erneuerung und Fruchtbarkeit wird ihr Pferd manchmal mit einem Fohlen abgebildet, und einige Abbildungen Eponas zeigen sie mit einem Korb voller Korn oder Früchten. Außerdem wurde sie mit Quellen und Brunnen assoziiert. Die Verbindung zwischen Pferden, Wasser und Heilung steht in Verbindung mit dem Pferdeschwimmen zu Lughnasa.

Fauna: Römische Göttin der Tiere. Sie ist das weibliche Äquivalent zu Faunus (römisch: Pan), dem gehörnten Gott des Wildes, wird aber gelegentlich auch mit Ops gleichgesetzt.

Formorianer: Häufig werden sie als ein Volk von Seeungeheuern beschrieben, wobei es sich allerdings um eine Verwechslung zwischen *mor* (»Gespenst«) und *muir* (»Meer«) handelt. Für weitere Verwirrung sorgte, dass es hieß, sie würden hoch oben im Norden Irlands leben, weshalb sie fälschlicherweise für Wikinger-Plünderer und Piraten gehalten wurden. Eigentlich bedeutet ihr Name »Unterwelt-Gespenster«. Sie stellen die dämonische Komponente der irischen Nacherzählung des indo-europäischen Mythos eines Titanenkampfes zwischen einem Göttervolk und einem Volk aus der Unterwelt dar. Häufig werden sie als extrem verformte und monströse Gestalten abgebildet; in der Geschichte über den Kampf von Moytirra allerdings werden sie als etwas ansehnlichere Geschöpfe dargestellt, was vermutlich darauf zurückzuführen ist, dass Lugh von mütterlicher Seite her von ihnen abstammte. Eine spätere Darstellung, die *Lebor Gabala* (eine mittelalterliche pseudo-historische Sammlung), beschreibt sie als einarmig und -beinig. Es besteht offensichtliche Ähnlichkeit zum Fachan, einem böswilligen Elf oder Kobold aus dem schottischen Hochland. Die Vorstellung von derartigen Kreaturen ist möglicherweise am Vorbild der keltischen Seher entstanden, die auf einem Bein stehend mit einem ausgestreckten Arm und einem geschlossenen Auge ihre Zaubersprüche sprachen oder weissagten. In dieser recht merkwürdigen Haltung befanden sie sich zwischen den Welten: Das geschlossene Auge blickte auf die innere Welt und der ausgestreckte Arm deutete auf die Anderwelt. Einigen Überlieferungen zufolge konnte man in dieser Position Elfen sehen und ihr Reich betreten. Einer anderen Theorie zufolge besteht ein Zusammenhang zwischen Einarmig-, -beinig- und -äugigkeit und psychedelischen Pilzen – auch eine Art und Weise, »unterwegs mit den Elfen zu sein«.

Furina: Römische Göttin der Quellen und des Frischwassers, deren Fest am 25. August stattfindet.

Gilgamesch: Götterheld und vermutlich das sumerische Äquivalent zu Herakles: Beide erlegten riesige Löwen, trugen deren Felle und packten einen Himmelsstier bei den Hörnern, um ihn zu besiegen. Beide statteten der Hölle einen Besuch ab und entdeckten das geheime Kraut der Unsterblichkeit.

Gofannon / Govannon: Walisischer Schmiedegott. Entspricht dem irischen Goibhniu. Vgl. *Schmiedegötter*.

Goibhniu: (»Schmied«) Irischer Schmiedegott. Als Schmied der Tuatha Dé Dannan fertigte er den Speer Lughs und alle weiteren Speere an, die in der Schlacht von Moytirra verwendet wurden. Von ihm gefertigte Speere verfehlten nie ihr Ziel. Er reichte den Göttern bei einem Festmahl ein Bier, das jeden, der von ihm trank, unsterblich machte und nicht altern ließ. Er besaß auch eine Wunderkuh, die unbeschränkt Milch gab. In einigen Überlieferungen wird er auch Gobán Saor genannt.

Hades: Griechischer Gott des Todes und der Unterwelt, der den Winter verursachte, indem er Persephone entführte. Er trägt eine Hundehaut.

Hephaestus: Der gelähmte Schmiedegott der Griechen. Er besaß die magische Gabe der Metallverarbeitung und seine Tempel thronten über den Straßen der Handwerker und Schmiede. Er war der Feuergott von Lycia und Sohn der Hera, die ihn, da er bei seiner Geburt gelähmt und hässlich war, voller Abscheu aus dem Himmel verbannte. Er fiel ins Meer und wurde von Thetis und Euronyme, zwei Meeresgöttinnen, großgezogen. Er schmiedete den beiden viele schöne Geschenke und wurde so zum Schmied und Handwerker der Götter, der so geschätzt wurde, dass er schließlich Aphrodite, die wunderschöne Göttin der Liebe, heiratete. Möglicherweise war er ursprünglich ein gefährlicher Feuerdämon, dessen Macht gebändigt wurde, indem man seine Beine lähmte. Anderen Interpretationen zufolge war er lahm, weil Schmiede bei der Arbeit an der Esse häufig verstümmelt wurden. Eine weitere Ursache könnte eine Deformierung durch eine Arsenvergiftung gewesen sein. Aus welchem Grund auch immer, wieder findet sich hier das Muster des gelähmten Königs/Gottes, der von zu Hause verstoßen und von Zieheltern großgezogen wird, um später zurückzukehren und die Tochter des Königs zu heiraten.

Herakles: (griechisch; entspricht dem römischen Herkules). Als Krieger eignet sich Herakles bestens als Lughnasa-Ikone. Es gibt aber auch noch eine weitere Verbindung: Lughnasa wird gefeiert, wenn sich die Sonne im Sternzeichen Löwe befindet. Diese Konstellation steht in Verbindung mit dem nemeischen Löwen, den zu töten Herakles' erste Aufgabe war und dessen Fell er von da an trug. Seine zwölf Aufgaben können interpretiert werden als die Reise eines Sonnenhelden durch den Tierkreis, bei der er auch von einem Krebs gezwickt wird und einen Himmelsstier besiegen muss. Nach seinem Tod wurde er auf einem Erlenholz-Scheiterhaufen verbrannt und seine Überreste in einem Erlenholzschiff auf einem Fluss ausgesetzt, was ein Symbol für die Sonne sein könnte, die nachts auf einer Sonnenbarke den Fluss der Unterwelt durchquert. Treibende Erlenholzboote und -archen kommen in der Mythologie häufig vor. Sein Tod wurde von einer Sonnenfinsternis begleitet. Als Sohn der Jungfrau Alkmene und des Göttervaters Zeus trug er die Beinamen »einziger Sohn, der in die Welt gesetzt wurde« und »Prinz des Friedens«.

In späteren Zeiten wurde das Menschenopfer durch einen Stier ersetzt. An der Nordküste Galways wird Crom Dubh zu Ehren an seinem Gedenktag noch heute Fleisch geröstet, bis nur noch die Asche übrig ist. In einigen Varianten der Legende hat St. Patrick einen Heiden namens Crom Dubh besiegt bzw. bekehrt, indem er seinen toten Stier wieder belebte.

Innana: Sumerische Erd- und Muttergöttin, die, nach dem grünen Korn, das sie im Frühling als Mantel verwendete, die

Beinamen »die Grüne« und »Sie des sprießenden Grüns« trug. Ihr Halsband ist der Regenbogen, und die Mondhörner schmücken ihren Kopf. Sie war die Königin der Erde, die Göttin des Korns, des Weins, der Dattelpalmen, Zedern, Platanen, Feigen, Oliven und Apfelbäume. Einer dieser Bäume wurde als Symbol ihrer Macht in jeden ihrer Tempel gepflanzt. Auf ihrem Altar wurde eine Art Brot gebacken, das man »die gebackenen Kuchen der Göttin Innana« nannte und das den Körper der Göttin symbolisierte, der ihre Kinder ernährt.

Isis: Ägyptische Muttergöttin. Isis ist die griechische Übersetzung des ägyptischen Namens Aset (»Thron«). Sie trauerte um ihren Ehemann Osiris, den sie durch Magie wieder zum Leben erweckte, nachdem er von seinem Bruder Seth ermordet worden war. Sie ist die Mutter des falkenköpfigen Gottes Horus, den sie vor Seth schützt, bis er alt genug ist, um den Tod seines Vaters zu rächen. Während der griechischen und römischen Perioden Ägyptens wuchs ihre Bedeutung und ihr Kult verbreitete sich im Mittelmeerraum und bis nach Oxford in England. Sie war die Schutzgöttin der Magie, der Mutterschaft, des Lebens, der Natur, der Heilung, des Schutzes, des Todes und der Seefahrer und trug den Beinamen Königin der Himmel und Stern des Meeres – Titel, die später von der Jungfrau Maria übernommen wurden. Als Sommergöttin steht sie in Zusammenhang mit dem Hundsstern Sirius (oder Sothis), dessen Aufgehen mit der Sonne die ersehnte jährliche Nilüberschwemmung ankündigte.

Kornjungfrau: Die Korngöttin der amerikanischen Ureingeborenen. Ein Krieger träumte von einer goldhaarigen Frau, die ihm befahl, die grasbedeckte Ebene abzubrennen. Danach sollte er sie am Haar packen und über die Erde ziehen. Wo immer er anhielt, wuchsen Maisähren. Die Maisfäden repräsentieren das Haar der Korngöttin.

Kronos: Zu Lughnasa bekämpfen sich Erle und Esche, und viele

Geschichten erzählen davon, wie Erlengötter und -riesen von den Eschengöttern besiegt werden. Der Erlengott der Griechen war Kronos, der, wie auch Bran, ein Titan bzw. ein Riese mit einem Rabentotem war. Einer seiner Titel war wohl Phoroneus, und er soll der erste gewesen sein, der den Nutzen des Feuers entdeckte, nachdem Prometeus es den Göttern gestohlen hatte. In seiner »Griechischen Mythologie« stellt Robert Graves die These auf, dass sein Name von dem griechischen Wort *fearinus* (»Beginn des Jahres«) abgeleitet sein könnte, was ihn zu einem Erlengott und damit zu einer Variante der Götter Bran, Gwern oder Fearn machen würde. Seine Mutter war die Eschennymphe Melia, da, wie Graves interpretiert, die Esche Blitze, die erste Feuerquelle der Menschen, anzieht. In der Antike wurden Esche und Erle stark miteinander assoziiert und häufig als Gegensätze angesehen. In dem keltischen Gedicht »Der Kampf der Bäume« (Cad Goddeu) aus dem »Märchen des Taliesin« steht die Erle in der Frontlinie der einen, Gwydions Esche in der Frontlinie der anderen Partei. Die Esche besiegt die Erle, was möglicherweise symbolisch für den Jahreszeitenwechsel steht.

Leo: Lughnasa fällt in den Zeitraum der Sternenkonstellation »Löwe« (»Leo«). Löwen werden mit Sonnengöttern und Löwinnen mit Mondgöttinnen assoziiert und ziehen deren Wagen oder tragen ihren Thron. Sybille, die Geliebte des Todes- und Auferstehungsgottes Attis, wurde in einem von Löwen gezogenen Wagen abgebildet und verwandelte auch ihre beiden Liebhaber Hippomenes und Talanta in Löwen. Die Nymphe Cyrena besiegte durch ihre innere Stärke einen Löwen, der Libyen heimsuchte, und ist noch heute auf der Tarotkarte »Die Kraft« abgebildet. Der Löwe gilt allgemein als Wächter vor Tempeltoren und Palästen und symbolisiert Königstum und Herrschaft. Die Ägypter huldigten Leo, weil das Ansteigen des Nils mit dem Eintritt der Sonne in das Sternbild Löwe zusammenfiel. Es gibt viele löwenköpfige Brunnen, deren

Wasser aus dem geöffneten Maul fließt. Die Sphinx hat den Körper des Löwen Leo und den Kopf der Jungfrau Virgo.

Llew: (walisisch) Vgl. Kapitel 3

Loki: (nordisch) Der Hundsstern wird auch »Lokabrenna«, Lokis Brandzeichen, genannt. Außerdem stahl Loki das Haar Sifs, einer Korngöttin. Diese beiden Dinge setzen ihn in Zusammenhang mit der Lammaszeit. Loki war ein Gaunergott, ein erfahrener Witzbold. Er war von launenhaftem Wesen, mal hilfsbereit und dann wieder bösartig, in jedem Fall aber schlau und durchtrieben. Er ist ein Gott des Lauffeuers, Sohn des Farbauti, der das Feuer erzeugte, und der Laufrey (»bewaldete Insel«), die dem Feuer Nahrung bot. Er scheint keine eigenen Stätten gehabt zu haben, obwohl er zu den herrschenden Göttern der Aesir (der Götter der Wikinger) zählte. Er war der Vater des Wolfes Fenris, der am Weltenende die Götter verschlingt.

Lugh: (irisch) vgl. Kapitel 3

Macha: Ihr zu Ehren wurde in Armagh/Irland zu Lughnasa jedes Jahr ein Volksfest veranstaltet. Sie trägt den Beinamen Königin Macha des goldenen Haares. Das goldene Haar steht natürlich für das goldene Korn. Sie hat Eigenschaften einer Pferdegöttin und Göttin des Landes.

Mithras: Der persische Gott des Lichts, dessen Kult sich mit dem römischen Imperium verbreitete. Er war der Lieblingsgott der Soldaten, der einen Stier tötete, dessen Blut die Erde befruchtete. Der Mithraismus hätte sich beinahe als Staatsreligion gegenüber dem Christentum durchgesetzt. D. J. Conway (Lord of Light and Shadow) zufolge wurde er am 25. Dezember geboren, versammelte sich mit seinen zwölf Schülern für ein letztes Abendmahl, starb und fuhr in den Himmel auf. Seine Anhänger feierten ein Ritual, bei dem ein mit einem Kreuz versehenes Brot geteilt wurde. Er trug die Himmelsschlüssel bei sich, ließ die Toten auferstehen, heilte die Kranken und wurde »der Erlöser« und »das Licht der Welt« genannt. Die Anhänger wurden in Stierblut getauft, das sie von ihren Sünden reinwusch. Er wurde in der Nähe eines Steines namens Petra (Peter) geboren.

Morrigan / Mór-ríoghain / Mórrigu: »Große Königin«. Eine irische Kriegsgöttin und dreifaltige Gottheit. Ihr Vogel ist der Rabe, der die im Kampf Gefallenen verspeist. Sie kämpfte an der Seite der Tuatha Dé Dannan während ihres ersten Krieges gegen die Formorianer. Wie auch im Falle Anus wurden zwei Hügel nach ihren Brüsten benannt, die *dá chich na Mórrigana* in der Nähe des großen Grabhügels bei Newgrange im Boyne-Tal.

Mourie: Alter schottischer Gott der Seen, dessen Fest am 25. August gefeiert wurde und vielleicht ein Lughnasa-Fest war, da die Ernte so weit im Norden später reifte. Bis ins siebte Jahrhundert n. Chr. opferte man ihm Stiere und Milch auf den Hügeln und betete ihn an Quellen, Monumenten und Steinen an. Er stand in Verbindung mit der Insel St. Ruffus, die auch Ellan Moury genannt wird. Der Name könnte eine Verfälschung von *Eilean a Mhor Righ* sein, was »Insel des großen Königs« bedeutet und sich möglicherweise auf einen geheiligten König bezieht, der den Gott repräsentierte und die Insel beherrschte.[2] Die örtliche Bevölkerung sprach noch bis ins siebzehnte Jahrhundert hinein vom »Gott Mourie«, was der Kirche natürlich sehr missfiel.[3]

Ninurta / Lugalbanda: Sumerischer Gott, dessen Heldentaten in der *Lugal-e* beschrieben werden. Er war der Herr der Pflüge und der Felder und der junge Krieger und Wettkämpfer der Götter, aber auch ein alter Donnergott, der die Stürme verursachte, die dem Land Leben gaben. Der *Bauernalmanach* (1700 v. Chr.), eine Anleitung zum Gerstenanbau, stellt ihn als den »lebensgebenden Samen« dar.[4]

Odin: Skandinavischer Hauptgott, Schutzpatron des Krieges, der Poesie, der Magie und der Toten. Er ritt auf einem achtbeinigen Pferd namens Sleipnir und besaß einen magischen Speer mit dem Namen Gungnir. Im Monat August hing er neun Tage und Nächte lang an Yggdrasil, dem Weltenbaum, um die Geheimnisse der Runen zu erfahren, wobei er eines seiner Augen verlor.

Ops: Die römische Göttin der Ernte, der Fruchtbarkeit und des Säens und die Ehefrau Saturns. Ihre Feste waren die Opeconsiva am 25. August, zu der sie geehrt wurde, indem man den Boden berührte, und die Saturnalien, wo sie und ihr Gemahl vom 17. bis 23. Dezember verehrt wurden. Die Opalia fand am 17. Dezember statt.

Orpheus: Zu Lughnasa findet der Kampf zwischen den Eschengöttern und den enthaupteten Erlenriesen und -göttern statt. Neben Bran wird die Erle noch mit einem weiteren »singenden Kopf« assoziiert: Dem von Orpheus aus der griechischen Mythologie. Sein Name stammt von dem Wort »orphruoesis« ab, das »am Flussufer« bzw. »Erlenbaum« bedeutet. Mit seiner Musik konnte er Menschen und Tiere verzaubern. Nachdem es ihm nicht gelungen war, seine Frau aus der Unterwelt zu befreien, durchstreifte er die ganze Welt, bis er schließlich von den wahnsinnig gewordenen Mänaden, Anhängern des Dionysos, in Stücke gerissen wurde. Sein Haupt wurde von den Musen in einer Höhle zur Ruhe gebettet, wo er Tag und Nacht Weissagungen tätigte, bis er von Apollo den Befehl erhielt, zu schweigen.

Orthus: Der zweiköpfige Hund Geryons aus der griechischen Mythologie. Zusammen mit Echidne zeugte er die Chimäre, die Sphinx, die Hydra und den nemeischen Löwen. Er war Sirius der Hundsstern, der das athenische Neujahr einläutete. Das reformierte Jahr hatte zwei Jahreszeiten. Sein Sohn, der Löwe, repräsentierte die erste Hälfte, und seine Tochter Hydra, die Schlange, die zweite. Das Jahr begann, wenn die Sonne in das Tierzeichen des Löwen eintrat und die Hundstage begonnen hatten. Orthus blickte, wie auch Janus, in zwei Richtungen: In die Vergangenheit und in die Zukunft.

Osiris: (Ägypten) Osiris wurde König der Ägypter, nachdem sein Vater Geb sich im Himmel zur Ruhe gesetzt hatte, und heiratete seine Schwester Isis. Ihr Bruder Seth war eifersüchtig und lockte Osiris in einen Sarg, wo er ihn tötete. Danach schnitt er seinen Körper in vierzehn Teile und verteilte sie in ganz Ägypten. Isis fand alle bis auf den Penis. Sie verwandelte sich in einen Falken und vereinigte sich mit dem Toten, wobei sie den Falkengott Horus zeugten. Osiris entschied, in der Unterwelt zu bleiben um dort die Toten zu empfangen. In dieser Funktion ist er auch in den Pharaonengräbern abgebildet. Zum Saatenfest beerdigten die Priester aus Erde und Korn gefertigte Osirisfiguren. Nach einem Jahr, wenn das Korn spross, wurden sie wieder ausgegraben. Der Korngott erbrachte also sein Opfer für sein Volk, indem er das Korn aus seinem eigenen Körper wachsen ließ. Seine Anhänger aßen mit einem Kreuz versehene Weizenkuchen, die den Geist Osiris' beinhalten sollten. Den Rechtschaffenen versprach er ewiges Leben. Sein Symbol war der Hirtenstab, und er trug den Beinamen »der gute Hirte«.

Persephone: Griechische Göttin der Unterwelt und des Korns. Tochter der Demeter und Ehefrau des Hades. In der Dreiergruppe Kore/Demeter/Persephone verkörpert sie den Aspekt der Unterwelt und des alten Weibes und steht symbolisch für das Saatkorn in der Erde.

Pomona: Römische Göttin der Obstbäume. Sie schützt Früchte, beschneidet die Weinreben und gibt den Wurzeln der Weinreben und Bäume frisches Wasser. Sie war die Braut des Vertumnus, des Herbstwindes, der am dreizehnten August die Reife der Früchte verkündete.

Prometheus: Der griechische Gott opferte sich, um den Menschen das Feuer zu bringen, das er aus der Esse des Schmiedegottes Hephaestus gestohlen hatte. Für seine Tat wurde er dazu verdammt, angekettet an einen Felsen täglich zu ertragen, wie ein Vogel ihm die Leber aus dem Leib pickte. Des Nachts wuchs sie nach und die Tortur begann am nächsten

Tag erneut. Prometheus war einer der Titanen (frühe Götter oder Riesen), die vom olympischen Pantheon besiegt wurden. Der Sieg über Riesen oder vorzeitliche Götter ist ein weiteres typisches Thema des Lammasfestes, das möglicherweise den Sieg der Ernte symbolisiert.

Proserpina: Römische Entsprechung der Persephone.

Rhiannon: (»Große Königin«) Walisische Hauptgöttin mit den Eigenschaften einer Fruchtbarkeits- und Anderweltgöttin. Ehefrau des Anderweltgottes Pwyll.

Salacia: Römische Göttin der Frischwasserquellen. Derartige Göttinnen werden in der heißen, trockenen Lammaszeit geehrt, um sicherzustellen, dass genug Wasser für die Ernte vorhanden ist.

Schmiedegötter: Es gibt viele Legenden über Schmiedegötter, auch die Lughs, die mit der Lammaszeit in Zusammenhang stehen, was vielleicht daran liegt, dass sie mit dem Sternbild Krebs assoziiert werden. Nach der Sommersonnenwende im Juni, die im Sternbild Krebs stattfindet, scheint sich die Sonne rückwärts zu bewegen und symbolisiert den Niedergang des Jahres nach seinem Zenit. Wie der geopferte geheiligte König werden auch die Schmiedegötter häufig als gelähmt oder verkrüppelt geschildert, und gelegentlich heißt es, sie würden wie Krebse gehen. Einige tragen das Wort »Krebs« auch in ihrem Namen. Die Söhne und Enkelsöhne (die »Kabeiroi«) des Hephaestus waren verkrüppelt und wurden als Zwergschmiede und Krebse bezeichnet. Die Söhne des Carcinos (»Krebs«) waren Zwergenschmiede. Osiris' Penis wurde von einem Krebs verspeist, was symbolisch dafür steht, dass die schöpferische Kraft des Korngottes von der heißen, unfruchtbaren Periode im Sternbild Krebs zerstört wird.

Seth: Ägyptischer Gott, der auf einer Heugabel gekreuzigt wurde. Es hieß, sein Tod und sein Blut würden die Erneuerung des Jahres ermöglichen. Vor seiner Opferung wurde er an der Seite verletzt und sein Schilfszepter zerbrochen. Er ist der einzige der vielen geopferten Götter, die in Zusammenhang mit der Lammaszeit stehen.

Sif: Skandinavische Ehefrau des Donnergottes Thor. Ihr goldenes Haar ist das Korn, das zu Lammas von Loki abgeschnitten wird.

St. Anne: St. Anne soll die Mutter der Jungfrau Maria und damit die Großmutter Jesu gewesen sein. Sie steht im Zusammenhang mit einigen heiligen Quellen und ihr Festtag wird kurz vor Lammas am 26. Juli gefeiert. Die Ähnlichkeit ihres Namens mit denen von Anu/Danu entstand vermutlich aus dem Versuch, alte heilige Stätten, vor allem die heiligen Quellen der Göttin, zu christianisieren. Eine der bekanntesten ihr geweihten Quellen ist die des Kurorts Buxton im englischen Peak District.

St. Helene: Der Festtag der heiligen Helene ist der 18. August. Sie wurde im dritten Jahrhundert geboren und war die Mutter Konstantins, des ersten römischen Imperators, der sich zum Christentum bekehrte. Helene war die Tochter Coels, des »Alten Königs Cole«. Es heißt, dass sie das Kreuz Christi entdeckt habe. Wegen der Ähnlichkeit ihres Namens mit dem Elens, einer keltischen Wassergöttin, wurden mehrere britische heidnische Quellen nach ihr benannt. Sie soll eine Kirche auf einer römisch-britischen Stätte in der Nähe der Pancras-Quellen gegründet haben. Nell Gwynne, die Geliebte König Charles des Zweiten, hat im Volksglauben viele von Elens Eigenschaften angenommen, sodass sie eine Art lebende Verkörperung der Göttin wurde.

St. Jakob: Der traditionelle Beginn der Austernernte war der Tag des heiligen Jakob am 25. Juli, dem alten Kalender nach am fünften August, also kurz vor Lammas. Er war einer der Jünger Jesu und wurde 43 n. Chr. in Jerusalem gefoltert, aber unerklärlicherweise in Santiago de Compostella (Spanien) beerdigt. Ihm zu Ehren trugen die Pilger auf ihren Reisen Jakobsmuscheln bei sich. Am Tag des heiligen Jakob feiern viele britische und irische Gemeinden die Segnung des Meeres und der Fischerei: Fischer, Boote, Netze und das Meer selbst werden geweiht. Am alten St.-James-Tag am fünften August wurden Höhlen aus Muscheln gebaut. Dem Datum nach könnte dies das Überbleibsel eines älteren Festes zu Ehren des Meeresgottes sein. An diesem Tag werden traditionell Austern gegessen, und es heißt, dass die Esser für den Rest des Jahres keinen Mangel leiden würden.

St. Katharina: Der St.-Katharinen-Abend wurde von der römisch-katholischen Kirche durch das ganze Jahr geschoben, schließlich aus der Liste der offiziellen Heiligen verbannt und wird heute am 25. November gefeiert. Ursprünglich wurde sie mit Lammas assoziiert. Der Höhepunkt ihres Festes war das »Katherinenrad«. Heutzutage ist dies die Bezeichnung für einen kleinen Feuerwerkskörper, früher aber handelte es sich dabei um eine weitaus spektakulärere Angelegenheit: Das ursprüngliche Katharinenrad war ein riesiges, teerbestrichenes Wagenrad, das angezündet und einen Hügel hinabgerollt wurde. Die heilige Katharina wird häufig mit einem Rad abgebildet und war die Schutzpatronin der Spinner und Spinnerinnen. Es gibt deutliche Ähnlichkeiten zwischen ihr und der Göttin des Spinnens und Webens, die das Universum webt, auch wenn die Legende besagt, dass die heilige Katharina durch Räder gefoltert wurde, bevor sie enthauptet wurde.

St. Lorenz: Der Feiertag des heiligen Laurenz ist der 18. August. Er wurde gefoltert, indem er auf einem Bratrost gebraten wurde. Seine letzten Worte sollen gewesen sein: »Diese Seite ist gar, also dreh mich, Tyrann, und finde heraus, ob mein Fleisch roh oder gebraten besser schmeckt.« Mit seinem etwas schwarzgefärbten Humor wurde er, höchst passend zu Lammas, der Schutzpatron der Köche und Bäcker.

St. Oswald: Das St.-Oswald-Fest findet am 5. August statt. Auch wenn er angeblich ein christlicher Heiliger war, der im Kampf gegen den Heidenkönig von Mercien im Jahr 642 v. Chr. ums

Leben kam, gibt es zwei ihm geweihte Quellen, eine in Lancashire und eine Heil- und Wunschquelle in Shropshire. Auf ihrer Rückseite befindet sich ein Stein, in den ein gekröntes Haupt gemeißelt war. Es heißt, dass der Kopf des Heiligen Oswald hier begraben ist. Die Geschichte erinnert an die des Riesen Mimir aus der nordischen Mythologie, dessen Kopf an einer Quelle in der Nähe von Yggdrasil begraben wurde.[5] Nach seinem Tod wurden ihm die Gliedmaßen vom Körper abgeschnitten. Einige wurden an einem Baum aufgehängt, andere im ganzen Land verstreut. Diese Geschichte findet sich in Zusammenhang mit einigen Korngöttern und geheiligten Königen.

St. Patrick: (Irland) Der heilige Patrick wurde als Nationalheilige von Irland bekannt. Obwohl sein Festtag im März liegt, wird sein Sieg über den heidnischen Crom Dubh an Lughnasa gefeiert. Patrick lebte im fünften Jahrhundert n. Chr., und auch wenn er nicht der erste Missionar war, der nach Irland kam, so war er doch er wohl einflussreichste und wichtigste Verbreiter des Christentums. Er wurde in Westbritannien in eine Familie romanisierter Kelten geboren und in seiner Jugend entführt und als Sklave nach Irland verschleppt. Schließlich gelang ihm die Flucht auf das europäische Festland, wo er studierte und zum Priester wurde. Er soll eine Vision gehabt haben, die ihn anhielt, »zurückzukehren und ein weiteres Mal unter den Iren zu weilen«. Es existieren viele Geschichten über seine Mission und seine Siege über das Heidentum, deren bekannteste wohl die ist, in der er alle Schlangen aus Irland vertrieb. Tatsächlich gab es aber seit der Abtrennung Großbritanniens vom Festland kurz vor der Eiszeit keine Schlangen mehr in Irland. Ähnliche Geschichten erzählen, wie der heilige Patrick an mehreren Orten in Irland Ungeheuer in Seen trieb. Diese volkstümlichen Sagen symbolisieren den Sieg der neuen christlichen Religion über die älteren heidnischen Gottheiten. Eine andere Geschichte erzählt, wie er anhand eines Kleeblattes die christliche Dreifaltigkeit darstellte. Dies war alles andere als ein neuer Gedanke für die antiken Kelten, die die drei Kleeblätter vermutlich schon vorher mit ihrer eigenen dreifaltigen Göttin assoziiert hatten. Die wichtigsten Lughnasa-Traditionen, die in Zusammenhang mit dem heiligen Patrick stehen, sind sein Sieg über Crom Dubh und einige Pilgerreisen zu Hügeln, Seen und Höhlen, deren bedeutendste die zum Mount Croagh im Landkreis Mayo war. Seine englische Entsprechung ist am ehesten der heilige Michael, nach dem einige Kirchen auf Hügeln und heidnische Stätten benannt sind. Michael wird häufig im Kampf gegen einen Drachen dargestellt, der das Heidentum symbolisiert. Das St.-Michaels-Fest wird am Ende der Ernte am 29. September gefeiert. Bis ins frühe zwanzigste Jahrhundert wurden an der St.-Patricks-Quelle und am St.-Patricks-Sitz im Landkreis Tyrone in Irland zu Lughnasa zügellose Lughnasa-Feierlichkeiten abgehalten. Der heilige Patrick, der in einigen Quellen auch St. Bright (»der heilige Glanz«) genannt wird, soll hier eine Herde von Teufeln über eine in der Nähe liegende Klippe getrieben haben. Der St.-Patricks-Sitz selbst soll ein Einweihungsthron gewesen sein, und die Stätte blieb durch die christlichen Praktiken mehr oder weniger unverändert – St. Patricks Name liegt nur wie ein dünner Film über den früheren heidnischen Bräuchen.

St. Sidwell: Der St.-Sidwells-Tag am zweiten August erinnert an eine Heilige, der eine Kapelle und eine Quelle in Exiter geweiht gewesen sein sollen. Es heißt, sie wäre auf Anweisung ihrer Stiefmutter ermordet worden, die sie um ihre Ländereien beneidete und Mörder anheuerte, die ihr Sidwells Kopf bringen sollten. Wie auch in anderen heidnischen und christlichen Geschichten, in denen Enthauptungen eine zentrale Rolle spielen, tat sich eine Quelle auf, als der Kopf fiel. Der Name »Sidwell« soll von den Begriffen »scythe« (Sense) und »well« (Quelle) abgeleitet sein, was darauf hinweist, dass es sich bei der heiligen Sidwell wohl um eine vorchristliche Legende über Ernteopfer handelt.

Sul/Sulis: Göttin der Mineralquellen in Bath in Südengland.

Sybille: Phrygische Göttin, deren Beziehung zu Attis der zwischen Ishtar und Tammuz ähnelt. Sie war die Göttin der Erde und der Bienen, die mit einer Krone und flankiert von Löwen dargestellt wurde.

Tailtiu: Lugh soll zu Lughnasa Festspiele zu Ehren seiner Ziehmutter Tailtiu, der Erdgöttin, eingeführt haben. Sie markierten den Beginn der Ernte und das Ende des Sommers. Sie war das weibliche Oberhaupt der Fir Bolg.

Thor: Skandinavischer Donnergott, Ehemann der Sif und Urheber des befruchtenden Regens. Sein Symbol ist der Hammer.

Vertumnus: Römischer Gott, dessen Fest am 13. August gefeiert wurde. Er ist der Herbstwind, der Veränderungen ins Land bringt. Bei seiner Berührung reifen die Trauben und das Korn. Zur rechten Zeit bringt er dann Schnee und Regen, doch zunächst, so heißt es, ist er der erste, der die Früchte der Pomona, der Göttin der Obstbäume, probiert.

Vulcano: Römische Entsprechung des griechischen Hephaestus. Ein Himmelsgott aus der Steinzeit, der ursprünglich den Namen Volcanus trug und sowohl für Feuer als auch Blitze stand und mit den Essen der Anfänge des Metallzeitalters assoziiert wurde. In späteren Mythen nahm er viele Eigenschaften Hephaestus' an und heiratete Venus, die römische Entsprechung der Aphrodite.

Weiland: Der britische Schmiedegott wurde von einem König verkrüppelt, der sich an ihm rächte, indem er seine Tochter raubte. Weiland soll in einem langen Grabhügel in Berkshire, England, gelebt haben. Es heißt, wenn man dort bei Vollmond ein Pferd anbindet, wird es am nächsten Morgen frisch beschlagen sein. Es heißt auch, dass er das nahegelegene Kalkpferd von Uffington beschlägt.

Zerberus: Zerberus, der Sohn von Echidne und Typhon, hat die

Gestalt eines Hundes und ist der Wächter der Unterwelt in der griechischen Mythologie. Seine drei Köpfe symbolisieren das dreigeteilte Jahr.[6] Er wird häufig in Zusammenhang mit dem Hundsstern Sirius gebracht, der zu Lammas zusammen mit der Sonne aufgeht, um die Seele des geopferten Herren des Korns in die Unterwelt zu führen.

Anmerkungen

1 Patrick Joyce: A Social History of Ireland, London, 1903
2 Spence, Lewis: The Minor Traditions of British Mythology, Benjamin Bloom, 1972
3 Clarke, David: A Guide to Britain's Pagan Heritage, London: Hale, 1995
4 http://www.gatewaystobabylon.com
5 Aburrow, Yvonne: The Sacred Grove, Chieveley: Capall Bann, 1994
6 ???

Anhang 5

Lughnasalieder und -reime

John Gerstenkorn

Die alte Ballade von John Gerstenkorn spiegelt den weit verbreiteten alten Glauben an einen Korngott bzw. -geist in einer farbenfrohen, fantasievollen Erzählung wider. Es gibt viele verschiedene Varianten der Ballade, aber alle erzählen sie die Geschichte des Opfers von John Gerstenkorn. Er ist die Seele der Pflanze, die bei der Ernte geopfert wird, damit die Menschen in den dunklen Wintermonaten Nahrung haben. Im nächsten Frühjahr wird er dann wiedergeboren. Der englische Name »John Barleycorn« wird in Großbritannien euphemistisch synonym für alkoholische Getränke gebraucht.

Es kamen drei Männer von Westen her
Um einen Sieg zu erringen
Und feierlich taten sie den Schwur
John Gerstenkorn zu bezwingen
Sie pflügten, säten, eggten ihn
warfen Erdschollen auf seinen Kopf
Und diese drei Männer taten den Schwur
Und tot war der arme Tropf.

Sie ließen ihn liegen für lange Zeit
Und schließlich vom Himmel fiel Regen
Und der kleine Sir John öffnete seinen Kopf

Und das Staunen wollt' sich kaum legen
Sie ließen ihn steh'n bis zum Mittsommertag
Bis ganz blass und bleich er war
Und dem kleinen Sir John wuchs ein langer Bart
Und ein stattlicher Mann ward er gar.

Sie holten Männer mit scharfen Sensen
Um ihn abzuschneiden am Knie
Sie rollten ihn fest und banden ihn auch
So grausam war man noch nie
Sie holten Männer mit harten Gabeln
Um zu stechen sie ihm durchs Herz
Und schließlich kam einer, band ihn an den Wagen
Zu John Gerstenkorns großem Schmerz.

Sie drehten ihn wieder und wieder ums Feld
Und in die Scheune dann
Und diese drei Männer taten den Schwur
Dass Sir John sei ein toter Mann
Sie holten Männer mit dornigen Knüppeln
Und die zogen die Haut ihm ab
Und der Müller tat ihm noch Schlimmeres an
Warf ihn zwischen zwei Steine herab.

Der kleine Sir John ist in dieser Schale
Und im Brandy in Deinem Glas
Und der kleine Sir John war der Stärkste am Ende
Und Du merk' Dir nun das:
Der Jäger, der kann nicht jagen den Fuchs
oder blasen in sein Horn
und der Kesselflicker kann nicht flicken den Topf
ohne ein wenig Gerstenkorn.

Wer tötete Robin?
(Who killed Cock Robin)

Dieses alte Lied erinnert an den Tod des rothaarigen Königs William Rufus, der am zweiten August als geheiligter König geopfert worden sein soll. Diese Version des Liedes stammt von 1788.

»Ich«, sagte der Spatz,
»Mit Pfeil und Bogen auf der Hatz,
Ich schoss auf Robin.«

Wer näht sein Leichenhemd?
»Ich«, sprach der Habicht,
»mit der Nadel näh' ich's,
Ich näh sein Leichenhemd.«

Wer gräbt sein Grab?
»Ich«, sprach die Eule,
»mit düstrem Geheule,
ich grabe sein Grab.«

Wer ist der Pfarrer?
»Ich«, sprach die Krähe,
»Frieden ich säe,
Ich bin der Pfarrer.«

Wer ist der Schreiber?
»Ich«, sprach die Lerche,
»in unsrer Kirche,
bin ich der Schreiber.«

Wer trägt die Kette?
»Ich«, sprach der Hänfling,

»Als williger Höfling
trag ich die Kette.«

Wer leitet die Trauernden?
»Ich«, sprach die Taube,
wie ich mir erlaube,
ich leite die Trauernden.

Wer trägt den Sarg?
»Ich«, sprach der Milan,
ich eil schon heran,
trag ich den Sarg.

Wer trägt das Bahrtuch?
Ich, sprach der Zaunkönig,
kann sonst so wenig,
Ich trag das Bahrtuch.

Wer singt den Psalm?
Ich, sprach die Meise,
auf meine Weise,
sing ich den Psalm.

Wer ringt die Glocke?
Ich, sprach der Blutfink,
ich komme ganz flink,
ring ich die Glocke.

Wer führt uns an?
Ich, sprach die Schwalbe
Über die Halde
Führ ich Euch an.

All die Vögel dort droben
Seufzten und weinten
Als die Glocken sich erhoben
Zu läuten für den armen Robin.

Im brytonischen Keltisch bedeutet *coch* »rot« und *rhi-ben* »höchster König«. Der Spatz steht für das Wintergoldhähnchen, das die winterliche Hälfte des Jahres beherrscht.[1] Der Bogen wird zu Lammas abgeschossen, wenn die Elster als böses Omen erscheint. Die Eule symbolisiert Blodeuwedd in ihrem Winteraspekt. Die Krähe gilt als Unglücksvogel. Die Lerche ist der Göttin des Todes geweiht. Der Hänfling wird mit Flachs assoziiert, aus dem die Arianrhod geweihte Fackel hergestellt wird. Der Milan ist ein Aasvogel, wird aber auch mit Göttinnen wie Isis assoziiert, die den König wieder zum Leben erwecken. Der Blutfink steht in Zusammenhang mit der Wintersonnenwende, zu der die Sonne wiedergeboren wird. Zu Mittsommer findet *An Fheill Eoin* statt, das Fest der Vögel,[2] die im August beginnen zu verstummen.

Iolach buana oder der Erntegruß

Dies ist ein traditionelles schottisches Lied zum Marienfest.

Jeder Berggrat, jede Ebene, jedes Feld,
jede Sichel, geschwungen, kalt und scharf,
Jede Ähre und jede Garbe,
Jede Ähre und jede Garbe.
Jeden Maid, jeden Knaben,
Jede Frau und jedes Kind,
Segne und schütze sie unter Deinem Schild
Führe sie ins Haus der Heiligen
Führe sie ins Haus der Heiligen.

Leite jede Ziege, jedes Schaf oder Lamm,
Die Kühe, die Pferde und das Vieh,
Umgebe die Herden und Rudel
Und hege sie in diesem Pferch,
Hege sie in diesem Pferch.

Im Namen Michaels, Oberhaupt der Heerscharen,
Im Namen Marias, des Zweigs der Anmut,
im Namen der Braut mit der weißen Locke,
im Namen der Gräber der Columba.
Im Namen der Gräber der Columba.

Klage für Adonis

Bei seinem Verschwinden erhebt sich ihr Klagen,
»Oh, mein Kind«, erhebt sich bei seinem Verschwinden
ihr Klagen,
»Mein Damu«, erhebt sich bei seinem Verschwinden ihr Klagen,
»Mein Zauberer und Priester!«,
erhebt sich bei seinem Verschwinden ihr Klagen.
Bei der leuchtenden Zeder, die am luftigen Ort wurzelt,
In Eanna, hoch oben und weit unten, erhebt sich ihr Klagen
Wie die Klage eines Hauses für seinen Herrn erhebt
sich ihr Klagen
Wie die Klage einer Stadt für ihren Herrscher erhebt
sich ihr Klagen
Ihre Klage ist die Klage um das Kraut, das nicht wächst
Ihre Klage ist die Klage um das Korn ohne Ähren
Ihre Kammer ist ein Besitz, der Besitz hervorbringt
Eine erschöpfte Frau und ihr erschöpftes Kind.
Ihre Klage ist eine Klage um einen Fluss,
an dem keine Weide wächst,
Ihre Klage ist eine Klage um einen See ohne Fische.

Ihre Klage ist eine Klage um ein Rieddickicht,
in dem kein Riedgras wächst.
Ihre Klage ist eine Klage um die Wildnis,
in der keine Zypresse steht.
Ihre Klage ist eine Klage um einen Garten
ohne Honig und Wein.
Ihre Klage ist eine Klage um Auen,
in denen keine Pflanze wächst.
Ihre Klage ist eine Klage um den Palast,
in dem das Leben stillsteht.

Traditionelle irische Klage

Mein Schatz und mein Liebster
Mein Kleiner mit dunklem Kopf,
Weißer denn Milch dacht' ich Dich
Und als Wasser an einem Sommertag!

Homerische Hymne an Gaia

Sie, die ich preise, ist die Mutter von allem
Die Grundfeste, die Älteste
Ich singe für die Mutter der Erde
Die Ernährerin, sie, die alles nährt.
Von Gaia singe ich.
Wann immer Du schreitest auf ihrem geweihten Grund
Nährt sie Dich aus ihrer Schatzkammer.
Ihre großzügige Ernte bringt uns wundervolle Kinder
Das Geschenk des Lebens, die Fülle des Lebens,
Das Vergehen des Lebens, sie alle sind ihres.
Lobet sie.

Glossar

Anderwelt: Das Reich, in dem der keltischen Überlieferung nach die Götter und die Toten leben; auch als Elfenland, Elfhame und Avalon bekannt.

Anima Loci: Der Geist bzw. die Seele eines Ortes.

Athame: Ein Hexenmesser mit schwarzem Griff, das bei Ritualen verwendet wird, um den Kreis zu ziehen.

Avalon: Das »Apfelland«, ein keltisches Paradies.

Axis mundi: »Die Achse der Welt«; Ein imaginärer oder mit Magie herbeigerufener Pol, der einen Ort oder einen Menschen mit den Reichen des Himmels, der Erde und der Unterwelt verbindet.

Cailleach: Ein schottisches Wort für die Hag bzw. die winterliche Erscheinung der Göttin.

Covener: Mitglied eines Hexenzirkels.

Druide/Druidin: Priester/Priesterin der alten Kelten.

Erdwerk (rath): Erdhügel, Festung

Geheiligter König: Durch Losverfahren oder einen Wettbewerb ausgewählter König, der das Schicksal des Landes verkörpert und geopfert wird, wenn seine Kräfte versagen.

Gewebe: Magische Vorstellung, nach der alle Dinge miteinander verbunden sind. Jede Handlung wirkt sich auf das gesamte Gewebe aus.

Hag: Die Göttin als altes Weib; repräsentiert häufig den Winter.

Handfasting: Eine heidnische Vermählung, die das Paar für »ein Jahr und einen Tag« verbindet.

Heliar: Mit der Sonne aufsteigend

Hexe/Hexer: Ausübende(r) der alten heidnischen Religion und Magie.

Hexenzirkel: Gruppe von Hexen/Hexern oder Wiccanern/Wiccanerinnen

Hundsstern: Der Stern Sirius, der Ende Juli bis Anfang August morgens mit der Sonne aufgeht. Der Zeitraum nennt sich Hundstage.

Lustral: Gesegnetes Wasser, das bei Reinigungsritualen verwendet wird.

Mumming: Volksstück, das in traditionellen Kostümen gespielt wird.

Ogham: Magisches Alphabet der alten Kelten, das auf der Lehre der Bäume beruht.

Rune: Magisches Alphabet der Sachsen und Altnordischen.

Sidhe: Gälisch für »Elfe«.

Sirius: Vgl. *Hundsstern*

Tuatha Dé Danann: »Das Volk der Göttin Danu«, eine götterähnliche Rasse, die in Irland gelebt haben soll, bis sie von den einfallenden Kelten in den Untergrund vertrieben wurde.

Voranschreiten der Tagundnachtgleiche: Da die Erde auf ihrer Achse schwankt, stehen die Sterne zu bestimmten Zeiten des Jahres nicht fest, sondern scheinen sich rückwärts durch den Tierkreis zu bewegen. Daher findet beispielsweise die Frühlings-Tagundnachtgleiche, die früher im Sternzeichen Stier auftrat, heute im Sternzeichen Widder statt.

Weltenbaum: Ein mythischer Baum, der alle Ebenen des Seins verbindet.

Wiccaner: Anhänger der magischen Traditionen, die, basierend auf antiker Hexenkunst, ursprünglich von Gerald Gardener entwickelt wurden.

Wildvolk: Englischer Zauberausdruck für das Elfenvolk.

Ausgewählte Bibliographie

Bailey, Jacqui (Hrg.): Five Minute Faces. Kingfisher Books, 1991

Bauval, Robert und Gilbert, Adrian: Das Geheimnis des Orion. Droemer Knaur, 2001

Bayley, Michael: Caer Sidhe. Chieveley: Capall Bann, 1997

Bell, Brian (Hrg.): Irland Apa Guide. Apa Publications, 1995

Beresford, Ellis Peter: Dictionary of Celtic Mythology. London: Constable, 1992

Briggs, Catherine M.: The Folklore of Cotswolds. Batsford, 1974

Caesar, Julius: Der gallische Krieg. Artemis & Winder, 1998

Cambrensis, Giraldus: The Historical Works. Thomas Wright (Hrg.), Bohn, 1863

Campbell, Joseph: Der Heros in tausend Gestalten. Insel, 1999

Campbell, Joseph: Mythologie des Ostens. Sphinx, 1991

Carmichael, Alexander: Harfenklänge. Urachhaus, 2000

Chadwick, Nora: Die Kelten. Glb. Parkland, 2004

Cheney, W.: The Cult of Kingship in Anglo-Saxon England. Manchester University Press, 1970

Clarke, David: A Guide to Britain's Pagan Heritage. Hale, 1995

Cockayne, T. O. (Hrg.): Leechdoms, Wortcunning and Starcraft of Early England. Rolls Series, 1866

Conway, D. J.: Lord of Light and Shadow. St. Paul, MN: Llewellyn, 1997

Cooper, Quentin und Sullivan, Paul: Maypoles, Martyrs & Mayhem. Bloomsbury, 1994

Cotterell, Arthur: Die Enzyklopädie der Mythologie. Edition XXL, 1999

Crowley, Vivianne: Wicca. Agmüller Urania, 2001

Dames, Michael: The Silbury Treasure. London: Thames and Hudson, 1976

Detienne, Marcel: Die Adonis-Gärten. Wissenschaftliche Buchgesellschaft, 2000

Devereux, Paul: Symbolic Landscapes. Gothic Image, 1992

Dineen, P.: An Irish-English Dictionary. Dublin, 1975

Dixon, Hardy Philipp: The Holy Wells of Ireland. Hardy & Walker, 1840

Durdin-Robertson, Lawrence: The Year of the Goddess. Aquarian Press, 1990

Egan, Patrick: The Torch and the Spear. Chieveley: Capall Bann, 1996

Farrar, Janet und Stewart: Acht Sabbate für Hexen. Bohmayer Verlag, 2002

Farrar, Janet und Stewart: The Witches' Goddess. Robert Hale, 1987

Feest, Christian F.: Kulturen der nordamerikanischen Indianer. Könemann, 2002

Frankin, Anna und Philipps, Sue: Pagan Feasts: Seasonal Food for the Eight Festivals. Chieveley: Capall Bann, 1997

Franklin, Anna und Lavender, Sue: Herb Craft: A Guide to the Shamanic and Ritual Use of Herbs. Chieveley: Capall Bann, 1997

Franklin, Anna: Familiars: Animal Powers of Britain. Chieveley: Capall Bann, 1997

Frazier, Sir James: The Golden Bough: A History of Magic and Religion. Macmillan & Co., 1922

Graves, Robert: Die weiße Göttin, Rowohlt Tb., 2002

Graves, Robert: Griechische Mythologie. Rowohlt Tb., 2003

Gray, Louis, Herbert (Hrg.): The Mythology of all Races. Vol. 3. Marshall Jones Company, 1918

Grigson, Jane: English Food. Penguin Books, 1997

Grimassi, Raven: Hereditary Witchcraft. St. Paul, MN: Llewellyn, 1999

Gwyn: Light from the Shadows. Chieveley: Capall Bann, 1999

Hesiod: Werke und Tage. Aufbau Verlag, 1994

Hole, Christina: Saints in Folklore. London: G. Bell & Sons, 1965

Hone, William: The Every Day Book and Table Book. 1832

Hunt, Robert: Popular Romances of the West of England. Chatto and Windus, 1923

Hutton, Ronald: Stations of the Sun. Oxford University Press, 1996

Jacobson, Thorkild: The Treasures of Darkness. New Haven, Conn.: Yale University Press, 1976

Jennings, Pete: The Norse Tradition. Hodder & Stoughton, 1998

Jones, Julia und Deer, Barbara: Kulinarisch-ergötzliches Jahrbuch der Feiern und Feste. Gerstenberg, 1996

Joyce, Patrick: A Social History of Ireland. London: Bohn, 1903

Jung, Carl G.: Der Mensch und seine Symbole. Walter Verlag, 1999

Keating, G.: General History of Ireland. Dublin, 1859

Kelly, Eamonn P.: Sheela-na-Gigs: Origins and Functions. Dublin: Country House, 1996

Kondratiev, Alexi: Celtic Rituals. Ireland: Collins Press, 1998

Laing, Lloyd and Jennifer: Art of the Celts. London: Thames & Hudson, 1992

Lambeth, M.: A Golden Dolly: The Art, Mystery and History of Corn Dollies. John Baker, 1969

Macaulay: History of St. Kilda. n/d

Manilus: Astronomica, Buch 5

Meyer. K.: Hibernica Minora. 1894
Murray, Margaret: The Divine King in England. n/d
Naddair, Kaledon: Celtic Folk and Fairy Tales. Century Books, 1987
Ó hÓgáin, Dáithí: Myth, Legend and Romance: An Encyclopedia of the Irish Folk Tradition. Prentice Hall Press, 1991
Ó hÓgáin, Dáithí: The Sacred Isle. Cork: The Collins Press, 1999
Ogden, Daniel: The Crooked Kings of Ancient Greece. London: Duckworth, 1997
Palmer, Roy: The Folklore of Warwickshire. Batsford, 1976
Pennick, Nigel und Field, Helen: The God Year. Chieveley: Capall Bann, 1996
Pennick, Nigel und Field, Helen: The Goddess Year. Chieveley: Capall Bann, 1996
Pennick, Nigel: Crossing the Borderlines. Chieveley: Capall Bann, 1998
Plinius: Naturkunde. Artemis & Winkler, 2004
Porter, Enid: The Folklore of East Anglia. Batsford, 1974
Reader's Digest Familiy Book of Things to Make and Do. Reader's Digest, 1997
Reed, Lori: Hidden Knowledge. Bodmin: Bossiney Books, 1988
Ross, Anne: Pagan Celtic Britain. Sphere Books, 1974
Rundle, Clark R. T.: Myth and Symbol in Ancient Egypt. London: Thames & Hudson, 1959
Simpson, Jacqueline: The Folklore of the Welsh Border. Batsford, 1976
Spence, Lewis: The Minor Traditions of British Mythology. Benjamin Bloom, 1972
Squire, Charles: Celtic Mythology. Geddess and Grosset, 1999
Squire, Charles: The Mythology of the British Isles. Bohn, 1905

Summers, Montague: The History of Witchcraft & Demonology. Castle Books, 1992

Walshe, John G. und Warrier, Shrikala: Dates and Meanings of Religious and Other Festivals. W. Foulsham & Co., 1993

Waring, Philippa: A Dictionary of Omens and Superstitions. Souvenir Press Ltd., 1978

White, Emmie: Corn Dollies: From the Start. G. Bells & Sons, 1978

Amerkungen

1 Michael Bayley: Caer Sidhe, The Celtic Night Sky. 1997

2 ebd.

Kontakt zu den Autoren

Falls Sie Kontakt zu den Autoren aufnehmen oder weitere Informationen zu diesem Buch einholen möchten, schreiben Sie den Autoren zu Händen von Llewellyn Worldwide. Wir werden Ihre Anfrage dann weiterleiten. Sowohl die Autoren als auch die Herausgeber würden sich freuen, von Ihnen zu hören und zu erfahren, wie Ihnen das Buch gefallen hat. Llewellyn Worldwide wird alle eingehenden Briefe an die Autoren weiterleiten, kann aber keine Antwort garantieren. Adressieren Sie Ihren Brief bitte an:

Anna Franklin & Paul Mason
c/o Llewellyn Worldwide
P.O. Box 64383, Dept. 0-7387-0094-0
St. Paul, MN 55164-0383, U.S.A.

Bitte legen Sie einen frankierten Rückumschlag oder 1 $ für Porto bei. Falls Sie uns von außerhalb der U.S.A. schreiben, fügen Sie bitte ein internationales Antwortformular hinzu.

Viele der Autoren bei Llewellyn haben eigene Internetseiten mit zusätzlichen Informationen. Für weitere Informationen besuchen Sie bitte unsere Website auf http://www.llewellyn.com.

Allegria

Das magische Reich der Feen, Elfen und Naturgeister

ANNA FRANKLIN/
PAUL MASON
Das Orakel der Hexengeister
Wahrsagen mit den Feen der Anderswelt
60 Karten mit Anleitung
€ [D] 17,95 / € [A] 18,60
sFr 34,–
ISBN-13: 978-3-7934-2075-0
ISBN-10: 3-7934-2075-2

Paul Mason hat mit seinen ungewöhnlichen Fotomontagen eine eigene Magie geschaffen, die uns die Hexengeister zum Leben erweckt, und Anna Franklin gibt mit diesem Orakel allen, die selber die Hexenkunst praktizieren, ein Werkzeug für die Arbeit mit den magischen Kräften der keltischen Anderswelt.